Christiane Fäcke (ed.)

SELBSTSTÄNDIGES LERNEN IM LEHRWERKBASIERTEN FRANZÖSISCHUNTERRICHT

ibidem-Verlag
Stuttgart

Bibliografische Information der Deutschen Nationalbibliothek
Die Deutsche Nationalbibliothek verzeichnet diese Publikation in der Deutschen Nationalbibliografie; detaillierte bibliografische Daten sind im Internet über http://dnb.d-nb.de abrufbar.

Bibliographic information published by the Deutsche Nationalbibliothek
Die Deutsche Nationalbibliothek lists this publication in the Deutsche Nationalbibliografie; detailed bibliographic data are available in the Internet at http://dnb.d-nb.de.

Layout: Beate Kinzer

∞

Gedruckt auf alterungsbeständigem, säurefreien Papier
Printed on acid-free paper

ISSN 1862-2909

ISBN: 978-3-8382-0918-0

© *ibidem*-Verlag
Stuttgart 2016

Alle Rechte vorbehalten

Das Werk einschließlich aller seiner Teile ist urheberrechtlich geschützt. Jede Verwertung außerhalb der engen Grenzen des Urheberrechtsgesetzes ist ohne Zustimmung des Verlages unzulässig und strafbar. Dies gilt insbesondere für Vervielfältigungen, Übersetzungen, Mikroverfilmungen und elektronische Speicherformen sowie die Einspeicherung und Verarbeitung in elektronischen Systemen.

All rights reserved. No part of this publication may be reproduced, stored in or introduced into a retrieval system, or transmitted, in any form, or by any means (electronic, mechanical, photocopying, recording or otherwise) without the prior written permission of the publisher. Any person who does any unauthorized act in relation to this publication may be liable to criminal prosecution and civil claims for damages.

Printed in Germany

Inhaltsverzeichnis

Selbstständiges Lernen im lehrwerkbasierten Französischunterricht. Genese und Design der Studie (Christiane Fäcke)

1. Einleitung 7
2. Stand der Forschung 8
3. Forschungsdesign 10
   3.1 Begriffsdefinition 10
   3.2 Ziele und Forschungsfragen 12
   3.3 Forschungsmethodologie: Erhebungs- und Auswertungsverfahren 14
   3.4 Arbeitsprogramm 16
   3.5 Durchführung des Projekts 17
Literatur 18

Lehrwerkanalyse von «*À plus! 1-3*» zur Erfassung der Voraussetzungen Selbstständigen Lernens im Französischunterricht (Beate Valadez Vazquez)

1. Allgemeine Situierung des Lehrwerks 23
2. Auswertungsmethode der Lehrwerkanalyse: Strukturierende Inhaltsanalyse (Mayring 2012) 24
3. Konzeptueller, inhaltlicher und methodisch-didaktischer Aufbau des Lehrwerks 27
   3.1 Konzeption des Lehrwerks 28
   3.2 Inhalte des Lehrwerks 30
   3.3 Methodisch-didaktischer Aufbau des Lehrwerks 31
   3.4 Das Spracherwerbskonzept des Lehrwerks 32
4. Analyse des Gesamtkonzepts zum selbstständigen Lernen 33
   4.1 Anleitung zum selbstständigen Lernen durch Lehrende 33
   4.2 Verteilung und Arten der Kontrollbereiche der Lernprozesse für Schüler/innen 34
      4.2.1 Anteile selbstständigen/-reflexiven Lernens sowie Verteilung der Kontrollbereiche selbstreflexiven Lernens in *À plus! 1* 34

4.2.2 Anteile selbstständigen/-reflexiven Lernens sowie Verteilung der Kontrollbereiche selbstreflexiven Lernens in *À plus! 2* 42
4.2.3 Anteile selbstständigen/-reflexiven Lernens sowie Verteilung der Kontrollbereiche selbstreflexiven Lernens in *À plus! 3* 45
4.3 Grad der Vorstrukturiertheit zwischen Lehrperson und Lernenden 48
4.4 Exemplarische Analyse von *Unité 1 (À plus! 1)* 49
5. Analyse von Lernerstrategien – Bausteine für selbstständiges/-reflexives Lernen in *À plus! 1-3* 52
5.1 Anleitung zu selbstständigem Lernen mit Lernstrategien 52
5.2 Aufbau und Vermittlung von Lernstrategien 53
5.3 Wahlmöglichkeiten der Lernstrategien 53
6. Fazit: Anteil an Lernstrategien/selbstständigem Lernen im Lehrwerk 54
Literatur 55

Lehrwerkrezeption und Einstellungen zum Selbstständigen Lernen im Französischunterricht aus Lehrerperspektive (Beate Valadez Vazquez)
1. Selbstständiges Lernen im lehrwerkbasierten Französischunterricht aus Sicht der Lehrenden 57
2. Leitfragen der qualitativen Interviews mit vier Französischlehrenden 57
   2.1 Leitfaden des ersten qualitativen Interviews zu Projektbeginn 57
   2.2 Leitfaden des zweiten qualitativen Interviews zu Projektende 59
3. Konträre Standpunkte der Lehrwerkrezeption durch Lehrende 62
   3.1 Lehrwerkrezeption von Frau Czajkowski – als „überzeugte Unterstützerin Selbstständigen Lernens" – das Lehrwerk als roter Faden 62
   3.2 Lehrwerkrezeption von Herrn Schackert als „überzeugter Anhänger des Frontalunterrichts" 79
4. Gesamtdarstellung *Subjektiver Theorien* der Befragten zu Selbstständigem Lernen 93
5. Fazit 103
Literatur 105

Lehrwerkrezeption und Einstellungen zum Französischunterricht aus Schülerperspektive (Christiane Fäcke unter Mitarbeit von Dennis Freuer und Alexander Miletic)
1. Forschungsfrage und Methodik 107
2. Auswertung 109
   2.1 Erwartungen an das Lehrwerk 109
   2.2 Nutzung des Lehrwerks 114
   2.3 Einstellungen zum Französischlernen 122
   2.4 Zusammenfassung 128
3. Auswertung der sozialstatistischen Angaben des Fragebogens 2013 130
   3.1 Notengebung 130
   3.2 Antwortverhalten 137
4. Auswertung der sozialstatistischen Angaben des Fragebogens 2014 138
   4.1 Notengebung 138
   4.2 Antwortverhalten 144
5. Zusammenfassung der Ergebnisse 146
Literatur 147

Selbstständiges Lernen im lehrwerkbasierten Französischunterricht. Gesamtauswertung der Studie (Christiane Fäcke)
1. Durchführung und Reflexion des Projekts 149
2. Ergebnisse der einzelnen Auswertungsverfahren 150
   2.1 Das Lehrwerk 150
   2.2 Die Lehrenden 151
   2.3 Die Lernenden 154
   2.4 Selbstständiges Lernen im Französischunterricht 157
3. Schlussfolgerungen und Ausblick 159
Literatur 161

Anhang 163
Informationsschreiben an die Eltern 164
Fragebogen der schriftlichen Befragung der Schülerinnen und Schüler 166
Erste tabellarische Analyse der Lehrkräfte (2013) 171
Zweite tabellarische Analyse der Lehrkräfte (2014) 175

Selbstständiges Lernen im lehrwerkbasierten Französischunterricht. Genese und Design der Studie
Christiane Fäcke

1. Einleitung

Aktuelle bildungspolitische und fremdsprachendidaktische Diskurse zielen auf autonomes, selbstständiges und selbstverantwortetes Lernen von Schülerinnen und Schülern. Dies steht im Zeichen der Berücksichtigung von Lernerautonomie und Lernerstrategien (z.B. Martinez 2008) sowie der Umsetzung von Kompetenzorientierung im Sinne des Gemeinsamen europäischen Referenzrahmens für Sprachen (GeR) (Europarat 2001), konkret der Gestaltung des europäischen Sprachenportfolios, und der Bildungsstandards (KMK 2003, 2004, 2012). In den Bildungsstandards wird Methodenkompetenz, Sprachlernkompetenz und Sprachbewusstheit ein großer Stellenwert eingeräumt.

Gleichzeitig ist der Französischunterricht traditionell durch die Ausrichtung an einem Lehrwerk geprägt (Leitzgen 1996, Bleyhl 2000), was zu einer starken Normierung des Unterrichts sowie zu enger Steuerung im Blick auf Progression, auf vorgegebene Themen bzw. Inhalte und auf didaktisch-methodische Entscheidungen führt. Das Lehrwerk als „heimlicher Lehrplan" steht auf den ersten Blick einem auf Individualisierung und Selbstständigkeit zielenden Französischunterricht entgegen.

Daher geht es in dieser Studie um den Zusammenhang zwischen selbstständigem Lernen und lehrwerkbasiertem Französischunterricht. Es wird der Frage nachgegangen, ob und wie die Selbstständigkeit Lernender in einem Französischunterricht gefördert werden kann, der weitgehend durch die Orientierung an Französisch-Lehrwerken geprägt ist.

Das Forschungsprojekt zielt dabei auf eine triangulierende Perspektive, d.h. auf das im Französisch-Lehrwerk angelegte Potenzial zur Förderung selbstständigen Lernens, auf die Rezeption des Lehrwerks durch die Lernenden und auf Einstellungen und Praktiken von Lehrenden. Die Erhebungsphase der Studie ist auf zwei Jahre angelegt.

2. Stand der Forschung

Selbstständiges, selbstverantwortetes und selbstreflexives Lernen wird in den Erziehungswissenschaften seit langem diskutiert. Dazu gehören Zielsetzungen wie die eigenständige Gestaltung von Lernprozessen durch Lernende oder die partnerschaftliche Gestaltung von Lehr-/Lernprozessen durch Lehrende und Lernende. In den Fremdsprachendidaktiken werden Themen wie Lernerautonomie (von Holec 1980 bis Martinez 2008), Motivation (von Düwell 1979 bis Abendroth-Timmer 2007), *language awareness* (z.B. Gnutzmann 1997) sowie Lernstrategien und Lerntechniken (z.B. O'Malley/Chamot 1990) bereits seit Jahren thematisiert. In diesem Zusammenhang spielen auch kognitionsorientierte Positionen eine wesentliche Rolle, so u.a. konstruktivistische Ansätze (z.B. Wendt 2002; Wolff 2002).

Selbstständiges, selbst verantwortetes und selbstreflexives Lernen ist derzeit auch in aktuellen bildungs- und sprachenpolitischen Entwicklungen erkennbar, die im Zeichen von Kognitionsorientierung und Kompetenzorientierung stehen. Konkret verweisen zentrale curriculare Dokumente wie der GeR (Europarat 2001) und die Bildungsstandards (KMK 2003; 2004; 2012) auf die Relevanz der Methodenkompetenzen für das Lehren und Lernen von Fremdsprachen. Auch Schulleistungsstudien wie PISA und DESI beinhalten Zielsetzungen im Sinne selbstständigen Lernens. Der Breite des Themas entspricht auch die Breite von Forschungen, die z.B. auf die Haltung von Lernenden und die Gestaltung von Unterricht zielen (z.B. Kallenbach 1996; Bär 2009; Méron-Minuth 2009; Doyé/Meißner 2010).

Lehrwerkanalysen zielen auf eine kritische Begutachtung einzelner Lehrwerke, ihrer Inhalte, Spracherwerbskonzepte oder einzelner Bereiche wie Layout oder Grammatik (Kast/Neuner 1994). Der Rückblick auf fremdsprachendidaktische Auseinandersetzungen mit Lehrwerken verweist auf zahlreiche Themen, die in Lehrwerkanalysen zum Gegenstand gemacht wurden. Dazu gehören beispielsweise die Entwicklung von Kriterienkatalogen mit systematischen Beurteilungsrastern (z.B. Vielau 1981), gesellschaftskritische Analysen der Inhalte von Lehrwerken (z.B. Schüle 1973) oder Analysen zur Bedeutung von Grammatik (z.B. Funk 1995). Seit den 1990er Jahren kommt verstärkt eine interkulturelle Dimension in den Blick (z.B. Abendroth-Timmer

1998; Fäcke 1999). Darüber hinaus gibt es Analysen zur Art und Weise des Umgangs mit Lehrwerken im Fremdsprachenunterricht (z.b. Wernsing 1993) und vor allem immer wieder Überlegungen zu der unhinterfragten Dominanz des Lehrwerks oder zu der Frage nach der Abschaffung von Lehrwerken (z.B. Leitzgen 1996; Bleyhl 2000).

In den Erziehungswissenschaften werden forschungsmethodologische Fragen zur Schulbuchforschung (Knecht et al. 2014) oder inhaltsbezogene Lehrwerkanalysen (vgl. exemplarisch die Publikationen des Georg-Eckert-Instituts für Schulbuchforschung) verfolgt. In den Fremdsprachendidaktiken setzen sich Lehrwerkanalysen zu den Inhalten auch in den vergangenen Jahren fort (z.B. Michler 2005), nunmehr bezogen auf aktuelle fremdsprachendidaktische Forschungsfelder, so u.a. zur Umsetzung von Kompetenzorientierung (Martinez 2011) oder zur Mehrsprachigkeitsdidaktik (Hufeisen 2011). Darüber hinaus werden Fragen zur Qualität des Lehrwerks an sich gestellt (Thaler 2011) sowie darüber hinausgehend innovative Forschungsperspektiven eingefordert, die insbesondere die Lehrwerkrezeption und Wirkungsforschung anvisieren (Martinez 2011, 99ff.; Kurtz 2011). Konkrete empirische Überprüfungen zum Umgang mit dem Lehrwerk stehen jedoch noch aus. Die Verwendung des Lehrwerks in der Alltagspraxis aus der Perspektive der Lehrenden wird bislang noch ohne empirische Überprüfung diskutiert (Kurtz 2010). Empirische Untersuchungen, wie sie in der Geschichtsdidaktik zur Rezeption von Lehrwerken im Geschichtsunterricht vorliegen (von Borries 2010), gibt es auf vergleichbarer Ebene in den Fremdsprachendidaktiken bislang noch nicht.

Insgesamt fokussierten fremdsprachendidaktische Lehrwerkanalysen somit bislang bestimmte Inhalte der Lehrwerke. Die Rezeption von Lehrwerken wurde jedoch nur in Ansätzen empirisch untersucht (Kurtz 2010). Wie gehen Lehrende mit Lehrwerken um, wie nehmen Lernende ihre Lehrwerke wahr? Welche Einstellungen haben sie dazu und wie lernen sie mit ihnen? Diese Fragen sind bislang noch nicht repräsentativ und differenziert beantwortet. Auch die Frage nach der Anregung selbstständigen Lernens durch Lehrwerke wurde bislang noch nicht untersucht, ebenso wenig die Rezeption von Lehrwerken durch Lehrende oder ihre Umgangsweisen mit dem Lehrwerk.

Diese Studie greift daher die genannten Defizite auf und zielt damit darauf herauszufinden, wie selbstständiges Lernen in Lehrwerken angelegt ist und wie Lehrwerke von Lernenden und Lehrenden tatsächlich genutzt werden. Damit wird der Blick nicht allein auf die Lehrwerke selbst, sondern auch auf die Rezipienten und ihre mentalen Prozesse gelenkt.

3. Forschungsdesign
3.1 Begriffsdefinition

Zentrale Grundlage dieser Studie sind somit Überlegungen zu selbstständigem Lernen, das in den Erziehungswissenschaften (z.B. Götz 2011) und in den Fremdsprachendidaktiken seit Jahren eine große Rolle spielt. Aktuelle fremdsprachendidaktische Diskurse kreisen um Kognitionsorientierung als wichtigen Zugang zum Lernen. Hierzu gehören Diskussionen zu Lernerautonomie, Lernstrategien und Lerntechniken sowie vor allem auch Methodenkompetenz.

In den Bildungsstandards für die erste Fremdsprache für den Mittleren Schulabschluss (KMK 2004) wird Methodenkompetenz neben sprachlich-kommunikativen und interkulturellen Kompetenzen ein wesentlicher Stellenwert im Fremdsprachenunterricht zugesprochen. Methodenkompetenz wird bezogen auf fachliche und fachübergreifende Arbeitstechniken und Methoden im Blick auf Textrezeption, Interaktion, Textproduktion sowie auf Lernstrategien, Lernbewusstheit und Lernorganisation:

Lernstrategien
Lernstrategien beziehen sich auf sprachliche Mittel, auf Aussprache, Intonation, Orthographie sowie auf Grammatik.
Die Schülerinnen und Schüler können
- Hilfsmittel zum Nachschlagen und Lernen, z.B. Wörterbücher, Grammatikbücher usw. selbstständig nutzen,
- Verfahren zur Vernetzung, Strukturierung, Memorierung und Speicherung von sprachlichen Inputs, z.B. von Wortschatz, anwenden.
[...]
Lernbewusstheit und Lernorganisation
Die Schülerinnen und Schüler können
- den Nutzen der Fremdsprache zur Pflege von persönlichen und beruflichen Kontakten einschätzen,

Selbständiges Lernen im Französischunterricht. Genese und Design der Studie   11

- selbstständig, mit einem Partner oder in Gruppen längere Zeit arbeiten,
- ausgewählte Projekte (z.B. bilinguale Projekte) bearbeiten,
- für sie förderliche Lernbedingungen erkennen und nut zen, ihre Lernarbeit organisieren und die Zeit einteilen,
- Fehler erkennen und diese Erkenntnisse für den eigenen Lernprozess nutzen,
- ihren eigenen Lernfortschritt beschreiben und ggf. in einem Portfolio dokumentieren,
- Methoden des Spracherwerbs reflektieren und diese auf das Lernen weiterer Sprachen übertragen. (KMK 2004: 18)

Gerade der Bereich der Lernbewusstheit und Lernorganisation hebt auf das selbstständige und selbstverantwortliche Lernen und Handeln der Schülerinnen und Schüler ab. Hier wird die Relevanz selbstständigen Lernens für den Sprachlernerfolg im Lauf der Schulzeit unterstrichen. Die im Detail formulierten Kompetenzen sind vor allem bezogen auf Lernende der Sekundarstufe I, die Fremdsprachen in schulischen Kontexten als erste, zweite oder weitere Fremdsprache lernen.

In den Bildungsstandards für das Abitur (KMK 2012) ist von Sprachlernkompetenz die Rede:

2.5 Sprachlernkompetenz
Sprachlernkompetenz beinhaltet die Fähigkeit und B ereitschaft, das eigene Sprachen-lernen selbstständig zu analysieren und be wusst zu gestalten, wobei die Schülerinnen und Schüler auf ihr mehrsprachiges Wissen und auf individuelle Sprachlernerfahrungen zurückgreifen.
   Sprachlernkompetenz zeigt sich erstens im Verfügen über sprachbezogene Lern-methoden und in der Beherrschung daraus abgeleiteter, konkreter Strategien. Sie zeigt sich zweitens in der Beobachtung und E valuation der eigenen Sprachlernmotivation, -prozesse und -ergebnisse sowie drittens in der Bereitschaft und Fähigkeit, begründete Konsequenzen daraus zu ziehen. (KMK 2012: 25)

Sprachlernkompetenz in d iesem Sinne führt die Überlegungen zu Lern-bewusstheit und Lernorganisation fort. Die zuletzt genannten Kompetenzen sind auf Schülerinnen und Schüler im Abitur bezogen. Die vorliegende Studie hingegen wird in den Jahrgangsstufen 6, 7, und 8 durchgeführt, so dass die hier formulierten Überlegungen zu Lernbewusstheit, Lernstrategien und Sprachlern-kompetenz an die Lernenden der Sekundarstufe I angepasst werden müssen. In Anlehnung an diese Überlegungen wird in dieser Studie somit folgende Definition verwendet:

Selbstständiges Lernen umfasst den Willen und die Fähigkeit des Lerners, seinen Lernprozess zu kontrollieren, d.h. Kontrolle
- der Lernorganisation (planen, durchführen, evaluieren)
- der zu mobilisierenden Lernressourcen (Materialien, Methoden)
- der Lerninhalte
- der Motivation
- der Lernumgebung
- der kognitiven Lernprozesse (Aufmerksamkeit, Reflexion, metakognitives Wissen)
- der Lernaktivitäten (Lerntempo, Lernziele, Progression, Lernwege, Fehleranalyse)

Selbstständiges Lernen steht in Zusammenhang mit *language and learning awareness*.

In diesem Kontext werden Lehrende als Lernpartner, Lernberater oder Lernbegleiter verstanden, deren Aufgabe darin besteht, Lernende als handlungs- und entscheidungsfähige Menschen ernst zu nehmen, sie zu selbstständigem Lernen anzuleiten sowie schließlich Mittel und Lernumgebungen bereit zu stellen, ihre Selbstständigkeit fördern.

3.2 Ziele und Forschungsfragen

Ziele dieses Forschungsprojekts liegen auf mehreren Ebenen. So geht es um die empirische Überprüfung der oben genannten Zusammenhänge, d.h. die Rezeption von Französisch-Lehrwerken für einen auf Selbstständigkeit zielenden Französischunterricht. Neben der Sichtbarmachung der konkreten Rezeption von Lehrwerken und damit dem Füllen einer Forschungslücke im Bereich der Lehrwerkrezeption geht es in der Folge auch um die konkrete Veränderung bestehender Unterrichtspraxen an einem hessischen Gymnasium, das an dieser Studie konstitutiv mitgewirkt hat. Es handelt sich dabei um die Bundespräsident-Theodor-Heuss-Schule in Homberg/Efze. So wird erwartet, in einem ersten Schritt Eckpunkte der bestehenden Unterrichtspraxis im Französischunterricht dieser Schule sowie deren Rezeption durch Lernende aufzuzeigen.

Darüber hinaus sollen Bestrebungen der Schule nach Umsetzung eines auf selbstständiges Lernen zielenden Fremdsprachenunterrichts unterstützt und gefördert werden. Durch eine konkrete Rückmeldung auf Basis der gewonnenen Daten der 1. Erhebungsphase des Projekts kann die von der Schule selbst gewählte Zielsetzung selbstständigen Lernens verstärkt umgesetzt und ein Beitrag zu datenbasierter Schulentwicklung geleistet werden. Dies soll dazu führen, dass die beteiligten Lehrkräfte konkrete Überlegungen zu Möglichkeiten der Realisierung selbstständigen Lernens formulieren und reflektieren. Dazu gehört die Entwicklung ausführlicher Überlegungen zu deren Berücksichtigung im Fremdsprachenunterricht, d.h. z.B. im Blick auf die gemeinsame partnerschaftliche Auswahl und Gestaltung von Inhalten, die methodisch-didaktische Umsetzung, die Anleitung zu selbst gewählten und selbst gestalteten Lernprozessen durch die Schüler/innen sowie schließlich ein selbstständiger Umgang mit dem Lehrwerk. Da selbstständiges Lernen Grundeinstellungen Lernender und Lehrender berührt und dadurch quasi in allen Lehr-/Lernsituationen relevant ist, erscheint es sinnvoll, konkrete unterrichtliche Teilbereiche zu fokussieren und sich beispielsweise auf die Integration von Lernstrategien oder die Entwicklung eines Sprachenportfolios zu konzentrieren.

Mit diesem Projekt kann darüber hinaus ein Beitrag dazu geleistet werden, dass Fremdsprachenlehrer/innen miteinander kooperierend auf das Ziel zuarbeiten, selbstständiges Lernen in ihrem Unterricht verstärkt umzusetzen, und dadurch eine empirisch gesicherte Rückmeldung über die Wirkung ihres Unterrichts auf Lernende bekommen.

Es wird erwartet, Ansatzpunkte und Hebel zu bekommen, um den Grad an Selbstständigkeit und selbstständiger Gestaltung eigener Lernprozesse von Schüler/innen nachhaltig erhöhen zu können. Dies gilt u.a. für die selbstständige und individuelle Nutzung der Lernangebote des Lehrwerks, die selbstständige Gestaltung des eigenen Lernens u.a. unter Nutzung selbst gewählter Lernstrategien oder auch die selbstverantwortete Einschätzung der eigenen Lernprozesse.

Im Forschungsprojekt wird zunächst davon ausgegangen, dass selbstständiges Lernen vermutlich eher wenig im Französischunterricht verankert ist. So geht es um die Überprüfung dieser Vermutung und um die Bearbeitung folgender Forschungsfragen:

- mit Bezug auf die Lehrwerkanalyse:
1. Wie ist das Französisch-Lehrwerk konzeptionell, inhaltlich und methodisch-didaktisch aufgebaut?
2. Welches Spracherwerbskonzept wird im Lehrwerk verfolgt?
3. Inwieweit beinhaltet das Lehrwerk Bausteine für selbstständiges und selbstreflexives Lernen?
4. Wie ermöglicht das Lehrwerk selbstständigen Lernzuwachs, wie regt es dazu an?

- mit Bezug auf die Lehrwerkrezeption durch Lernende:
1. Wie gehen Schülerinnen und Schüler mit ihrem Lehrwerk um?
2. Was erwarten Sechstklässler im 1. Lernjahr von ihrem Lehrwerk? Was erwarten Siebtklässler und Achtklässler im 2. und 3. Lernjahr von ihrem Lehrwerk?
3. Wie verändert sich der Umgang mit Lehrwerken im Lauf der ersten beiden Lernjahre?
4. Inwieweit wird das Lehrwerk als Baustein für selbstständiges und selbstreflexives Lernen von Lernenden genutzt?

- mit Bezug auf die Lehrwerkrezeption durch Lehrende:
1. Welche Einstellungen und subjektiven Theorien haben Lehrende zum Lehrwerk und zu selbstständigem Lernen?
2. Wie setzen sie das Lehrwerk in ihrem Unterricht ein?
3. Inwieweit nutzen Lehrende Bausteine des Lehrwerks zur Förderung selbstständigen und selbstreflexiven Lernens (konkret: z.B. Lernstrategien und Portfolio)?

3.3 Forschungsmethodologie: Erhebungs- und Auswertungsverfahren

In dieser Studie werden im Sinne der Triangulation (Flick 2000) verschiedene Perspektiven miteinander kombiniert. Im Bereich der Erhebungsverfahren

gehören dazu
1. eine Analyse des Lehrwerks im Blick auf Inhalte sowie didaktische Konzeptionen zur Umsetzung und Förderung selbstständigen Lernens,
2. eine schriftliche Befragung zur Rezeption des Lehrwerks durch Lernende, d.h. zu ihren Einstellungen, Erwartungen und Umgangsweisen mit dem Lehrwerk,
3. ein Leitfadeninterview mit den beteiligten Lehrenden, in dem sie ihre Perspektiven auf ihr Lehrwerk, d.h. ihre Einstellungen und ihre Nutzungsweisen des Lehrwerks im eigenen Unterricht formulieren können.

Diese drei Dimensionen fokussieren die verfolgte Fragestellung aus unterschiedlichen Perspektiven, die jeweils einzeln sichtbar gemacht und im Anschluss miteinander in Zusammenhang gebracht werden sollen.

Die Auswertung der Daten ist qualitativ und quantitativ angelegt. Die Lehrwerkanalyse orientiert sich am methodischen Verfahren der qualitativen Inhaltsanalyse (Mayring 1990). Die Erhebung der Sichtweisen der Lernenden erfolgt mit einem eher quantitativ angelegten Fragebogen, der im Sinne quantitativer Sozialforschung, d.h. Häufigkeitsanalysen, statistisch signifikante Zusammenhänge etc., ausgewertet wird. Eine qualitative Perspektive wird in den Leitfadeninterviews der beteiligten vier Lehrkräfte verfolgt, die auf der Basis des Konstrukts der Subjektiven Theorien (Groeben et al. 1988) ausgewertet werden. Weitere Details zu den Erhebungs- und Auswertungsverfahren finden sich in den jeweiligen Abschnitten.

Dieses Forschungsprojekt bleibt darüber hinaus nicht auf der Ebene der Feststellung bestimmter Ergebnisse stehen, sondern zielt auch auf eine konkrete Veränderung der Unterrichtspraxis und der Lernweisen. Somit erfolgt nach der ersten Erhebungs- und Auswertungsphase eine Rückmeldung der Ergebnisse an die beteiligten Lehrer/innen und auf dieser Basis sollen konkrete Überlegungen zur verstärkten Förderung selbstständigen Lernens entwickelt werden. Damit wird Überlegungen von *action research* (Hollenbach 2010; von Unger 2014) und datenbasierter Schulentwicklung Rechnung getragen. Nach der Umsetzung dieses Konzepts erfolgt eine zweite Erhebungsphase analog zur ersten Erhebungsphase, um mögliche Veränderungen und Entwicklungen festzustellen.

3.4 Arbeitsprogramm

Das Arbeitsvorhaben gliedert sich in folgende Teilbereiche:

1. Jahr

1. Lehrwerkanalyse: Die oben formulierten Forschungsfragen werden mit Hilfe der qualitativen Inhaltsanalyse (Mayring 1990) untersucht. Die Lehrwerkanalyse erfolgt inhaltsbezogen und beinhaltet noch keine Aspekte der Lehrwerkrezeption.
2. Erforschung der Binnenperspektive aller Beteiligten, d.h. Einstellungen und Sichtweisen der Lernenden und der Lehrenden: Schüler/innen mehrerer Parallelklassen der Jahrgangsstufen 6 und 7 werden mit einem eher quantitativ angelegten Fragebogen befragt, um ihre Sichtweisen in der Breite aufzuzeigen. Parallel dazu werden Leitfadeninterviews mit den sie unterrichtenden Lehrkräften durchgeführt, um mögliche Korrelationen zwischen den Sichtweisen der Schüler/innen und denen ihrer Lehrer/innen aufzuzeigen. Den theoretischen Bezugspunkt bilden dabei Subjektive Theorien (Groeben et al. 1988). Dabei wird von der Wirkmächtigkeit der Einstellungen auf konkrete Unterrichtsgestaltung ausgegangen und auf eine konkrete und detaillierte Handlungsvalidierung verzichtet.
3. Impulse für die Schulentwicklung: Nach Abschluss der Auswertung der Perspektiven der Schüler/innen und Lehrer/innen erfolgt die Rückmeldung dieser ersten Ergebnisse an die beteiligten Lehrkräfte mit dem Ziel einer Impulsgebung für die Umsetzung im Französischunterricht.

2. Jahr

4. Anregungen für das Team der beteiligten Lehrer/innen: Ausgehend von der Auswertung der Ergebnisse sollen je nach Bedarf Überlegungen zur verstärkten Förderung selbstständigen Lernens entwickelt werden, z.B. durch gezielte Berücksichtigung von Lernstrategien und Aufbau eines Schülerportfolios. Im Anschluss wird deren Umsetzung im Unterricht angestrebt.
5. Analog zu den Erhebungsphasen 2 und 3 (siehe oben) geht es nun um eine erneute Erhebung nach der erfolgten Intervention: Genau wie im Vorjahr

werden die Sichtweisen der Schüler/innen – nunmehr der Jahrgangsstufen 7 und 8 – im quantitativ ausgerichteten Schülerfragebogen und die ihrer Lehrer/innen in Leitfadeninterviews erhoben. Die Auswertung erfolgt analog zu der bereits im Vorjahr durchgeführten Auswertung und zielt auf einen Vergleich der beiden Untersuchungsphasen.

6. Rückmeldung des Gesamtergebnisses an die Schule

Dabei gestaltet sich der geplante Ablauf im Einzelnen folgendermaßen:

Zeitraum	Aufgaben
Monat 1-3	Analyse des Lehrwerks *A plus!*
Monat 4-8	1. Erhebung der Sichtweisen Lernender und Lehrender auf ihr Lehrwerk (Fragebogen für Schüler/innen der Jahrgänge 6 und 7, Leitfadeninterview mit ihren Lehrer/innen) Auswertung der Daten
Monat 9-11	Auswertung der Daten
Monat 12	Rückmeldung an Lehrer/innen
Monat 13-16	Lehrerteam: Überlegungen zu Implementation von Impulsen zu selbstständigem Lernen, z.B. Lernstrategien und Portfolio, Durchführung im Unterricht
Monat 17-23	2. Erhebung der Sichtweisen Lernender und Lehrender auf ihr Lehrwerk (Fragebogen für Schüler/innen der ein Jahr zuvor untersuchten Jahrgänge, nun 7 und 8, Leitfadeninterview mit ihren Lehrer/innen) Auswertung der Daten
Monat 24	Gesamtauswertung und Abschluss des Projekts

3.5 Durchführung des Projekts

Erste Vorüberlegungen zu diesem Projekt erfolgten im Jahr 2012 in Form einer ersten Kontaktaufnahme mit der Schule und der Entwicklung von Forschungsfrage und Forschungsdesign, z.T. in Absprache mit der Schule, d.h. der Schulleitung und einigen Mitgliedern der Fachschaft Französisch. Insgesamt gestaltete sich die Kooperation mit der Schule ausgesprochen konstruktiv. Ersten Überlegungen meinerseits, mit denen ich die Belastung der Schule durch wenige und kurze Erhebungsphasen möglichst begrenzen wollte, widersprachen gerade einige Französischlehrer/innen, die für eine Ausweitung des Projekts plädierten. Auch die Schulleitung drängte auf eine Ausweitung, die faktisch zu einer Triangulation der Erhebungsmethoden führte. Diese mehrmonatige Aushandlungsphase führte schließlich Anfang 2013 zu dem hier vorliegenden Forschungsdesign.

Die beiden Erhebungsphasen in der Schule fanden im Mai 2013 und im Juni 2014 statt, in denen jeweils die schriftliche Befragung der beteiligten Lerngruppen in Form von Schülerfragebögen sowie Leitfadeninterviews mit jeweils vier Lehrkräften erfolgten. Kontaktaufnahme und Durchführung der Erhebung erfolgten ausschließlich durch mich vor Ort.

Die Auswertung der Daten umfasst drei Bereiche. Die Lehrwerkanalyse wurde unabhängig von der Erhebungsphase in der Schule Anfang 2013 von Beate Valadez Vazquez durchgeführt. Die Auswertung der Schülerfragebögen erfolgte durch mich unter Mitarbeit von Dennis Freuer und Alexander Miletic, die die statistischen Berechnungen und die Erstellung der Auswertungstabellen übernahmen. Die Auswertung der Leitfadeninterviews wurde ebenfalls von Beate Valadez Vazquez durchgeführt.

Literatur

ABENDROTH-TIMMER, Dagmar. 1998. *Der Blick auf das andere Land. Ein Vergleich der Perspektiven in Deutsch-, Französisch- und Russischlehrwerken.* Tübingen: Narr. (Giessener Beiträge zur Fremdsprachendidaktik).

ABENDROTH-TIMMER, Dagmar. 2007. *Akzeptanz und Motivation. Empirische Ansätze zur Erforschung des unterrichtlichen Einsatzes von bilingualen und mehrsprachigen Modulen.* Frankfurt am Main u.a.: Lang. (Kolloquium Fremdsprachenunterricht, 33).

BÄR, Marcus. 2009. *Förderung von Mehrsprachigkeit und Lernkompetenz. Fallstudien zu Interkomprehensionsunterricht mit Schülern der Klassen 8 bis 10.* Tübingen: Narr. (Giessener Beiträge zur Fremdsprachendidaktik).

BLEYHL, Werner. 2000. „Grundsätzliches zu einem konstruktiven Fremdsprachenlernen und Anmerkungen zur Frage: Englisch-Anfangsunterricht ohne Lehrbuch?" in: Fery, Renate & Raddatz, Volker. edd. *Lehrwerke und ihre Alternativen.* Frankfurt am Main u.a.: Lang, 20-34. (Kolloquium Fremdsprachenunterricht, 3).

BORRIES, Bodo von. 2010. „Wie wirken Schulbücher in den Köpfen der Schüler?" in: Fuchs, Eckhardt & Kahlert, Joachim & Sandfuchs, Uwe. edd. *Schulbuch konkret. Kontexte, Produktion, Unterricht.* Bad Heilbrunn: Klinkhardt.

DOYÉ, Peter & MEIßNER, Franz-Joseph. 2010. *Lernerautonomie durch Interkomprehension. Projekte und Perspektiven.* Tübingen: Narr. (Giessener Beiträge zur Fremdsprachendidaktik).
DÜWELL, Henning. 1979. *Fremdsprachenunterricht in Schülerurteil. Untersuchungen zu Motivation, Einstellungen und Interessen von Schülern im Fremdsprachenunterricht.* Tübingen: Narr. (Tübinger Beiträge zur Linguistik, 113).
EUROPARAT. 2001. *Gemeinsamer europäischer Referenzrahmen für Sprachen. Lernen, lehren, beurteilen. Niveau A1, A2, B1, B2, C1, C2.* Goethe-Institut Inter Nationes. ed. Berlin & München: Langenscheidt.
FÄCKE, Christiane. 1999. *Egalität – Differenz – Dekonstruktion. Eine inhaltskritische Analyse deutscher Französisch-Lehrwerke.* Hamburg: Kovac.
FLICK, Uwe. 2000. „Triangulation in der qualitativen Forschung." in: Flick, Uwe & von Kardorff, Ernst & Steinke, Ines. edd. *Qualitative Forschung. Ein Handbuch.* Reinbek: Rowohlt.
FUNK, Hermann. 1995. „Grammatikvermittlung in Deutsch-als-Fremdsprache-Lehrwerken: Historische und aktuelle Perspektiven." in: Gnutzmann, Claus & Königs, Frank G. edd. *Perspektiven des Grammatikunterrichts.* Tübingen: Narr.
GNUTZMANN, Claus. 1997. „Language Awareness. Geschichte, Grundlagen, Anwendungen." in: *Praxis des Neusprachlichen Unterrichts* 44/3, 227-236.
GÖTZ, Thomas. ed. 2011. *Emotion, Motivation und selbstreguliertes Lernen.* Paderborn: Schöningh.
GROEBEN, Norbert & WAHL, Diethelm & SCHLEE, Jörg & SCHEELE, Brigitte. 1988. *Das Forschungsprogramm Subjektive Theorien. Eine Einführung in die Psychologie des reflexiven Subjekts.* Tübingen: Francke.
HOLEC, Henri. 1980. *Autonomie et apprentissage des langues étrangères.* Strasbourg.
HOLLENBACH, Nicole. ed. 2010. *Teacher Research and School Development. German approaches and international perspectives.* Bad Heilbrunn: Klinkhardt.
HUFEISEN, Britta. 2011. „Wie sich mehrsprachigkeitsdidaktische Ideen in Lehrmaterialien umsetzen lassen – Vorstellung einiger konkreter Beispiele." in: Kurtz, Jürgen. Koord. 2011. *Lehrwerkkritik, Lehrwerkverwendung, Lehrwerkentwicklung.* Tübingen: Narr. [Claus Gnutzmann & Lutz Küster & Frank G. Königs. edd. 2011. Fremdsprachen Lehren und Lernen, 40, Band 2].
KALLENBACH, Christiane. 1996. *Subjektive Theorien. Was Schülerinnen und Schüler über Fremdsprachenlernen denken.* Tübingen: Narr. (Giessener Beiträge zur Fremdsprachendidaktik).
KAST, Bernd & NEUNER, Gerhard. edd. 1994. *Zur Analyse, Begutachtung und Entwicklung von Lehrwerken für den fremdsprachlichen Deutschunterricht.* Berlin, München: Langenscheidt.
KNECHT, Petr & MATTHES, Eva & SCHÜTZE, Sylvia & AAMOTSBAKKEN, Bente. edd. 2014. *Methodologie und Methoden der Schulbuch- und Lehrmittelforschung.* Bad Heilbrunn: Klinkhardt.
KULTUSMINISTERKONFERENZ. 2004. *Bildungsstandards für die erste Fremdsprache (Englisch / Französisch) für den mittleren Schulabschluss.* Beschluss vom 4.12.2003. http://www.kmk.org/fileadmin/veroeffentlichungen_beschluesse/2003/2003_12_04-BS-erste-Fremdsprache.pdf

KULTUSMINISTERKONFERENZ. 2012. *Bildungsstandards für die fortgeführte Fremdsprache (Englisch / Französisch) für die Allgemeine Hochschulreife* (Beschluss der Kultusministerkonferenz vom 18.10.2012), http://www.kmk.org/fileadmin/veroeffentlichungen_beschluesse/2012/2012_10_18-Bildungsstandards-Fortgef-FS-Abi.pdf

KURTZ, Jürgen. 2010. „Zum Umgang mit dem Lehrwerk im Englischunterricht." in: Fuchs, Eckhardt & Kahlert, Joachim & Sandfuchs, Uwe. edd. *Schulbuch konkret. Kontexte, Produktion, Unterricht.* Bad Heilbrunn: Klinkhardt.

KURTZ, Jürgen. 2011. „Zur Einführung in den Themenschwerpunkt". in: Kurtz, Jürgen. Koord. *Lehrwerkkritik, Lehrwerkverwendung, Lehrwerkentwicklung.* Tübingen: Narr. [Claus Gnutzmann & Lutz Küster & Frank G. Königs. edd. 2011. Fremdsprachen Lehren und Lernen, 40, Band 2].

LEITZGEN, Günter. 1996. *Weg vom Lehrbuch!* Französisch heute 27/3, 190-198.

MARTINEZ, Hélène. 2008. *Lernerautonomie und Sprachenlernverständnis. Eine qualitative Untersuchung bei zukünftigen Lehrerinnen und Lehrern romanischer Sprachen.* Tübingen: Narr. (Giessener Beiträge zur Fremdsprachendidaktik).

MARTINEZ, Hélène. 2011. „Kompetenzorientierung und Lehrwerke für Französisch und Spanisch: Zwischen Tradition und Innovation." in: Kurtz, Jürgen. Koord. 2011. *Lehrwerkkritik, Lehrwerkverwendung, Lehrwerkentwicklung.* Tübingen: Narr. [Claus Gnutzmann & Lutz Küster & Frank G. Königs. edd. 2011. Fremdsprachen Lehren und Lernen, 40, Band 2].

MAYRING, Philipp. 1990. *Qualitative Inhaltsanalyse. Grundlagen und Techniken.* Weinheim: Deutscher Studien Verlag.

MÉRON-MINUTH, Sylvie. 2009. *Kommunikationsstrategien von Grundschülern im Französischunterricht. Eine Untersuchung zu den ersten vier Lernjahren.* Tübingen: Narr. (Giessener Beiträge zur Fremdsprachendidaktik).

MICHLER, Christine. 2005. *Vier neuere Lehrwerke für den Französischunterricht auf dem Gymnasium. Eine kritische Fallstudie mit Empfehlungen für zukünftige Lehrwerke.* Augsburg: Wißner. (Schriften zur Didaktik der romanischen Sprachen, Bd. 1).

O'MALLEY, J. Michael & CHAMOT, Anna. 1990. *Language Learning Strategies.* Cambridge: Cambridge University Press.

SCHÜLE, Klaus. 1973. „Zur Inhaltsproblematik in fremdsprachlichen Lehrwerken." in: *Praxis des neusprachlichen Unterrichts* 20/4, 409-417.

THALER, Engelbert. 2011. „Die Zukunft des Lehrwerks – Das Lehrwerk der Zukunft." in: Kurtz, Jürgen. Koord. 2011. *Lehrwerkkritik, Lehrwerkverwendung, Lehrwerk-entwicklung.* Tübingen: Narr. [Claus Gnutzmann & Lutz Küster & Frank G. Königs. edd. 2011. Fremdsprachen Lehren und Lernen, 40, Band 2].

UNGER, Hella von. 2014. *Partizipative Forschung. Einführung in die Forschungspraxis.* Wiesbaden: Springer VS.

VIELAU, Axel. 1981. „Kriterien für die Beurteilung von Lehrwerken." in: *Zielsprache Französisch* 13/4, 187-193.

WENDT, Michael. 2002. „Kontext und Konstruktion: Fremdsprachendidaktische Theoriebildung und ihre Implikationen für die Fremdsprachenforschung." in: Zeitschrift für *Fremdsprachenforschung* 13 (1), 1-62.

WERNSING, Armin Volkmar. 1993. "Von Lehrbuchtexten und dem Umgang mit ihnen. Beispiel: Französischunterricht." in: *Praxis des neusprachlichen Unterrichts* 40/2, 173-180.

WOLFF, Dieter. 2002. "Instruktivismus vs. Konstruktivismus: 20 Thesen zur Lernbarkeit und Lehrbarkeit von Sprachen". in: Bach, Gerhard & Viebrock, Britta. edd. *Die Aneignung fremder Sprachen.* Frankfurt am Main et al.: Lang. (Kolloquium Fremdsprachenunterricht, 10)

Lehrwerkanalyse von «À plus! 1-3» zur Erfassung der Voraussetzungen Selbstständigen Lernens im Französischunterricht

Beate Valadez Vazquez

1. Allgemeine Situierung des Lehrwerks

Aus Sicht der Fremdsprachendidaktik Französisch ist dieses Lehrwerk zu Beginn der Kompetenzvermittlung nach dem Gemeinsamen Europäischen Referenzrahmen für Sprachen (=GeR; Europarat 2001a) und den sich daran orientierenden Bildungsstandards (Klieme et al. 2003; FN 1) entstanden. Dies lässt sich vor allem an den ersten Ansätzen zur Erstellung eines Sprachenportfolios nach dem Modell des ‚Europäischen Sprachenportfolios' (Bächle & Héloury 2004, 48-49: „Mon premier portfolio de français") erkennen, in dem die Lernfortschritte der Schüler/innen festgehalten werden können. Darüber hinaus werden in separaten Abschnitten der *Unités* Übungsmöglichkeiten zur Vorbereitung auf die DELF-Prüfung angeboten. Die Kompetenzen werden allerdings in dieser Lehrwerksversion von 2004 nicht explizit erwähnt. Dagegen findet eine Konzentration auf Inhalt und Form statt, indem sich jede *Unité* die „Lernziele" (Bächle et al. 2004, 3) (=Inhalte) und die „grammatischen Inhalte" (ebd., 3) (= Form) aufteilt.

Im Folgenden werden von dem Lehrwerk *À plus! 1-3* jeweils das *Carnet d'activités* und das dazugehörige Schülerbuch analysiert. Obwohl es weiteres Begleitmaterial gibt, zeigt die Unterrichtspraxis, dass diese zwei Materialien den Unterrichtsalltag bestimmen, was auch für die Schüler/innen dieses Forschungsprojekts gilt.

Betrachtet man den Lehrplan für Französisch als zweite Fremdsprache des Hessischen Kultusministeriums, wird deutlich, dass dieses Lehrwerk den Lehrplan einhält, indem es sich an die Abfolge der vier verschiedenen sprachlichen Soll-Vorstellungen hält:

> Der Französischunterricht vermittelt kommunikative Fertigkeiten und sprachliche Kenntnisse, die sowohl den Umgang mit unterschiedlichen Textsorten (Hören und Lesen) als auch den kreativen Umgang mit gesprochener und geschriebener Sprache (Sprechen und Schreiben) ermöglichen. (Hessisches Kultusministerium 2010, 5)

2. Auswertungsmethode der Lehrwerkanalyse: Strukturierende Inhaltsanalyse (Mayring 2012)

Für die Methodik der Lehrwerkanalyse von *À plus! 1-3* ist die Definition von „Selbstständigem Lernen im Fremdsprachenunterricht", die dieser Studie zugrunde gelegt ist, maßgebend:

> Selbstständiges Lernen umfasst den Willen und die Fähigkeit, seinen Lernprozess zu kontrollieren, d.h. Kontrolle der Lernorganisation (planen, durchführen, evaluieren), der zu mobilisierenden Lernressourcen (Materialien, Methoden), der Lerninhalte, der Motivation, der Lernumgebung, der kognitiven Lernprozesse (Aufmerksamkeit, Reflexion, metakognitives Wissen), der Lernaktivitäten (Lerntempo, Lernziele, Progression, Lernwege, Fehleranalyse). Selbstständiges Lernen steht in Zusammenhang mit *language and learning awareness*. [...] Lehrer: Lernpartner, Lernberater, Lernbegleiter [...]. (S. 10 in diesem Band)

Die „Qualitative Inhaltsanalyse" nach Mayring (2012, 468) richtet sich nach den durch die obige Definition vorgegebenen Kriterien, die zu Kategorien zusammengefasst werden. Dies entspricht den Voraussetzungen und der Zielsetzung einer speziellen Art der Qualitativen Inhaltsanalyse, der „Strukturierende[n] Inhaltsanalyse" (Mayring 2012, 473). Mayring (ebd., 473) beschreibt diesen Forschungsprozess, bei dem „[...] bestimmte Aspekte aus dem Material herausgefilter[t] [werden] [...] Grundgedanke ist dabei, dass durch die genaue Formulierung von Definitionen, [...] ein Codierleitfaden entsteht, der die Strukturierungsarbeit entscheidend präzisiert".

„[...] [U]nter vorher festgelegten Ordnungskriterien [wurde] [...] ein[][] Querschnitt durch das Material [ge]legt[t][] [...]" (Mayring 2012, 473), wobei sich diesbezüglich folgende Kategorien herausgebildet haben. Der „Grad an" impliziert die Dimensionen „hoch-mittel-tief" (Mayring 2000, 4).

Kategorie	Unterkategorie erster Ordnung	Unterkategorie zweiter Ordnung	Paraphrase/ Zeile
Anleitung zu selbstständigem Lernen durch Lehrer/in	Lehrer als Lernbegleiter allgemein	Lehrer als Berater bei der Aktivierung (meta-)kognitiver Strukturen	*Unité 1/ À plus! 1* (A): *Unité 6/ À plus! 3* (B):
		Ernstnehmen d. Schüler/-innen als Menschen	

Kategorie	Unterkategorie erster Ordnung	Unterkategorie zweiter Ordnung	Paraphrase/ Zeile
	Bereitstellen von Mitteln		
	Bereitstellen einer authentischen Lernumgebung	Integration von Authentizität/ Lernanlässe	(metakognitiv)
	Anbahnen des eigenständigen Lernprozesses		
	Durchführung des eigenständigen Lernprozesses		
	Evaluation des eigenständigen Lernprozesses		
Kontrollbereiche der Lernprozesse auf Schülerseite	Grad der Lernorganisation	- Planen - Durchführung - Evaluation	(metakognitives Wissen)
	Grad der Vertrautheit mit Lernressourcen	Anleitung zum Umgang mit Lehrbuch/ *Carnet d'activités*/ *Dictionnaire*	
Grad des selbstständigen Umgangs mit Lern(er)-Strategien/ eigenständiger Umgang mit Methodik	Grad an Ausbildung kognitiver sowie metakognitiver Strategien	- Aktivieren der Strategien - Kognitiv vor metakognitiv (steigender Abstraktionsgrad bei steigender Universalität der Strategien) - Lernstrategien lernen	
	Grad an Ausbildung kognitiver Strategien	- Konzentration	
		Umgang mit unterschiedlichen Typen von Lernstrategien	

Kategorie	Unterkategorie erster Ordnung	Unterkategorie zweiter Ordnung	Paraphrase/ Zeile
		Verhältnis zwischen Lernstrategien und den Inhalten der *Unité*	
	Grad des selbstständigen Umgangs mit Lerntechniken	Anleitungsgrad bzgl. Lerntechniken	
	Umgang mit Lerninhalten/ *language awareness* (z.B. Hawkins 1984)	Lerner-Adäquatheit	
	Entscheidungsgrad über…	Eigene Zielsetzung bei Lerninhalten	
		Bearbeitungs-Zeitpunkt/-dauer/-ort	
		Methodenauswahl (Übungsformen)	
		Sozialformen	
		Eigener Sprachenvergleich (MSK)	
	Grad des Ansprechens der intrinsischen Motivation bei Schüler/inne/n	Implikation lebensweltlicher Aspekte	
Grad der Lernaktivitäten	Grad der Bestimmung/ Kontrolle	- des eigenen Lerntempos	
		- der eigenen Lernziele	
		- der eigenen Progression	
		- der eigenen Lernwege	
		- eigene Fehleranalyse/ Kompensations-strategien	

Weitere Forschungsfragen dieses Projekts im Hinblick auf die folgende Lehrwerkanalyse lauten:

1. *Wie werden Lernstrategien in einem Lehrwerk wie À plus! aktiviert, das sich auf eine Darstellung vor der Einteilung in die unterschiedlichen Kompetenzbereiche beruft?*

Die spezifischen Forschungsfragen dieser Studie an das Lehrwerk *À plus! 1-3* sollen durch die „Strukturierende Inhaltsanalyse" (Mayring 2012, 473) beantwortet werden:

2. *Inwieweit beinhaltet das Lehrwerk Bausteine für selbstständiges und selbstreflexives Lernen?*
3. *Wie ermöglicht das Lehrwerk selbstständigen Lernzuwachs, wie regt es dazu an?*

Hierzu soll kapitelweise nach den obigen Kriterien eine strukturierte qualitative Inhaltsanalyse durchgeführt werden, nach der die Anteile an selbstständigem Lernen und der Lernstrategien gemessen werden.

3. Konzeptueller, inhaltlicher und methodisch-didaktischer Aufbau des Lehrwerks

Für die Einordnung des Lehrwerks *À plus! 1-3* soll auf seine Konzeption, seinen Inhalt und seinen methodisch-didaktischen Aufbau eingegangen werden, um ein Gesamtverständnis für das Lehrwerk zu entwickeln. Dabei fällt eine Funktionalität der Inhalte im Sinne der Kompetenzorientierung des GeR (Europarat 2001a) auf, da die *Unités* stark kommunikativ ausgerichtet sind. Die Inhalte selbst orientieren sich an den im GeR ausgewiesenen Funktionalitäten. So korreliert in Band 1 die dargebotene Betonung kommunikativer Aufgaben nicht nur funktional mit den Vorgaben der Sprachproduktion auf dem Niveau A1 des GeR (Europarat 2001a), sondern orientiert sich auch inhaltlich daran, da in *Unité 1, Séquence 1*, das Thema „sich präsentieren" behandelt wird:

> «Peut se décrire, décrire ce qu'il/elle fait, ainsi que son lieu d'habitation.» (Conseil de l'Europe 2001, 49)

Diese *„Est capable de"*-Beschreibung (Conseil de l'Europe 2001, 177) deckt sich mit den kommunikativ ausgerichteten Inhalten des Lehrwerks *À plus! 1-3*, deren oben genannte Inhalte in den Folgebänden weiter entsprechend der GeR-Niveaustufen vertieft werden. Dies lässt sich auch an der Konzeption des Lehrwerks erkennen, da «les activités langagières de **réception** (orale et/ou écrite) ou de **production** (orale et/ou écrite)» (Conseil de l'Europe 2001, 18, Hervorhebung im Original) in Verbindung mit den Kompetenzen, als «compétence à communiquer langagièrement» (ebd., 18), die Grundkonzeption des Lehrwerks bilden.

3.1 Konzeption des Lehrwerks

Das Schülerbuch *À plus! 1* besteht aus insgesamt neun *Unités*, den Lehrbuchlektionen, von denen sieben obligatorisch und zwei fakultativ sind. Von den zwei fakultativen Lektionen ist eine Lektion die *Unité Supplémentaire à la carte*, eine Zusatzlektion, in der in beliebiger Reihenfolge die vier *Séquences* bearbeitet werden können. Daran schließt sich eine weitere fakultative Lektion an, die jedoch keine neuen Inhalte aufwirft, die *Unité Révision*. Die Schülerbücher *À plus! 2* und *À plus! 3* bestehen dagegen aus insgesamt acht *Unités*, von denen sechs obligatorisch sind und wieder aus den oben genannten zwei fakultativen *Unités* aufgebaut sind.

Jede *Unité* besteht aus einem Einleitungsteil, den *Approches*, woraufhin drei *Séquences* folgen, in denen die Kerninhalte der jeweiligen Lektion vermittelt werden. In den *Repères* am Ende jeder Lektion werden die erlernten Inhalte noch einmal wiederholt. Danach folgt der fakultative Teil von *Pratiques et révisions*, worin die Portfolioarbeit und der „Lernen lernen"-Teil *apprendre à apprendre* vorkommen. Im ebenfalls fakultativen *Entracte*-Teil kommen landeskundliche Aspekte wie Gedichte und Geschichten vor. Der strukturierte Aufbau einer *Séquence* wird bei dem Lerner durch funktionsbestimmende Aufgabentitel wie *écouter* verstärkt. Jede *Séquence* und jeder *Approches*-Teil des Schülerbuchs *À plus!* bestehen aus folgenden, auf den Fertigkeiten der Lerner aufbauenden Aufgaben-/Übungstypen[1].

---

[1] Ausführliche Beispiele und konkrete Hinweise sollen in Kapitel 4 dieses Beitrags im Rahmen der Analyse des Gesamtkonzepts des Lehrwerks erfolgen.

- *Auf rezeptive Fertigkeiten abzielend:*
- *Écouter*: Hörverstehensübungen mit folgenden Varianten: «écouter et répéter» (rezeptiv), «écouter et écrire» (Kombination aus rezeptiv und produktiv), «préparer l'écoute», «comprendre et écouter».
- *Lesen*: Ein expliziter Abschnitt, in dem zum Lesen längerer zusammenhängender Texte aufgefordert wird, existiert nicht. Als Vorbereitung auf das Lesen existiert die Rubrik «avant la lecture». Alle Lektionstexte werden zunächst über das Anhören des gesprochenen Textes von der CD erschlossen. Erst im zweiten Schritt können die Texte dann auch in der Klasse gelesen werden. Das Lesen gewinnt zunehmend funktionellen Charakter und hat eher dienende Funktion bei der Erfassung der jeweiligen Aufgabe. Die klassische Einteilung in „vor-während-nach der Lektüre" wird daher nur vereinzelt berücksichtigt.
- *Auf produktive Fertigkeiten abzielend:*
- *Comprendre*: Einstiegsübungen zu Beginn fast jeder *Unité*, die von kommunikativer Partnerarbeit bis zu Einzelarbeit als Teil der DELF-Vorbereitung in Form von analytischen Kombinations- und Korrekturübungen reichen.
- *S'entraîner*: das Trainieren verschiedener sprachlicher Bereiche wie «vocabulaire» oder auch neuer grammatikalischer Phänomene der jeweiligen Lektion. Dieser Teil kann als ein reiner Übungsteil verstanden werden, der jedoch Wortschatz kontextualisiert mit grammatikalischen Strukturen durch authentische Kommunikationsanteile im Sinne der Schüleraktivierung miteinander verbindet.
- *Activités*: umfasst als Lektionsteil eine kreative Aufgabe, z.B. szenisches Spiel oder das Suchen eines Bildtitels. Ab *À plus! 2* wird dieser Teil mit zunehmendem Lerner-Niveau komplexer, da mehr Selbstständigkeit erwartet wird.
  o Hier wird der spielerische Aspekt des Lerners betont: «jouer», «jeu de rôle»;
  o auch die DELF-Vorbereitung gehört in diesen Bereich.
  o Unter «recherches» befassen sich die Lerner mit landeskundlichen Aspekten, die sie eigenständig im Internet recherchieren sollen.
  o Unter «projet (Portfolio)» kann eigenständig von den Lernern «mon album» im Stil des «dossier» des „Europäische[n] Sprachenportfolio[s]" (Europarat 2001b) produziert werden. Dies wird durch das Symbol in Form einer Blume

in Band 1, eines Hauses in Band 2 und eines Eiffelturms in Band 3 mit der Aufschrift «Portfolio Dossier» angekündigt.

- o *Apprendre à apprendre*: eine Lerntechnik oder eine Lernstrategie wird exemplarisch dem Lerner vorgestellt.
- *Découvrir*: besonders in diesem Teil sollen die Schüler/innen einen bestimmten Bereich des Französischen möglichst selbstständig „entdecken", so beispielsweise «découvrir l'orthographe» (*À plus! 1*-Schülerheft, 44).

Das *Carnet d'activités* orientiert sich an den *Unités*, weist aber die Struktur *Approches* + drei *Séquences* + *Apprendre à apprendre* (im *Carnet*: + *Bilan autocorrectif* auf. Der *Bilan*-Teil baut inhaltlich auf dem *Repères*-Wiederholungsteil der jeweiligen *Unité* des Schülerbuchs auf.

Zusätzlich steht an allen Aufgaben, die für die eigenständige Vorbereitung auf die DELF-Prüfung relevant sind, am linken Seitenrand der Hinweis „DELF", um dem Lerner begreiflich zu machen, dass es sich um einen Aufgabentyp handelt, wie er auch in dem Test für das DELF vorkommt. Dies fördert die Selbstständigkeit des Lerners, da diese Aufgaben als Angebote aufbereitet sind, derer sich die Lernenden bedienen können.

In den *Repères* geht es um eine Wiederholung der «Grammaire» sowie um die Bewusstmachung umgangssprachlicher, kommunikationsstrategischer und idiomatischer Wendungen unter «Qu'est-ce qu'on dit?». Auch hierfür muss der Anteil an Lernstrategien erhoben werden.

3.2 Inhalte des Lehrwerks

Wie bereits angedeutet, sind die Inhalte des Lehrwerks den zu erzielenden Kompetenzen untergeordnet. Dabei sind die Inhalte der Lektionen stark an der Interessenswelt der Schüler/innen ausgerichtet, indem sie altersgerechte Themen wie das Sprechen über den eigenen Stundenplan im Kontext Schule (*À plus! 1*, 85) mit dem jeweiligen Sprachniveau der Schüler/innen verbinden. Dies wird mit Kontexten untermauert, in denen die Lerner/innen vor alltägliche Situationen in Frankreich gestellt werden und diese kommunikativ bewältigen müssen. Besonders die Kapitel *Activité(s)* und *Entracte* laden sie dazu ein, in authentischen Situationen ihre bereits erworbene Sprachkompetenz auszuprobieren. So sei das Beispiel des *Entracte facultatif* von *À plus! 1* (ebd., 114) genannt, in dem sich die Lerner/innen selbst auf dem Lyoner U-Bahn-Plan zurechtfinden müssen, um an die nächste Touristeninformation zu gelangen. Die Verquickung von handlungsorientierten Inhalten und den Interessengebieten der Schüler/innen wie Hobbys, Schule oder Freizeitaktivitäten bildet eine inhaltlich altersgerechte Basis für die Beschäftigung mit den übergeordnet zu erlernenden Kompetenzen. Wird auch mit dem Portfolio gearbeitet, werden weitere inhaltliche Bereiche erschlossen, die es den Lernenden ermöglichen, sich frei für sie bedeutsame Themen auszudrücken, was wiederum ein Potential für selbstständiges Lernen darstellt, jedoch auch von der Lehrperson zunächst als Strategie des Führens eines solchen Portfolios vermittelt und gegebenenfalls auch kontrolliert, in jedem Fall jedoch begleitet werden sollte, um den Lernenden eine Hilfestellung zu geben.[2]

3.3 Methodisch-didaktischer Aufbau des Lehrwerks

Wie bereits aus der Darstellung der Lehrwerkskonzeption hervorgeht, bietet das Lehrwerk den Lernenden und den Lehrenden Möglichkeiten zur Anleitung oder Durchführung selbstständigen Lernens. An dieser Stelle sei kurz darauf verwiesen, dass die Lehrperson durch „die grün gedruckten Überschriften [, die] [...] fakultative Elemente [bezeichnen]" (Bächle et al. 2004, 3), dazu angeregt wird, selbst zu entscheiden, wie viel Potenzial selbstständigen Lernens sie in ihrem Französischunterricht zulässt. Diese grün unterlegten Bereiche betreffen die Kapitel *Entracte*, *Pratiques et révisions* sowie das Einführungskapitel zu Beginn eines jeden Schülerbandes oder auch *Repères*-Elemente innerhalb einer *Unité Supplémentaire*. Darüber hinaus entscheidet die Lehrperson maßgeblich über die Art des Umgangs mit der Texteinführung in Verbindung mit der Vermittlungsweise der dazugehörigen Semantisierung sowie über „[d]as Lernen von ‚Grammatik' [...] als Mittel der Verständigung in der zwischenmenschlichen Kommunikation [...]" (Segermann 2001, 194). Im Lehrwerk sind diese Bereiche nach den bereits erwähnten vier Fertigkeitsbereichen des GeR (Europarat 2001a) strukturiert und es weist eine Progression durch die bereits erwähnte Abfolge von *Approches* + drei *Séquences* + *Apprendre à apprendre*

---

[2] Ein Beispiel für die inhaltliche Gestaltung einer *Unité* von *À plus! 1-3* wird in der Exemplarischen Lektionsanalyse in Kapitel 4.4 dieses Beitrags gezeigt werden.

bzw. *repères/pratiques et révisions* (im *Carnet*: + *Bilan autocorrectif*) auf. Durch diese Schnittstellen wird selbstständiges Lernen zwar angeboten, bleibt jedoch auf der fakultativen Ebene stehen. Es ist also auch möglich, einen Französischunterricht mit geringen Anteilen selbstständigen Lernens mit diesem Lehrwerk zu halten, indem auf die fakultativen Kapitel verzichtet wird, sofern dies die Lehrperson als ihren Unterrichtsstil begreift. Ganz kann sich jedoch selbst eine dem Selbstständigen Lernen unaufgeschlossene Lehrperson nicht den selbstständigen Anteilen des Lehrwerks entziehen, da diese automatisch vor allem in de n schüleraktivierend wirkenden Unterkapiteln «s'entraîner» und «activités» vorkommen, die gleichzeitig den hohen kommunikativen Anteil des Lehrwerks ausmachen.

Da jedoch das Lehrwerk selbst Anlässe zu selbstständigem Lernen bietet und didaktisch nach den Prinzipien des GeR (Europarat 2001a) aufgebaut ist, könnte sein strukturierter Aufbau ein hohes Maß an Lehrwerkzentrierung gerade im Anfangsunterricht fördern.

3.4 Das Spracherwerbskonzept des Lehrwerks

Auf theoretischer Ebene richtet sich das Spracherwerbskonzept von *À plus! 1-3* nach dem Ansatz der Kompetenzorientierung (Leupold 2007, 82), da die vier Fertigkeiten des Hörens, Lesens, Sprechens, und Schreibens (KMK 2003, 8) zu gleichen Teilen berücksichtigt werden. Jedoch spiegelt das Spracherwerbskonzept des Lehrwerks auch seine Entstehungszeit um das Jahr 2000 wider, da die fünfte Fertigkeit der „Sprachmittlung" (ebd., 8) innerhalb des Lehrwerks in den Bänden 1 und 2 noch keine Rolle spielt, da sie erst 2003 in den Bildungsstandards verankert wurde. Erst ab Band 3 des Lehrwerks wird auch die Sprachmittlung im Schülerbuch thematisiert. Sowohl im GeR (2001a) als auch in den Bildungsstandards (KMK 2003) kommen bereits Bereiche der Lernstrategien zum Tragen, die auch in diesem Lehrwerk den Schüler/inne/n in Kategorien wie *Apprendre à apprendre* erläutert werden.

Schon am Themenverzeichnis zu Beginn des Lehrwerks wird deutlich, dass dem selbstständigen Lernen durch das optionale Erstellen eines eigenen Portfolios für Französisch Bedeutung beigemessen wird. Die Inhalte des Lehrwerks treten optisch in den Vordergrund. Es wird eine Geschichte im

Lehrwerk erzählt, der sich die Grammatik unterordnet. Der erhöhte Stellenwert der Anteile selbstständigen Lernens wird auch an der Aufteilung des Inhaltsverzeichnisses deutlich, da den Kategorien *Méthodes et Stratégies* und *Apprendre à apprendre* jeweils ein gesonderter Absatz gewidmet ist.

4. Analyse des Gesamtkonzepts zum selbstständigen Lernen

Im Folgenden geht es um die Anleitung zum selbstständigen Lernen im Lehrwerk (4.1), die Verteilung und Arten der Kontrollbereiche der Lernprozesse für Schüler/innen (4.2) sowie den Grad der Vorstrukturierung zwischen Lehrenden und Lernenden (4.3). Insbesondere die Anleitungen und die Kontrollbereiche liefern wichtige Informationen über den Grad des selbstständigen Lernens im vorliegenden Lehrwerk. Hieraus ergibt sich automatisch das Verhältnis zwischen Lehrenden und Lernenden während dieses Lernprozesses.

4.1 Anleitung zum selbstständigen Lernen durch Lehrende

Wie im Einzelnen mit den Ansätzen selbstständigen Lernens des Lehrwerks umgegangen wird, hängt von der jeweiligen Lehrperson ab. Grundsätzlich sollten Lehrende Schüler/innen in Phasen selbstständigen Lernens einweisen. Hierzu liefert das Lehrwerk entsprechende Arbeitsanweisungen. Die Lehrperson hat entweder die Möglichkeit, diese Phasen selbst zu moderieren oder die Arbeitsanweisungen ebenfalls von Schüler/inne/n darbieten zu lassen. Betrachtet man die Lehrerhandreichung zum Schülerbuch, so liefert der Lehrende die notwendigen Voraussetzungen für den Lernprozess an sich, den die Schüler/innen daraufhin eigenständig vorantreiben. Ein Beispiel hierfür wäre folgender Ablauf aus der Handreichung: „L: Welche Strategien könnt ihr bei einem unbekannten Text nutzen? L sammelt S-Äußerungen stichwortartig an der Tafel." (Wieners/Schulze 2012, 55). Weiterhin auffällig ist, dass in der Handreichung relativ wenige der oben zitierten Passagen vorkommen. Häufig sind schülermoderierende Phasen für den Unterricht vorgesehen. Allein die Semantisierungsphase soll noch von der Lehrperson durchgeführt werden (ebd., 24). Die Lehrperson tritt laut Handreichung nur dann in Erscheinung, wenn der Lernprozess nicht eigenständig von den Lernern evaluiert werden kann, wenn sie Hilfe bei der Bewusstmachung von Strategien benötigen oder ihnen eine Herangehensweise erst erklärt werden muss. So kontrolliert er/sie beim Hörverstehen den selbstständigen Lernprozess, wenn es sich um Lautdiskriminierungen handelt (*À plus! 1*, 11/3).

4.2 Verteilung und Arten der Kontrollbereiche der Lernprozesse für Schüler/innen

Es sollen im Folgenden die unterschiedlichen Kontrollbereiche der Lernprozesse der Lernenden einzeln erläutert werden, die in den Bänden 1 und 2 de s Schülerbuchs vorhanden sind.

4.2.1 Anteile selbstständigen/-reflexiven Lernens sowie Verteilung der Kontrollbereiche selbstreflexiven Lernens in *À plus! 1*

Zunächst soll Band 1 de s Lehrwerks auf seine Elemente selbstständigen/-reflexiven Lernens hin analysiert werden, bevor direkt auf die Kontrollbereiche selbstreflexiven Lernens eingegangen wird. Die folgenden Ausführungen sowie die Seitenzahlen in Klammern beziehen sich jeweils entweder auf das *Carnet d'activités* oder das Schülerbuch.

4.2.1.1 Analyse von *À plus! 1*

Was die Lernorganisation betrifft, so bietet *À plus! 1* von Anfang an eine schülerorientierte Lesart, die die Lernenden schrittweise an „Language Learning Strategies" (Oxford 1990) heranführt. Hierbei wurde während der Lehrwerkskonzeption auch bedacht, dass die Lerner noch nicht mit den entsprechenden Lernstrategien vertraut sein können, weshalb sich spezielle Kapitel, die *Apprendre à a pprendre* genannt werden, mit dem Lernstrategieaufbau der Lernenden befassen.

- *„Learning awareness":*

Die Planung des Lernprozesses erfolgt einerseits durch die bereits erwähnten *Apprendre à apprendre*-Kapitel (*À plus! 1*, 20/9, 35/7, 50/8, 66/10, 81/10, 97/9, 113/8), andererseits gibt das Buch durch zahlreiche Symbole und Figuren Anreize zum selbstständigen Lernen. Die Maus Rissou wird als steuernde Figur eingeführt, die durch die Grammatik des Schülerbuchs führt, aber auch immer wieder selbst, vor allem im *Carnet d'activités*, Hilfe bei der Bearbeitung von Aufgaben braucht. Hier kann der Lerner eine Expertenrolle einnehmen und Rissous Fehler korrigieren. Weiterhin sind die Grammatikparagraphen, auf die der Lerner im grammatischen Beiheft zurückgreifen soll, nicht am Ende der Lektion in Gänze vermerkt, sondern müssen erst durch den Lerner im Beiheft selbstständig gefunden werden. Dies sorgt für eine zusätzliche Planungsforcierung des Lerners.

Auch das Buch selbst bietet als große Einheit Anlässe zur Selbstinformation: im «Annexe» finden sich «Les nombres» (ebd., 141), «Les verbes» (ebd., 142-143), «le petit dictionnaire de civilisation» (ebd., 144-145), «la liste des mots» (146-190), «la liste alphabétique des mots» (ebd., 191-205). Im ersten Teil von «Apprendre à apprendre» (ebd., 20/9) wird der Lerner auch in die Benutzung des Buchs eingeführt. Zusätzlich kann er sich der Liste «Le français en classe» (ebd., 140) bedienen.

Weitere Planungsschritte des Lernprozesses in *À plus! 1* sind das Filtern von Information sowie die Suche in einem Wörterbuch (ebd., 50/9), Mediennutzungsstrategien wie beispielsweise das Suchen im Internet als Vorabinformation zur Initiierung des Lernprozesses (ebd., 20/8, 97/10), die Vorentlastung eines unbekannten Texts durch Strategien wie Bildbetrachtung oder der Aktivierung von Vorwissen (ebd., 19/7) oder auch Vokabelspiele (ebd., 97/9; Anwendung: 102/1), die Dialogplanung (ebd., 89/8), die Szenenplanung (ebd., 28/5a). Besonders die fertigkeitsgebundenen Bereiche «préparer l'écoute» (ebd., 29/1, auch als DELF-Vorbereitung) und «préparer la lecture» (ebd., 60/1) zielen darauf ab, das analytische Denken des Lerners zu fördern. Die Reflexion über das Anwenden von Mnemotechniken (ebd., 31/8) kann als weitere Lernstrategie bei der Planung des Lernprozesses gesehen werden.

Bei der Durchführung des Lernprozesses wird der Lerner grundsätzlich von dem Buch durch die zahlreichen farbigen Bilder und das farbige Layout motiviert, aber auch durch die verschiedenen Sozialformen, die sehr kommunikativ angelegt sind, so dass der Lerner zum Sprechen aktiviert wird. Der Lerner hat während seiner Lehrbucharbeit stets die Möglichkeit, selbst weitere vertiefende Aufgaben aus dem *Carnet d'activités* zu machen und umgekehrt, da entsprechend nach dem jeweiligen Arbeitsauftrag am Ende die korrespondierende Aufgabe im Schülerbuch beziehungsweise im *Carnet d'activités* angegeben ist (*Carnet*, 41/5). Der Lerner kann selbst entscheiden, in Abhängigkeit von seiner «bilan autocorrectif» aus dem *Carnet d'activités* und seinem Portfolio, welche Fertigkeiten er noch vertiefen möchte/sollte.

- *„Language awareness":*
Inhaltlich geht das Schülerbuch zunächst kleinschrittig mit der Vermittlung von Grammatikstrukturen vor (*À plus! 1*, 18/2b) und bietet darüber hinaus jedoch an gleicher Stelle auch Grammatikerschließungsstrategien (ebd., 63/4a) an. In fortgeschrittenen Lektionen wird mit Grammatik auch zunehmend spielerisch umgegangen (ebd., 88/4, 91/4), was dem Lerner eine zusätzliche Motivation verleiht.

Im Bereich der Wortschatzerschließung werden ebenfalls Methoden angeboten, die dem Lerner metakognitives Wissen vermitteln. Dazu gehört das Erstellen eines Karteikartensystems mit Verbformen (ebd., 50/8), das prinzipiell auch für alle Vokabeln möglich ist. Die Bildung von Vokabelnetzen eignet sich als kognitive Lernstrategie (ebd., 26/6, 109/7, 132/9), so dass der Lerner bestimmte Themenbereiche selbst strukturieren kann. Das Aktivieren bereits gelernter Vokabeln aus dem Vorwissen (ebd., 58/2b) gehört ebenso zu dem Aufgabenangebot des Buchs wie weitere kognitive Lernstrategien wie das Bilden von Antonymen (ebd., 96/5, 133/10). Die Bildung von „Sachgruppen", also Hyperonyme und Hyponyme, (ebd., 113/8) ist eine Vokabel-Lernstrategie. Beim Erschließen von Texten ist generell das Zurückgreifen auf Internationalismen (ebd., 103/2) eine Strategie, die auch kurz in einer Übung vorgestellt wird.

Im Bereich des interkulturellen Lernens wird besonders die selbstständige Recherche mit den unterschiedlichen Lernressourcen Schülerbuch, Internet und dem Wörterbuch entwickelt (ebd., 19/7b, 86/1b, 96/6, 89/7a, 114/1). Dabei kommt es darauf an, wie diese *Repères*-Kapitel von der Lehrperson behandelt werden, wobei grundsätzlich die Möglichkeit der eigenständigen Wiederholung durch den Lernenden besteht.

Das Textverstehen steht im Anfängerunterricht noch nach dem Spracherwerbsprinzip im Vordergrund, so dass viele Aufgabentypen hierauf ausgerichtet sind. Die Analyse von Lesestrategien wird langsam angebahnt (ebd., 86/1a) und kognitive Lesestrategien des Kategorisierens von Information, so genannte „after reading activités/après la lecture" wie beispielsweise das Erstellen einer Informations-Mindmap (ebd., 45/1) werden integriert. Beim Strukturieren der gelesenen Inhalte wird für den Lerner besonders das Globalverstehen betont (ebd., 35/7). Auch die individuelle Herangehensweise an die Lesetexte wird thematisiert (ebd., 120/1). Die Texterschließung erfolgt ebenfalls häufig über motivierende Bildimpulse unter «avant la lecture» (ebd., 128-130). In den Anfangslektionen beantwortet der Lerner vorgefertigte Fragen zu den Lektionstexten (ebd., 11/1, 27/1, 39/1, 53/2, 57/1, 86/2a, 87/1, 131/4a). Mit fortschreitender Lektion steigt auch der Anteil an eigens zu formulierenden Fragen an den Text (ebd., 91/1, 95/2b), das eigene Fragenstellen an den Partner. Weitere Lesestrategien im Bereich «après la lecture» sind das Textresümee (ebd., 120/2, 132/7b), das in den Folgebänden noch größere Bedeutung bekommen wird und das Impulsgeben zu authentischen Schreibanlässen in Richtung kreatives Schreiben (ebd., 46/7, 49/4b, 56/7b, 56/8b (DELF), 64/1b). Diese Aufgabe steht häufig auch in Verbindung mit der Vorbereitung auf den DELF-Test.

Zum Hörverstehen zählen drei Gruppen: das Globalverstehen, das Erreichen einer phonologischen Bewusstheit als Lernstrategie und das Erkennen einer Hörstrategie. Vor allem unter der Kategorie «préparer l'écoute» (ebd., 10/1, 11/2, 29/1) wird das Globalverstehen angesprochen. Es soll grob verstanden werden, worum es geht, die Details folgen in Kombination mit der Erarbeitung weiterer Aufgaben. Unter phonologischem Bewusstheitsaufbau kann das Erkennen der Lautdiskriminierung (ebd., 13/5, 16/8, 30/3a, b, c, 59/7, 56/6, 73/2, 92/7) verstanden werden. Das Erkennen der Hörstrategie erfolgt auf Metaebene, wenn im Buch direkt an den Lerner die Frage gerichtet wird, ob diese Lautdiskriminierung zu verstehen ist (ebd., 13/5b) oder Fragen über die Aufnahme gestellt werden (ebd., 81/10).

- *Konzentration sowie Aufmerksamkeit auf Lernstrategien:*
Eine Aufmerksamkeitssteigerung wird vor allem durch die Kombination mehrerer Sinneskanäle erzeugt. Werden die Fertigkeiten Lesen und Hören miteinander verknüpft, entstehen audiovisuelle Reize, die beim Lerner zu einer erhöhten Konzentration und bei Gefallen des Bildes und des Klangs zu einer höheren Motivation führen. Die Motivation wird zusätzlich durch Erfolgserlebnisse wie das farbige Ausfüllen des Portfolios verstärkt, da der Lerner seine Aufmerksamkeit auf den eigenen selbstgesteuerten Lernfortschritt richtet. In nahezu allen *Unité*-Eingangstexten wird die Verknüpfung aus audiovisuellen Reizen angewendet. Erhöhte Aufmerksamkeit wird durch analytische Übungen mit Spielcharakter erzeugt. Dazu zählen Übungen wie «trouvez l'intrus» oder auch Wörterschlangen (ebd., S. 18/3ab, S. 65/6), bei denen der Effekt des Nachdenkens oder gar Knobelns die Aufmerksamkeit des Lerners zusätzlich auf das Thema lenkt. Die Steuerung der Aufmerksamkeit durch die Verknüpfung aus Sprechen und Lesen in Form einer Visualisierung durch Bilder und farbiger Tabellen wird wiederholt umgesetzt (ebd., 61/6a, 86/3, 112/2a, 3a, 124/6). Sowohl visuelle als auch kommunikative Kompetenzen werden hierbei angesprochen. Aber auch der auditiv-kinästhetische Lerntyp wird durch die Verbindung aus Hören und Schreiben angesprochen (ebd., 13/5a, 16/8b, 30/4a, 46/5, 59/7b, 64/1a, 86/4). Das gegenseitige Diktieren z.B. der eigenen Telefonnummer auf Französisch als Kombination aus Sprechen und Schreiben ist ebenfalls prozessorientiert angelegt (ebd., 80/1b). Die Verbindung aus drei Fertigkeiten, Lesen, Hören und Schreiben, erhöht die Aufmerksamkeit nochmals (ebd., 34/1, 67/1, 80/1a).

- *„Language acquisition strategies":*
werden ebenfalls auf mehreren Ebenen angesprochen. Zahlreiche Übungen und Aufgaben werden in *À plus! 1* zur Wiederholung angeboten. Beim selbstständigen Wiederholen legt der Lerner fest, wie und an welcher Stelle er welche Aufgabe noch einmal durchführen möchte. Hierzu zählen die obig erwähnten Kombinationsaufgaben, die mehrere Fertigkeiten ansprechen, und reine Übungen nach dem Übungsbegriff, so z.B. Zuordnungs- oder Formationsübungen.

Als kommunikativ angelegte Strategie wird in allen drei Buchteilen die Rubrik «Qu'est-ce qu'on dit?» angeboten. Sie fördert einerseits das interkulturelle Potential, andererseits dient sie unter pragmatischen Gesichtspunkten dem Erlernen authentischer Redemittel (ebd., 21/1, 32/1 etc.). Eine gesteigerte intrinsische Motivation wird durch das Lenken der Aufmerksamkeit auf relevante, lebensweltliche Kommunikationsinhalte erzeugt (ebd., 19/6). Es werden Situationen aufgeworfen, in denen sich der Lerner momentan gerade selbst befindet, wie die Vorbereitung auf seinen Schüleraustausch oder der erste Emailkontakt mit dem Austauschpartner, um das Identifikationspotential zu erhöhen (ebd., 28/4a,b,5, 58/4b, 65/5, 77/5,6, 92/8, 114/2, 119/3). Das Beschreiben von Bildern, auch zusammen mit dem Partner, mit eigenen Redemitteln und kleinen Vorgaben fördert die Strategie der Bildbeschreibung als Teil der Kommunikationsstrategien (ebd., 26/5, 29/2, 41/2a, 43/3, 74/3a, b, 104/6, 134/14). Eine weitere Komponente der Kommunikationsstrategien ist das Durchführen von Dialogen. Darunter finden sich die Dialog-Präsentation (ebd., 72/4, 72/8a), das Weiterführen eines Dialogs (ebd., 88/3b) und das freie Halten eines Dialogs (ebd., 89/8b). Als eher monologische Verfahren beinhaltet *À plus! 1* das Nacherzählen von Geschichten (ebd., 67/2) und das Kommentieren einer eigenen B.D.-Zeichnung oder das Erzählen einer selbst erfundenen Geschichte (ebd., 96/5b).

Es müssen daher von Seiten des Lerners Entscheidungen über verschiedene Aspekte des Lernprozesses getroffen werden. Was die Lernressourcen betrifft, so kann während der gesamten Arbeit mit dem Buch die Möglichkeit des selbstständigen Umgangs mit der Hör-CD von dem Lerner wahrgenommen werden. Zusätzlich dient das Portfolio (siehe *Carnet*-Mitte) als Lernbegleiter, in der Verzahnung von Schülerbuch mit *Apprendre à apprendre*-Teil und *Bilan autocorrectif* mit Selbsteinschätzung und Lösungen am Ende des Hefts. Auch das Internet und das Wörterbuch fungieren, wie bereits weiter oben dargestellt, als Informationsressourcen. Die Vertrautheit mit dem Schülerbuch stellt die anfänglichen *Apprendre à apprendre*-Rubriken sicher (ebd., 20/9).

Methodisch werden dem Lerner zwar viele offene Konzepte angeboten, die als Zweck neben dem Motivationsaufbau auch eine Handlungsorientierung haben. Hierzu gehört das Bewegungslernen, das mehrere Sinne anspricht (ebd.,

11/4, 13/4, 16/5, 41/4,5, 44/8, 53/4). Besondere Motivation wird erzeugt, wenn ein Identifikationspotential mit den Lerninhalten durch das eigene Erarbeiten des Lerninhalts besteht (ebd., 113/6b). Auch Rätsel fördern Aufmerksamkeit und Motivation (ebd., 80/2), umso mehr, wenn sie selbst erdacht wurden (ebd., 103/4b). Die Handlungsorientierung wird auch an der sich ändernden Schwerpunktsetzung des Buchs deutlich: Puzzle basteln (ebd., 74/5), Rezept nachkochen (ebd., 77/7), Uhr Basteln (ebd., 84/2), ein B.D. als Theaterstück (ebd., 104/8), als Projekt «Gros Caillou» (ebd., 106/4), den Spaziergang durch Lyon sowie das Bestellen eines Lyon-Prospekts (ebd., 112/5). Im *Carnet d'activités* werden zusätzlich Tandem-Übungen und Rätsel am Ende des Hefts (*Carnet, À plus! 1*, 80ff.) angeboten. Zusätzlich soll das «jeu des vacances» (ebd., 78-79) verhindern, dass die Inhalte über die Sommerferien verloren gehen.

- *Selbstevaluierung:*

Die Kontrolle der Lernprogression erfolgt durch mehrere Instrumente: 1. „[D]as Europäische Sprachenportfolio" (Europarat 2001)/*Mon premier portfolio de français*, 2. über die *Bilan autocorrectif* und 3. über die selbstständige Fehlerkorrektur nach Beenden einer Übung, die automatisch einen Hinweis auf die betreffenden Grammatikkapitel gibt (z.B. *Carnet, À plus! 1*, S. 16/4b). Von besonderer Bedeutung ist der DELF-Hinweis neben manchen Übungen (z.B. *À plus! 1*, S. 19/6b, 7). Dies stellt eine indirekte Form der Evaluation dar, eine Vorbereitung auf den echten DELF-Test. Hierbei werden alle Fertigkeiten angesprochen, wobei alle methodisch abwechslungsreich in *À plus!* integriert sind.

4.2.1.2 Verteilung einzelner Kontrollbereiche selbstreflexiven Lernens in *À plus! 1*

In Bezug auf die *Lernorganisation* werden die Strategien durch das Lehrbuch vorgegeben, ab *Unités 5/6* ist mehr angelegt auf die Selbstständigkeit des Lerners, da vor allem auch in die Arbeit mit Lernstrategien eingeführt wird. Die Durchführung der Lernorganisation ist kommunikativ und handlungsorientiert. Der Lehrer wirkt wie ein Berater bei der Aktivierung von Lernstrategien. Die

Evaluation der Lernorganisation erfolgt unter anderem über die *Bilan autocorrectif* im *Carnet d'activités* sowie über das Portfolio, so dass ein hoher Anteil an selbstständigen Fehlerkorrekturen angelegt ist, womit wiederum die Lernprogression überprüft werden kann, was selbstreflexives Lernen fördert. Die *Lernressourcen* im ersten Band sind das Lehrbuch, das *Carnet d'activités*, eine Hör-CD, ein im Schülerbuch integriertes Wörterbuch sowie ein kleiner landeskundlicher Teil am Ende des Buchs (Glossar). *Learning awareness* wird durch den Angebotscharakter des Anhangs im Schülerbuch verstärkt. Die Methoden beinhalten jeweils entsprechende Sozialformen, wobei Gruppen-/Partnerarbeit; offene Verfahren und Handlungsorientierung dominieren. Die Lerninhalte orientieren sich, wie bereits angedeutet, an der Lebenswelt der Jugendlichen, was einerseits ein Identifikationspotential, andererseits Motivation zur selbstständigen Bearbeitung von Themen fördert. Zudem fördern authentische Themen die Motivation der Lernenden. Die Lernumgebung ist im Normalfall der Französischunterricht, teilweise werden im Schülerbuch neben der Erstellung eines Portfolios auch stellenweise Internet-Recherchen zu Hause angeregt. Lernstrategien werden gefördert, indem sie im Unterricht konkret thematisiert werden. Die Aufnahme dieser Inhalte wird durch mehrkanaliges Lernen begünstigt. Bei den Lernaktivitäten ist das Lerntempo nicht vorgegeben und wird im Unterrichtsalltag bei offenen Sozialformen meist vom Lehrenden bestimmt (z.B. *Carnet, À plus! 1*, 82, Tandem). Dies ist ein Punkt, bei dem im Unterricht häufig der Lehrende eine Arbeitsanweisung mit Zeitangabe als Richtwert angibt, damit die Lernenden in einem gewissen zeitlichen Rahmen die Aufgabe bewältigen und sich dabei konzentriert mit dieser auseinandersetzen. Dabei schätzt die Lehrperson ein, wie lange die Lernenden zur Bewältigung einer Aufgabe brauchen. Dies ist beispielsweise nicht bei den „Portfolio"-Aufgaben der Fall, bei denen die Lernenden ihr eigenes Tempo bestimmen können. Die Lernziele werden zunächst durch das Buch formuliert. Darüber hinaus werden die Lernziele der Schüler/innen durch das Resultat der Fehleranalyse durch das Portfolio sichtbar. Aus diesem Fehlerprofil entsteht das neue Lernziel, was eine Implikation der Lernprogression darstellt und selbstreflexives Lernen fördert. Die Lehrperson kann die Lernprogression des selbstständig werdenden Lerners unterstützen.

4.2.2 Anteile selbstständigen/-reflexiven Lernens sowie Verteilung der Kontrollbereiche selbstreflexiven Lernens in *À plus! 2*

4.2.2.1 Analyse von *À plus! 2*

Grundsätzlich bleiben die Bereiche von *À plus! 1* bestehen, jedoch ist der Grad der Beschäftigung mit Lernstrategien im zweiten Band von *À plus!* höher.

- *Steigende Autonomie bei Wahl der Lerninhalte:*

Neu im Vergleich zum ersten Band ist die stärkere Projektorientierung: in den sechs *Unités* gibt das Buch verschiedene Situationen aus dem Schüleraustausch mit Frankreich vor und der Lerner befasst sich mit diesen Situationen, das heißt pro *Unité* mit einer dieser Situationen. Diese Aufgabenteile sind besonders frei und können von den Lernenden gemeinsam gestaltet werden. Die Lernenden können beispielsweise ein Theaterstück aufführen oder eine Gedichtsammlung anfertigen. Die kreativen Produkte aus den Schreibanlässen werden dem Dossier des Portfolios beigelegt (*À plus!* 2: 25/9, 42/7, 42/8, 59/10, 70/7, 78/7, 94/9, 109/8). Zudem ist der landeskundliche Teil mit praktischen Alltagsbeispielen aus dem französischen Leben «La France en direct» ein authentischer Input.

Zunehmend sind eigene Schwerpunkte in der Wahl des Lerninhalts möglich (*À plus!* 2: 81/3b, 83/6b). Die Fragen sind offen und projektorientiert gestellt (ebd., 134/14). Die Aufgaben des *Carnet d'activités* fordern den Lerner ebenso. Beispielsweise soll ein Gedicht fortgesetzt werden (ebd., 7/4) oder ein Steckbrief von sich selbst für den Austauschpartner erstellt werden (ebd., 7/3). Neben den Tandem-Aufgaben (ebd., 82-87) werden in der Mitte jeder *Unité* des *Carnet d'activités* Band 2 Übungen zum Hörverstehen angeboten (ebd., 88-90).

- „*Language acquisition strategies*":

In *Unité 1* folgen dann fertigkeitsorientierte DELF-Aufgaben, bei denen es um das Filtern von Informationen geht. Man hört beispielsweise einen Text über einen Jungen und ein Mädchen und muss daraus einen Steckbrief schreiben (*À plus!* 2, 11). Das Globalverstehen beim Hörverstehen rückt ebenfalls mehr in den Vordergrund unter «préparer l'écoute» (ebd., 12/1). Das Selektieren von relevanten Informationen ist im Textverstehen eine weitere Strategie (ebd.,

13/2). Häufiger werden in *À plus! 2* auch Rätsel selbst produziert (ebd., 13/3b). Als Thema wird häufig der Schüleraustausch verwendet (ebd., 14/6,7; DELF), wobei der Lerner über ein Programm für die französischen Gäste mit seiner Klasse verhandeln und mit ihr Vorschläge diskutieren soll. So bringt der Lerner sich selbst und seine Ideen intensiver ein. Als Produkt entsteht ein Programm für den Austausch, das in der Portfoliomappe hinterlegt werden kann (ebd., 14/7b). Durch mimisches Spiel erfährt der Lerner eine weitere Strategie, um sich Inhalte einzuprägen (ebd., 16/3b). Mehr Wert wird im 2. Band auf das Textverstehen gelegt. Es müssen mehr Lektionstexte zusammengefasst werden, es soll also ein Globalverstehen für einen Text generell gefördert werden (ebd., 19/1, 60/1). Auch kreative Verfahren wie das Schreiben eines Gedichts finden Anwendung (ebd., 20/6). Auf das Erlernen des schriftlichen Ausdrucks wird an mehreren Stellen hingewiesen, im Grammatikteil (ebd., 21) steht das Angebot, auf die Hinweise zum Abfassen eines Briefs (ebd., 141) des Buchs zu schauen. Es wird dem Lerner aber selbst überlassen. Manchmal fehlt jede Textvorgabe und es muss mit eigenen Redemitteln ein Bild beschrieben werden (ebd., 23/1a).

Auch die Wiederholungsstrategien der Vokabelwiederholung werden thematisiert (ebd., 94/10). Eine weitere Vokabelwiederholungsstrategie besteht darin, die Lerner sich untereinander Vokabelfragen stellen zu lassen, sich also gegenseitig abzufragen (ebd., 92/3). Mnemotechniken (ebd., 40/3), wie die Bildung von Antonymen (ebd., 41/4), werden weiter durchgeführt.

Zur Vertiefung der Grammatik wird der Wiederholungsteil des Schülerbuchs empfohlen, der der Vertiefung dienen soll (ebd., 109/9). Neue Grammatik wird weiterhin induktiv vermittelt (ebd., 81/1, 85/2c).

Auch der Teil «pratiques et révisions» wird pro *Unité* länger, das heißt es existieren mehr Übungsanlässe, die prinzipiell auch eigenmotiviert sein können.

- *Konzentration/Aufmerksamkeit, „Learning awareness"* und *Selbstevaluierung:*
Schon zu Beginn des Schülerbuchs *À plus! 2* fällt auf, dass die Schülerorientierung zugenommen hat: auf S. 8-9 stehen die Aufgaben des Einstiegskapitels zur Auswahl, der Lerner kann erstmals selbst entscheiden, welche der Aufgaben er bevorzugt bearbeiten möchte. Dies sensibilisiert für Lernstrategien und die dazu gehörigen Inhalte. Der Annexe beinhaltet bereits Möglichkeiten

der selbstständigen Konsultation, so wie durch die Unterkapitel «Le vocabulaire de la discussion» (*À plus!* 2, 140), «Indications pour les exercices» (ebd., 142), «Les nombres en français» (ebd., 143), «Les verbes» (ebd., 145) und «Petit dictionnaire de civilisation» (ebd., 148).

Besonders der Teil *Apprendre à apprendre* zu den Lernstrategien richtet sich immer stärker an der Beherrschung der Fertigkeiten aus. In *À plus!* 2, 25/11 geht es um Strategien zum Hörverstehen wie beispielsweise das Globalverstehen. Es wird ebenfalls in *Apprendre à apprendre* auf die Selbstkorrektur von Fehlern aufmerksam gemacht (*À plus!* 2, 42/10). In Bezug auf das Wortschatzlernen wird auf die Strategie des Umschreibens von gerade nicht paraten Vokabeln verwiesen (ebd., 59/12). In der Textarbeit geht es um die Technik, Schlüsselwörter zu finden, die den Text strukturieren (ebd., 78/8).

Das Globalverstehen als «préparer la lecture» (ebd., 32/1) ist schüleraktivierend, da sie selbst Vermutungen über die Geschichte anstellen sollen. Prinzipiell können nun auch schon Ideen zu einem Thema gegeben werden (ebd., 33/4b), weshalb die Instruktionstexte freier und offener werden, damit Raum für diese Ideen gegeben werden kann. In *À plus!* 2, 44/1 werden als Einstieg französische Städte auf der Karte von den Schüler/inne/n gesucht. Recherchestrategien werden weiterhin geübt (ebd., 48/7c, 79, 96/2).

Bei Dialogen werden die Hilfestellungen geringer und mehrere Möglichkeiten stehen zur Auswahl (ebd., 17/5).

Fragen zum Textverständnis werden weniger vorgegeben, stattdessen entwickelt sie der Lerner im Gespräch mit seinem Partner oder allein (ebd., 19/2b).

Das Sprechen ist freier, es wird an manchen Stellen nur von einem Bild unterstützt (ebd., 51/8, 77/5) und zur Erzählung einer ganzen Geschichte ausgeweitet (ebd., 67/7b), die der Lerner selbst konstruieren muss. Neu ist das Äußern der eigenen Meinung («à ton/votre avis») zu einem Thema (ebd., 62/1). Dadurch kann ein Thema vom Lerner viel kritischer behandelt werden. Die Ebene der Argumentationsführung ist damit erreicht (ebd., 70/6, 71/1b, 85/1), die auch DELF relevant ist. Bei Höraufgaben muss die angekreuzte Antwort ab *Unité 4* begründet werden (ebd., 72/2). Das Weiterführen von Texten hin zu kreativen Verfahren wird verstärkt (ebd., 89/5b).

Das Portfolio ist in der Mitte des *Carnet d'activités* zu finden und strukturiert die Evaluation des Lernprozesses.

4.2.2.2 Verteilung einzelner Kontrollbereiche selbstreflexiven Lernens in *À plus! 2*

Die Lernorganisation in Band 2 des Lehrwerks besteht zunehmend aus der Darstellung von Strategien, die mehr auf die Selbstständigkeit des Lerners abzielen. Bei der Durchführung dieser Lernorganisation fungiert der Lehrende weiterhin in seiner Position als Berater bei der Aktivierung dieser Strategien, wobei der Fokus des Lehrwerks auf hohen kommunikativen Anteilen und der Handlungsorientierung liegt. Die Evaluation der Lernorganisation wird im *Carnet d'acitivités* durch die *Bilan autocorrectif*, durch das Portfolio und den hohen Anteil an selbstständigen Fehlerkorrekturen erzeugt, was zu einer Überprüfung der Lernprogression führt. Die Lernressourcen umfassen die gleichen Materialien und Elemente wie in Band 1, die durch ihre Unverbindlichkeit *learning awareness* fördern. Auch methodisch wird mit den gleichen Sozialformen wie in Band 1 des Lehrwerks gearbeitet. Gleiches gilt für die Lerninhalte. Die Konzentration auf Strategien erfolgt wie in Band 1 über mehrkanaliges Lernen. Die Lernaktivitäten richten sich nach einem weitgehend nicht vom Lehrwerk vorgegebenen Lerntempo, das jedoch im Unterrichtsalltag häufig im Rahmen der Arbeitsanweisung als Zeitangabe von den Lehrenden bestimmt wird. Neben den durch das Lehrbuch formulierten Lernzielen sowie dem Resultat der Fehleranalyse durch das Portfolio als Implikation der Lernprogression spezifizieren sich Lernziele mit zunehmender Lernprogression. Somit wird auch das selbstreflexive Lernen durch die Lernenden selbst gefördert.

4.2.3 Anteile selbstständigen/-reflexiven Lernens sowie Verteilung der Kontrollbereiche selbstreflexiven Lernens in *À plus! 3*

4.2.3.1 Analyse von *À plus! 3*

Die folgenden Ausführungen beziehen sich, wenn nicht anders angegeben, auf das Schülerbuch zu *À plus! 3*, ansonsten auf das *Carnet d'activités* zu Band 3.

Zunächst fällt eine Umbenennung bestimmter Bereiche auf. Der Bereich „Portfolio" heißt nun ausschließlich «Projet» und der Bereich «Apprendre à apprendre» heißt nun «Méthodes et stratégies». Die Titel werden also dem Alter der Lerner angepasst.

- *„Language acquisition strategies":*
Hinzu kommt als Verfahren die *Médiation,* bei der der Lerner nun eigenverantwortlich eine Mittlerrolle einnimmt (*À plus!* 3, 13/3, 111/4). Insgesamt sind die Aufgaben ähnlich wie in *À plus!* 2, jedoch ist die Anzahl der Zuordnungsübungen geringer im Vergleich zum Textverstehen, wo nun auch Detailfragen zum Text gestellt werden (ebd., 113/1b). Das *Carnet d'activités* von Band 3 ist analog zu den anderen zwei Bänden aufgebaut, nur existiert im Anhang eine neue Kategorie «dialomix» (83/84). Das sind Dialoge zu Alltagssituationen, die zusätzlich eingeübt werden können. Auch hier erfolgt deren Einsatz je nach Bedarf im Unterricht.

Handlungsorientiert ist der Band 3 durch die Möglichkeit der Durchführung eines Theaterstücks, wobei jeder Schritt genau beschrieben wird (*À plus!* 3, 126). Auch Umfragen in der Klasse zu einem bestimmten Thema sind möglich (ebd., 97/7b).

In *Méthodes et stratégies* geht es vor allem um Strategien, die in Bezug auf die vier Fertigkeiten eine Rolle spielen und damit auch durch DELF überprüfbar sind: die Schüler/innen lernen, sich schriftlich Notizen zu machen (ebd., 27/11,12) oder sie sind durch die Erklärung zur Benutzung des zwei-/ einsprachigen Wörterbuchs in der Lage, beim Leseverstehen unbekannte Wörter im Bedarfsfall nachzuschlagen (ebd., 59/12, 104/9,10). Sie lernen Präsentationstechniken wie das Vorstellen eines Lieblingsbuchs (ebd., 76). Weiterhin werden im Schülerbuch für die Textproduktion relevante Strategien wie das Unterscheiden des Genus der Artikel vermittelt (ebd., 90/10,11).

- *Weiterhin steigende Autonomie bei Wahl der Lerninhalte:*
Der größte Unterschied zu den zwei vorherigen Bänden besteht in der Wahl der Lerninhalte: ein Buch kann von einer Internetseite ausgewählt (ebd., 75/5) und dann in der Klasse vorstellt werden. In der *Unité Supplémentaire* (ebd., 107)

kann sich der Lerner ein Foto aussuchen und darüber selbstständig Informationen einholen.

- „Learning awareness"

Seinen Lernweg kann der Lernende dabei frei bestimmen, das Schülerbuch gibt ihm als Tipp, eine Enzyklopädie, das landeskundliche Register am Buchende oder das Internet zu konsultieren. In der Einstiegslektion können selbstständig Übungen ausgesucht werden.

Der Anhang bestehend aus Glossar und Annexe ist im Vergleich zu *À plus! 2* weiter ausgebaut. Der Annexe wurde um einige Kategorien erweitert: «Comment former des mots féminins?» (*À plus! 3*, 133), «Les États membres et les nationalités de l'Union européenne» (ebd., 134). Dieses umfangreiche Glossar gibt die Möglichkeit, selbstständig Informationen zu bestimmten Aspekten der Sprache und der Kultur des Französischen nachzulesen.

Verschiedene Strategien zum Aktivieren kognitiver Lernprozesse als Teil der Planung von Lernaktivitäten werden eingesetzt, die sich um das Aktivieren des Vorwissens drehen: Wortklassen bilden (ebd., 44/1), das Internet aufrufen (ebd., 49/1, 98/1), durch ein Bild im Text auf den Textinhalt schließen (ebd., 68/1), Assoziationen (ebd., 78/1, 105/1), Schlüsselwörter herausschreiben (ebd., 83/1), eigene Gedanken zu einem Foto ausdrücken (ebd., 93/1).

- *Selbstevaluierungsmöglichkeiten:*

Lesen, Hören, Schreiben und Sprechen sind als Fertigkeiten im *Carnet d'activités* von Band 3 anzutreffen und können über die aus den Bänden 1 und 2 bekannten *Bilan autocorrectif* und das *Petit Portfolio de français* durch die Lernenden eigenständig abgeprüft werden, was den Lernfortschritt für den/die einzelne/n Schüler/in überprüfbar macht und die Lernreflexion anregt.

4.2.3.2 Verteilung einzelner Kontrollbereiche selbstreflexiven Lernens in *À plus! 3*

Der Grad an Selbstständigkeit und die dazugehörige Lernorganisation bestehen in Band 3 zunehmend aus bereits zuvor aufgeworfenen Strategien, die vom Lerner verfeinert werden. Die Durchführung der Lernorganisation fußt weiterhin auf einer kommunikativen, aber auch einer handlungs- und projektorientierten Ausrichtung des Lehrwerks. Die Lehrperson kann wie bisher auch in Band 3 als Berater bei der Verfeinerung von Strategien und projektorientierten Ansätzen wirken. Die Evaluation der Lernorganisation besteht im *Carnet d'activités* aus der *Bilan autocorrectif* und dem Portfolio mit einem hohen Anteil an selbstständigen Fehlerkorrekturen zur Überprüfung der Lernprogression. Die *Lernressourcen* und die Methodik der Sozialformen unterscheiden sich nicht von den Bänden 1 und 2. Gleiches gilt für die gewählten Lerninhalte, die sich an der Lebenswelt der Jugendlichen orientieren und zur Begünstigung ein Identifikationspotential beinhalten bzw. durch authentische Themen und Alltagssituationen motivieren möchten. Die Konzentration auf diese Lerninhalte erfolgt durch mehrkanaliges Lernen. Für die Lernaktivitäten gelten in Bezug auf das Lerntempo vergleichbare Angaben wie in den Bänden 1 und 2, sodass die Lehrperson im Unterrichtsalltag weiterhin die entsprechenden Zeitangaben vorgibt, außer bei den grün unterlegten Aufgabentypen wie bei der Erstellung eines Projekts oder des eigenen Portfolios. Die eigenen Lernziele werden als Resultat der Fehleranalyse durch das Portfolio sichtbar und helfen durch die Visualisierung bei der Selbsteinschätzung der Lernprogression der Lernenden. In Band 3 formulieren die Lernenden die eigenen Lernziele/-inhalte. Die Lehrperson unterstützt die Lernprogression des selbstständig werdenden Lerners, bleibt jedoch vor dem zunehmend autonomen Lernprozess der Schüler/innen beratend im Hintergrund.

4.3 Grad der Vorstrukturiertheit zwischen Lehrperson und Lernenden

Die Rolle der Lehrperson ist bei der Arbeit mit *À plus! 1-3* weitgehend vorgegeben. Die Lehrperson setzt dabei die nötigen Impulse, indem sie den Schüler/inne/n die knappen Arbeitsanweisungen des Lehrwerks aufträgt und sich danach eher in beratender Funktion befindet. Auch die Sozialformen sind bereits weitgehend vom Lehrwerk selbst vorgegeben, wobei diese auch als Empfehlung zu verstehen sind und im Bedarfsfall auch an die tatsächliche Unterrichtssituation angepasst werden können. Die Rolle der Schüler/innen ist zwar insofern vorbestimmt, als dass diese offene, kommunikativ ausgerichtete Arbeitsaufträge erhalten und erarbeiten, jedoch inhaltliche Freiheiten besitzen, sich vorwiegend interessenbetont zu äußern. Daher ist das Grundkonzept des Lehrwerks auf Strukturiertheit ausgerichtet, im Kleinen ist es jedoch offen angelegt und lässt zahlreiche Möglichkeit des freien Sprechens für die Schüler/innen zu.

4.4 Exemplarische Analyse von *Unité 1* (*À plus! 1*)

Die bereits erfolgten Analysen des Gesamtkonzepts des Lehrwerks sollen nun anhand einer kleineren Einheit vertieft werden, um die Anteile selbstständigen/-reflexiven Lernens im Detail zu beleuchten. Die Ausführungen beziehen sich auf das Schülerbuch und das *Carnet d'activités Unité 1*, *À plus! 1*. Dies gilt insbesondere für die Einführung in Lernstrategien. Die Lerninhalte orientieren sich stark nach dem A1-Niveau des GeR/CECR (Conseil de l'Europe 2001), da Themen des Anfangsunterrichts wie „sich präsentieren/begrüßen" Gegenstand sind.

- „*Language awareness*":

Eine Bewusstmachung des Französischen findet durch erste interkulturelle Elemente zwischen der eigenen Heimatstadt und der französischen Sprache und Kultur statt, indem im Schülerbuch Fragen nach bekannten französischen Straßennamen und anderen Plätzen am Wohnort der Schüler/innen gestellt werden (*À plus! 1*, 9). Der Vokabelteil, die «Liste des mots» (ebd., 146ff.) erläutert Wortlernstrategien bei der Durchführung des eigenen Lernprozesses, das Anlegen eines mehrsprachigen Vokabelhefts oder einer Vokabelschablone. Der Vokabelteil des Schülerbuchs dient zudem als Modell von Wortschatzlernstrategien, da die Semantisierung kontextualisiert und mit der Unterstützung von Bildern mehrkanalig erfolgt. Der Lerner wird dadurch mehrfach angesprochen und motiviert. Eine Legende erläutert die in der Wortliste verwendeten Symbole. Ein besonders wichtiges Symbol ist die Lupe mit einem großen „E", das das Muster der englischen Flagge hat. Die Lupe links von einer neuen Vokabel verweist auf eine Querbeziehung zu einem englischen Wort, das die Lerner aus dem Englischunterricht bereits kennen könnten. Der Lernweg wird über frühere Sprachlernerfahrungen im Englischen mehrsprachig kanalisiert. Eine weitere Wortschatzlernstrategie ist im Lehrwerk *À plus! 1-3* die Verknüpfung mit Vorwissen des Lerners.

Sehr offen und mit einem hohen Grad an eigenständiger Lernaktivität sind die Testaufgaben zu DELF gestaltet (die sich natürlich an dem Kompetenzprinzip orientieren): es wird lediglich die Vorgabe gegeben, sein Dorf oder seine Stadt vorzustellen, nicht aber mit welchen Vokabeln und wie ausführlich (ebd., 19).

Innerhalb der «Repères»-Seiten, die den Lernstoff noch einmal umwälzen, ist der integrierte «Qu'est-ce qu'on dit?»-Teil stark kommunikativ ausgerichtet und soll zum eigenständigen Gebrauch erster französischer Redemittel, idiomatischer Wendungen und Sätze im Klassenzimmer anregen.

Auch im fakultativen *Entracte*-Teil finden sich erste eigenständige Aufgabenformen: in einem Rap über die Konversationsriten im Klassenzimmer sollen die Schüler/inne/n diejenigen Sätze beim Hören herausschreiben, die sie selbst schon kennen (ebd., 23).

- *„Learning Awareness", Umgang mit Methoden* und *Schüleraktivierung:*

Bei *À plus ! 1-3* sind die Arbeitsanweisungen und die Struktur des Schülerbuchs hingegen sehr schülergerecht, so dass diese sich von Anfang an selbstständig zurechtfinden können, was die selbstständige Organisation des Lernprozesses fördert. Die Arbeitsanweisungen selbst sind bis *Unité 5* (bis ebd., 71) zweisprachig: erst erfolgt die zielsprachliche französische Arbeitsanweisung, dann eine kurze Übersetzung des Arbeitsauftrags auf Deutsch. In *À plus! 1, Unité 1* (ebd., 11) erscheinen sogar noch auf den ersten *Unité*-Seiten die deutschen Arbeitsanweisungen zuerst, noch vor der französischen Arbeitsanweisung. Es erfolgt also eine gewisse vorgegebene Lenkung durch das Schülerbuch, die auch durch die Legende mit entsprechenden Symbolen gegen Ende des Inhaltsverzeichnisses verstärkt wird (ebd., 7), die sich auch bis Band 3 nicht verändern. Dies fördert eine Vertrautheit mit der Struktur des Buchs und eine selbstständige Arbeitsweise in *Unité 1*. Die Anleitung zum Umgang mit dem Schülerbuch wird also größtenteils von den Schüler/inne/n selbst erschlossen, was eine Planungsstrategie zum Anbahnen des Lernprozesses fördert.

Bei der Durchführung des Lernprozesses erscheint zwar die Lehrperson kaum als relevante Größe im Schülerbuch, dafür werden umso mehr die einzelnen Schüler/innen aktiviert, indem verschiedene Sozialformen angewendet werden. Die entsprechende Sozialform wird durch ein Symbol vor der eigentlichen Arbeitsanweisung der Aufgabe gekennzeichnet, so dass die Lerner hierüber keine Entscheidungsfreiheit besitzen. Die drei Formen der Interaktionsarbeit zwischen den Schüler/inne/n sind in allen drei *À plus!*-Bänden Partnerarbeit, Gruppenarbeit und Diskussion und so genannte Kettenübungen, die nach dem Prinzip des Weiterführens einer Dialogform durch die Klasse von Schüler/in zu Schüler/in funktionieren. Die Lehrperson kann, muss aber nicht den Impuls hierfür setzen. Alternativ könnte auch ein/e Schüler/in den Impuls für die Kettenübung starten.

Die Lernprogression nimmt in *Unité 1* im Schülerbuch von *À plus! 1* und im *Carnet* von *À plus! 1* stetig zu, die Sensibilisierung auf die Lernerautonomie beginnt jedoch erst mit den Teilen «Apprendre à apprendre», mit der induktiven Herangehensweise und der Autokorrektur der «Repères» sowie die «bilan autocorrectif». Ein Schritt in Richtung selbstständigen Lernens ist die eigenständige Auseinandersetzung der Lernenden mit ihrem Kenntnisstand und dessen Bewusstmachung durch «Mon premier portfolio de français» (*Carnet, À plus! 1*, 49-52). Die Lernerfolge können die Lernenden im *Carnet d'activités* in Band 1 in einer Blume farbig markieren, die Aufgaben aus den vier Kompetenzbereichen in ihren Blütenblättern trägt. Auf den «Apprendre à apprendre»-Teil zu den Organisations- und Lesestrategien des Schülerbuchs wird noch einmal im *Carnet d'activités* Band 1 Bezug genommen und es werden dem Lerner zusätzliche Anwendungsmöglichkeiten der entsprechenden metakognitiven Strategie angeboten.

Darüber hinaus wird die Aufmerksamkeit auf das Erlernen bestimmter Lernstrategien gerichtet, so evaluiert die Lehrperson nach dem Hörverstehen falls erforderlich die Lernstrategie der Schüler/innen, beispielsweise das Hochhalten von Lernkarten als Resultat des selbstständigen und aufmerksamkeitsfördernden Erkennens eines bestimmten Lautes während des Hörverstehens. Weiterhin wird die Funktion der Lehrperson während der Erschließung des in beinahe jeder *Unité* inbegriffenen Kapitels «Apprendre à apprendre» deutlich.

Die Mündlichkeit hat klaren Vorrang vor der Schriftlichkeit, da Hör- und Lesestrategien bereits in *Unité 1* gefördert werden, wohingegen bis *Séquence 2* Mitte (*À plus! 1*, 16ff.) noch keine Verschriftlichung stattfindet. Erst *Séquence 3* in *Unité 1* enthält schriftsprachliche Aufgaben, der Aufbau der Lernstrategien folgt also dem natürlichen Spracherwerb von rezeptiven zu produktiven Spracherwerbsphasen.

- *Selbstevaluierungsmöglichkeiten:*

Erste Schritte in R ichtung Selbstevaluation und Steuerung des eigenen Lernprozesses finden sich im *Carnet d'activités, À plus! 1*, im Teil «bilan autocorrectif» am Ende der *Unité 1*, wovon die Lösungen (ebd., 90ff.) im *Carnet d'activités* selbst überprüft werden können. Der Lerner kann in diesem *Bilan-*Teil Grammatik, Wortschatz und Redemittel in Komplettierungsübungen eigenverantwortlich einüben. Das integrierte Sprachenportfolio dient der regelmäßigen Weiterführung zur Selbstevaluation, aber auch alle kreativen Produkte des Französischunterrichts können in ihm integriert werden. Dieses Prinzip wird dem Lerner (ebd., 49) einmal kurz erläutert, dann kann er eigenständig damit arbeiten.

5. Analyse von Lernerstrategien – Bausteine für selbstständiges/-reflexives Lernen in *À plus! 1-3*

Zusammenfassend sollen die prägnantesten Lernstrategien, die den Lerner betreffen, als Bausteine für selbstständiges/-reflexives Lernen aufgezeigt werden.

5.1 Anleitung zu selbstständigem Lernen mit Lernstrategien

Die Lehrperson wird bei *À plus!* sehr stark zum Impulsgeber der Arbeitsanweisungen des Schülerbuchs, keinesfalls kann das Lehrwerk jedoch die Präsenz der Lehrperson ersetzen. Die Arbeitsanweisungen bergen für die Lernenden die Möglichkeit, allein durch ihr Schülerbuch in Eigenrecherche Informationen zu filtern und zu verarbeiten. Es bietet dafür eine gute Vorlage, da das Buch auch als eine Einladung zum selbstständigen Lernen aufgefasst werden kann. Die Lernstrategien selbst entwickeln sich innerhalb des Lehrwerks immer weiter und gehen mit der Entwicklung der Lernenden mit. Während die Lernstrategien zu Beginn des ersten Bandes daraus bestehen, kurze Informationen aus dem Internet zu finden oder sich im Schülerbuch selbst zurechtzufinden, ist im dritten Band die Internetrecherche nur ein Mittel von mehreren zur Informationsgewinnung. Die Beherrschung der Lernstrategien selbst kann und soll natürlich auch über den Unterricht hinaus in realen Situationen wie Auslandsaufenthalten oder Begegnungen mit Muttersprachlern oder auch der Lektüre eines anspruchsvollen Textes helfen. Durch das hohe Maß an authentischen Situationsbeschreibungen sind die im Lehrwerk geförderten Lernstrategien universell einsetzbar.

Im Hinblick auf die Lernstrategie selbst handelt es sich im Idealfall um eine Art Automatisierungsprozess, der durch das Aneignen freigesetzt werden kann. Dadurch ist die Lernstrategie vielseitig einsetzbar, sie muss allerdings auch geübt werden.

5.2 Aufbau und Vermittlung von Lernstrategien

Kern der Lernstrategien in *À plus! 1-3* sind die Kapitel «Apprendre à apprendre» und «Méthodes et stratégies». Zunächst wird ein Problem geschildert, beispielsweise die Orientierungslosigkeit beim Durchsehen eines Wörterbuchs oder das Suchen nach einer Strategie zum Vokabellernen. Daraufhin wird in einem längeren Absatz erläutert, worin die helfende Lernstrategie besteht. Meistens schließt sich an den Erklärungsteil im Schülerbuch sofort eine Übung an, die sich direkt auf das Phänomen bezieht. Sollte dem nicht so sein, wird auf korrespondierende Seitenzahlen des *Carnet d'activités* verwiesen, wo weitere Übungen zu finden sind. Durch derartige Querverweise wird die Lernstrategie in verschiedenen Bereichen eingeübt.

5.3 Wahlmöglichkeiten der Lernstrategien

Die Wahl der Lernorganisation entwickelt sich mit der steigenden Progression des Lehrwerks ebenfalls weiter. Anfangs besteht noch keine Wahlmöglichkeit über die Lernstrategien, da erst nach der Darbietungsphase durch die Lehrperson die Lernenden die unterschiedlichen Lernstrategien, je nach persönlicher Relevanz, anwenden oder nicht. Die Wahl der Lernressourcen ist meist durch die dominierenden Materialien des Schülerbuchs und *Carnet d'activités* festgelegt, wobei auch eine Hör-CD, das Internet und ein Wörterbuch von Anfang an mit zu den relevanten Lernressourcen gehören. Die Lerninhalte sind anfangs vorgegeben, ab der Mitte von *À plus! 2* des Schülerbuchs sind sie mehr und mehr frei wählbar. Konkrete Strategien werden neben Planungen des Lernprozesses auch für bestimmte Bereiche des Französischunterrichts angegeben, so Wortschatzerschließungsstrategien in Form von Vokabelnetzen, Satzgruppen oder auch *mots images*.

Die Lernmotivation wird durch Abwechslung in verschiedenen Kombinationen der Lernstrategien und durch Vielfalt der Lernstrategien erzeugt. Die Lernumgebung bezieht sich auf den Kontext des Französischunterrichts, die Arbeit mit dem *Carnet d'activités* findet teilweise zu Hause statt. So auch, wenn es im Schülerbuch um eine Internetrecherche geht, die ebenfalls zu Hause erfolgen soll.

Die Lernprozesse richten sich je nach Lernprozess nach einer eigenen Lernstrategie. Das Gleiche gilt für die Lernaktivitäten, sodass je nach Lernziel eine andere Strategie verwendet wird.

6. Fazit: Anteil an Lernstrategien/selbstständigem Lernen im Lehrwerk

Gerade am Anfang des Fremdsprachenlernprozesses kann das Repertoire der persönlichen Lernstrategien der Lernenden schrittweise herausgefunden werden. Dieses Potential greift *À plus! 1-3* auf und bietet eine Vielfalt an „Direct strategies" und „Indirect strategies" (Oxford 1990, 17) sowie Arbeitstechniken, an. Darüber hinaus zeigt das Lehrwerk anschaulich, welche Progression die Lernstrategien durchlaufen, bevor sie ein gewisses Niveau selbstständiger Nutzung erreicht haben.

Die Kontrolle der eigenen Lernprozesse ist für den Lernfortschritt eine entscheidende Bedingung. Daher wäre es für die Anregung selbstständigen Lernens wünschenswert, wenn Lehrpersonen das Potential dieses kommunikativ ausgerichteten Lehrwerks erkennen und nutzen würden. Die Umsetzung der Prinzipien des Lehrwerks hängt jedoch trotz aller Schülerorientierung und Bestrebungen nach Lernerautonomie von der jeweiligen Lerngruppe selbst ab, das heißt, gewisse situationelle und institutionelle Faktoren prägen die Umsetzung eines jeden Lehrwerkkonzepts.

Literatur
Lehrwerke
BÄCHLE, Hans/HÉLOURY, Michèle. 2004. *À plus! 1. Französisch für Gymnasien. Carnet d'activités*. Berlin: Cornelsen.
BÄCHLE, Hans et al. 2004. *À plus! 1. Lehrwerk für den Französischunterricht an Gymnasien*. Berlin: Cornelsen.
BÄCHLE, Hans et al. 2005. *À plus! 2. Lehrwerk für den Französischunterricht an Gymnasien*. Berlin: Cornelsen.
GREGOR, Gertraud et al. 2006. *À plus! 3. Lehrwerk für den Französischunterricht an Gymnasien*. Berlin: Cornelsen.
HELOURY, Michèle & JORIßEN, Catherine. 2005. *À plus! 2. Französisch für Gymnasien. Carnet d'activités*. Berlin: Cornelsen.
JORIßEN, Catherine. 2006. *À plus! 3. Französisch für Gymnasien. Carnet d'activités*. Berlin: Cornelsen.

Monographien und Aufsätze
BIMMEL, Peter/RAMPILLON, Ute. 2000. *Lernerautonomie und Lernstrategien*. Berlin et al.: Langenscheidt.
EUROPARAT. 2001a. *Gemeinsamer europäischer Referenzrahmen für Sprachen. Lernen, Lehren, Beurteilen*. Berlin et al.: Langenscheidt.
ECKERT, Johannes & WENDT, Michael. edd. 2003. *Interkulturelles und transkulturelles Lernen im Fremdsprachenunterricht. Kolloquium Fremdsprachenunterricht*. vol. 15. Frankfurt: Lang.
FELIX, Sascha W. 1977. „Kreative und reproduktive Kompetenz im Zweitspracherwerb", in Hunfeld, Hans ed. *Neue Perspektiven der Fremdsprachendidaktik*. Kronberg: Scriptor, 25-34.
HAWKINS, Eric. 1984. *Awareness of Language. An Introduction*. Cambridge: Cambridge University Press.
LEUPOLD, Eynar. 2007. *Kompetenzentwicklung im Französischunterricht. Standards umsetzen – Persönlichkeit bilden*. Seelze: Klett/Kallmeyer.
MAYRING, Philipp. 2012. „Qualitative Inhaltsanalyse", in: Flick, Uwe et al. edd. [9]2012: *Qualitative Forschung. Ein Handbuch*. Reinbeck bei Hamburg: Rowohlt, 468-475.
OXFORD, Rebecca L. 1990. *Language Learning Strategies. What every teacher should know*. Boston, MA: Heinle & Heinle.
SEGERMANN, Krista. 2001. „Wie kann ‚Grammatik' gelernt werden?", in: Börner, W. & Vogel, K.. edd. *Grammatik lehren und lernen*, Bochum: AKS, 193-207.

Internetquellen

CONSEIL DE L'EUROPE. 2001a. *Cadre européen commun de référence pour les langues: apprendre. Enseigner. Évaluer.* http://www.coe.int/t/dg4/linguistic/Cadre1_FR.asp, Zugriff: 15.06.2014.

EUROPARAT. 2001b. *Europäisches Sprachenportfolio. European Language Portfolio.* (=Cercles & AKS. 2008. German translation) http://www.aksweb.de/app/download/5783489543/CercleS+ELP+WordDeutschEnglisch+V10.pdf, Zugriff: 16.06.2014.

HESSISCHES KULTUSMINISTERIUM. 2010. „Lehrplan Französisch. Gymnasialer Bildungsgang. Jahrgangsstufen 5G bis 9G und gymnasiale Oberstufe", http://verwaltung.hessen.de/irj/HKM_Internet?cid=ac9f301df54d1fbfab83dd3a6449af60 [Aufgabengebiet 1 > Französisch 2010.pdf], Zugriff: 08.06.2014.

KULTUSMINISTERKONFERENZ DER LÄNDER (KMK). 2003. Bildungsstandards für die erste Fremdsprache (Englisch/Französisch) für den mittleren Schulabschluss. Beschluss vom 04.12.2003, http://www.kmk.org/fileadmin/veroeffentlichungen_beschluesse/2003/2003_12_04-BS-erste-Fremdsprache.pdf, Zugriff: 16.06.2014.

MAYRING, Philipp. 2000. „Qualitative Inhaltsanalyse", in: Forum Qualitative Social Research (FQS)/Sozialforschung, http://www.qualitative-research.net/index.php/fqs/article/view/1089/2383, Zugriff: 16.06.2014.

Lehrwerkrezeption und Einstellungen zum Selbstständigen Lernen im Französischunterricht aus Lehrerperspektive
Beate Valadez Vazquez

1. Selbstständiges Lernen im lehrwerkbasierten Französischunterricht aus Sicht der Lehrenden

Zum Projekt „Selbstständiges Lernen im lehrwerkbasierten Französischunterricht" werden die Lehrerperspektiven anhand der „Subjektive[n] Theorien" (Groeben et al. 1988, 1) der beteiligten Lehrpersonen und ihre Einstellungen zum Selbstständigen Lernen erfasst. Dazu wurden vier Lehrkräfte der Bundespräsident-Theodor-Heuss-Schule in Homberg/Efze zu kontextbildenden Faktoren selbstständigen Lernens wie dem Einsatz ihres Lehrwerks in Mittel- und Oberstufe oder zur Methodik ihres Französischunterrichts, insbesondere zum Einsatz von Verfahren, die selbstständige Lernprozesse ihrer Französischschüler/innen fördern, befragt.

2. Leitfragen der qualitativen Interviews mit vier Französischlehrenden

Das Thema „Selbstständiges Lernen im lehrwerkbasierten Französischunterricht" wird mithilfe des methodischen Ansatzes der Subjektiven Theorien nach Groeben et al. (1988) analysiert, indem die Sichtweisen der am Projekt beteiligten Französischlehrkräfte mittels qualitativer Leitfadeninterviews erhoben und nach den Transkriptionsregeln von Kallmeyer/Schütze (1976) transkribiert werden. Ziel ist es, herauszufinden, von der Grundannahme eines eher wenig das selbstständige Lernen von Französischschüler/inne/n fördernden Französischunterrichts ausgehend, ob und wie sich selbstständiges Lernen tatsächlich aus Sicht der Lehrenden im Französischunterricht zuträgt. Des Weiteren ist die Rolle des Lehrwerks bei der Förderung von selbstständigem Lernen der Schüler/innen zu klären.

2.1 Leitfaden des ersten qualitativen Interviews zu Projektbeginn
1. **Biographische Informationen der Französischlehrperson:** Alter, Fächerkombination, Lehrtätigkeit an der Schule/berufsbiographische Vorgeschichte

2. **Frage zur Skizzierung des Grundverständnisses des eigenen Französischunterrichts**
   - *Wie würden Sie Ihren eigenen Französischunterricht beschreiben?/Worauf legen Sie wert?*
   - *Welche Zielsetzungen verfolgen Sie mit Ihrem Französischunterricht?*
   - *Welches Selbstverständnis haben Sie als Französischlehrerin und wie sehen Sie Ihr Verhältnis zu Ihren Französischschüler/inne/n?*
   - *In welchem Verhältnis steht die Anwendung von Lernstrategien/ selbstständigem Lernen zum Rest Ihres Französischunterrichts?*
3. **Lehrwerkbezogene Aspekte:**
   - *Welche Rolle spielt das Lehrwerk in Ihrem Französischunterricht?*
   - *Wie kann das Lehrwerk selbstständiges Lernen aus Ihrer Sicht fördern?*
   - *Wie ist das Angebot des Lehrwerks zu Lernstrategien?*
4. **Aspekte das selbstständige Lernen betreffend:**
   - *Was verstehen Sie unter selbstständigem Lernen?*
   - *Der im Vergleich zum selbstständigen Lernen modernere Begriff ist der der Methodenkompetenz: Was verstehen Sie darunter, ist das ein Thema für Sie?*
   - *Welchen Stellenwert (Gewichtung/Häufigkeit) hat dies in Ihrem Unterricht?*
   - *Wo sehen Sie Stärken und Schwächen von selbstständigem Lernen?*
   - *Wie kann man selbstständiges Lernen aus Ihrer Sicht am besten fördern?*
   - *Welche Methoden selbstständigen Lernens benutzen Sie in Ihrem Unterricht?*
   - *Inwieweit erweist sich das Lehrwerk bei der Durchführung dieser Methoden als hilfreich?/Inwiefern greifen Sie hierbei auf Angebote aus dem Lehrwerk zurück?*
   - *Welche Haltung nehmen Sie gegenüber dem Sprachenportfolio im Hinblick auf das selbstständige Lernen ein?*
5. **Welchen Stellenwert haben Lernstrategien in Ihrem Französischunterricht?**

6. **Inwieweit sehen Sie selbstständiges Lernen als Altersfrage der Schüler/innen?**
7. **Wie reagieren Ihre Schüler/innen auf das selbstständige Lernen? Gibt es einen Effekt auf die Leistungen der Schüler/innen, wenn ja welchen?**
8. **Rückblick auf die eigene Lehrerbildung:**
   - *Inwieweit waren diese Themen Teil Ihrer eigenen Lehrerausbildung?*
   - *Inwieweit waren/sind die obigen Themen Teil Ihrer Fort-/Weiterbildung?*

2.2 Leitfaden des zweiten qualitativen Interviews zu Projektende

Die Fragen orientieren sich sinngemäß an denselben Inhalten der Fragen des Interviews in 2.1, zielen allerdings insbesondere auf die Veränderungen ab, die durch das Projekt bei den Lehrenden in Ihrem Unterricht (nicht) bewirkt wurden.

Stichworte des ersten Interviews, die erneut erfragt wurden:
- *Welche Rolle spielen Portfolioarbeit / Stationenlernen / Lernstrategien / metakognitive Reflexionen in Ihrem jetzigen Unterricht?*
- *Sehen Sie jetzt einen Zusammenhang zwischen dem, was Sie angestoßen haben, und den Leistungen Ihrer Schüler? Sind die besser geworden oder schlechter geworden sogar oder ist das eigentlich gleich?*
- *Wie gehen Sie heute mit selbstständigem Lernen um? Welche Vor- und Nachteile sehen Sie beim selbstständigen Lernen? Welche Konsequenzen stellen Sie aus dieser Umstellung Ihres Unterrichts fest? Ändert sich etwas im Lernverhalten, am Interesse, an der Leistung oder der Motivation der Schüler/innen?*
- *Welche Rolle spielt das Lehrwerk jetzt in Ihrem Unterricht?*
- *Welche Aspekte der Umstellung würden Sie noch gerne vertiefen?*

Wie hat sich Ihr Verhältnis zu den Schülern, das Verhältnis Lehrer-Schülerrolle, geändert?

Fragen, die sich als Folge der Projektdurchführung ergaben:
- *Wie fanden Sie das Forschungsprojekt insgesamt und wie hat es sich auf Ihren Unterricht ausgewirkt? Als abschließender Kommentar: Welche Verbesserungs-/Änderungsmöglichkeiten sehen Sie für das Projekt?*

- *Welchen Stellenwert haben in diesem Zusammenhang Vergleichsarbeiten?*
- *Welche Alternativen sehen Sie für bestimmte Problematiken, die im Zusammenhang mit selbstständigem Lernen auftreten? Welche Idealvorstellung haben Sie hierzu?*
- *Wie sehen Sie das Potenzial von echter Kommunikation mit Frankreich im weitesten Sinne, also Schüleraustausche und Fahrten ins Zielsprachenland? Wirkt sich das positiv, motivierend aus oder nicht? Wie schätzen Sie das ein?*
- *Wie gehen Sie mit der Heterogenität in den Lerngruppen, wie mit den unterschiedlichen Ergebnissen um, die bei selbstständigem Lernen entstehen?*
- *Welche Aspekte zum Projekt möchten Sie noch anführen, die vielleicht noch nicht erwähnt wurden?*

Reaktion auf Ergebnisse aus der ersten Schüler/innen-Befragung:
- *Die erste Runde des Forschungsprojekts hat gezeigt, dass die Schüler vor allem Dingen auf Vokabeln konzentriert sind und auf Grammatik. Und der Rest sei zweitrangig. Können Sie dieses Ergebnis kommentieren, auch im Blick auf Ihre Klasse, auf die Erfahrungen, die Sie mit der Lerngruppe in den letzten Monaten gemacht haben?*

Die folgenden, aus der Fallanalyse gebildeten Kategorien teilen sich auf in Themenkomplexe aus dem ersten und dem zweiten Interviewdurchgang innerhalb des Projekts. Wenn innerhalb der Lehrwerkrezeptionen von „vor/nach dem Projekt" die Rede ist, beziehen sich diese Ausführungen, wenn nicht anders angegeben, auf das Forschungsprojekt zum selbstständigen Lernen. In der folgenden Tabelle beziehen sich die Nummern der Unterpunkte aufeinander, um die Veränderungen der Aussagen vor und nach der Projektdurchführung miteinander zu vergleichen, so beispielsweise die Unterkategorie 1.1 mit 2.1. Dies wird auch die anschließende Besprechung der vier Lehrwerkrezeptionen zeigen.

A) THEMENKOMPLEXE DES ERSTEN INTERVIEWDURCHGANGS:

1. SUBJEKTIVE THEORIEN ZU PROJEKTBEGINN:

1.1. *Lehrer-Schüler-Verhältnis während des selbstständigen Lernens (Motivation als zentraler Faktor selbstständigen Lernens/ Gegenwärtige Lerngruppe in Französisch und Bedeutung des Lernorts für selbstständiges Lernen)*

1.2. *Einfluss des Lehrwerks auf die Methodenkompetenz der Französischschüler/innen*

1.3. *Grundauffassungen vom Französischunterricht und vom Französischen als Sprache*

1.4. *Gesamteindruck vom Lehrwerk und Altersorientierung: Nutzung der angebotenen Sozialformen und des Medienangebots des Lehrwerks*

1.5. *Selbstständiges Lernen und Arbeitsweise mit/ohne Lehrwerk*

1.6. *Ausbildung und Fortbildung in Bezug auf selbstständiges Lernen (zu Lernstrategien, Portfolioarbeit)*

B) THEMENKOMPLEXE DES ZWEITEN INTERVIEWDURCHGANGS:

2. SUBJEKTIVE THEORIEN AM PROJEKTENDE:

1.1. *Lehrer-Schüler-Verhältnis während des selbstständigen Lernens (Problematischer Umgang mit Gruppengröße, Heterogenität in der Lerngruppe und heterogenen Ergebnissen während des selbstständigen Lernens und auch in der Folge bei Leistungserhebungen)*

1.2. *Methoden-/Strategieentwicklung bei den Französischschüler/inne/n*

1.3. *Schwerpunkt auf Mündlichkeit und Inhalts-/Lernzielfokussierung*

1.4. *Veränderte Wahrnehmung der Möglichkeiten des Lehrwerks für selbstständiges Lernen (z.B. DELF-Aufgaben für schulinternen DELF-Kurs)*

1.5. *Tatsächlicher Einsatz von Methoden selbstständigen Lernens im Unterricht (z.B. Portfolioarbeit, Stationenlernen)*

1.6. *Konsequenzen für kollegiale Zusammenarbeit in der Fachschaft Französisch (z.B. Fortbildungen, gemeinsamer Wechsel des Lehrwerks)*

3. Konträre Standpunkte der Lehrwerkrezeption durch Lehrende

Im Folgenden werden die „[...] Subjektive[n] Theorien" (Groeben et al. 1988) zweier Kontrastauffassungen von Französischlehrenden zur Lehrwerkrezeption von *À plus! 1-3* exemplarisch kategorisiert und in ihrem Verlauf vor und nach Projektdurchführung illustriert.

3.1 Lehrwerkrezeption von Frau Czajkowski – als „überzeugte Unterstützerin Selbstständigen Lernens" – das Lehrwerk als roter Faden

Berufsbiographisches Kurzprofil: Frau Czajkowski ist 47 Jahre alt und unterrichtet seit 15 Jahren die Fächer Französisch und Deutsch an der Bundespräsident-Theodor-Heuss-Schule. Zunächst hat sie Interesse an einem Medizinstudium. Nachdem sie hierfür keinen Studienplatz erhält, studiert sie ein Semester Sonderpädagogik, wonach sie dies abbricht und eine Ausbildung zur Krankenschwester beginnt, die sie auch abschließt. Kurz vor dem Medizinstudium, für das nun alle Auflagen erfüllt sind, entscheidet sie sich um und orientiert sich an ihren Leistungskursen Deutsch und Französisch. Hier beginnt die Berufsbiographie als Französischlehrerin. Zweimal lebt sie insgesamt ein Jahr in Frankreich, um sich sprachlich zu verbessern. Nach dem Deutsch-Französisch-Studium schließt sie ihr Referendariat ab und lehrt seitdem an ihrer ehemaligen Referendarschule.

❖ **Lehrer-Schüler-Verhältnis während des selbstständigen Lernens (Motivation/Gruppengröße/Heterogenität der Lerngruppe und ihrer Ergebnisse) (1.1./2.1.)**

Ihre Hauptaufgabe sieht Frau Czajkowski darin, ihren Schüler/inne/n die Freude am Französischen nahezubringen:

> Also (,) ich denk, ich bin ein, denk ich so als Lehrerin einmal diejenige, die das auch mitbringt, finde ich oder finde ich auch mitbringen muss, dass Französisch eben auch Spaß macht und dass das was Schönes ist. (CZ1, Z. 126-127)

Dabei sieht sie ihre Funktion zu Beginn des Projekts als die eines

> Taktgeber[s] oder auch ein Mensch, der Strukturen legen muss. Also ich muss da auch als, ja als Leiter der Gruppe sein. (CZ1, Z. 128-129)

Diese Funktion ändert sich, da eine Lernziel- und Inhaltsfokussierung vorherrscht, wobei sie selbst zugunsten der Aufgabe in den Hintergrund tritt:

> Also wenn ich jetzt dastehe und die Strukturen vorgebe, mit ihnen Wortschatz kläre, dann mit ihnen anfange, leichtere Sätze zu bilden und so weiter. Dann habe ich das Gefühl, selbst die Schwächeren, die lehnen sich zurück und dann habe ich immer das Gefühl: naja, lass die Czajkowski mal machen. Irgendwie und am Ende hole ich mir dann diesen Arbeitstrainer und dann mache ich das zu Hause und jetzt quatsche ich mal mit meinem Nachbarn oder so. Wenn ich wirklich 'ne Aufgabe vorgebe und sage: dazu müsst ihr arbeiten und am Ende gebt ihr mir das auch ab oder wir sprechen da drüber. Dann habe ich das Gefühl, dass sich wirklich alle auch damit beschäftigen. (CZ2, Z. 172-180)

Eigentliche Änderungen des Unterrichts gehen aus ihrer Sicht mit einer Änderung der Unterrichtsweise der Lehrperson einher; das Lehrwerk könne dabei immer nur Medium, aber nie allein ausschlaggebend sein:

> Im Grunde genommen ist unser Unterricht ganz stark vom Lehrbuch gesteuert. Es ist eigentlich wirklich der heimliche Lehrplan, aber wir nehmen glaub ich zu wenig die Möglichkeiten des Lehrbuchs, also unser, unsere eigene Form des Unterrichtens ändert sich nicht wirklich mit dem Lehrbuch. Es gibt irgendwie so 'ne Art Vorstellung, wie der Unterricht zu sein hat und man bringt sich da auch immer wieder als Person, so wie man ist, ein. Das ändert sich aber scheinbar nur ganz wenig, wenn sich das Lehrbuch ändert. (CZ2, Z. 7-13)

Daher ist es für sie ein Gewinn, wenn ihre Schüler/innen das Fach Französisch weiter belegen, da eine gewisse Grundmotivation für das Lernen des Französischen aufrechterhalten werde:

> Aber ich glaube eigentlich, dass das größte Gut des Französischunterrichts das ist, dass die Schüler Lust haben, weiter zu lernen. (CZ1, Z. 106-107)

Im Anfangsunterricht wie im aktuellen Französischunterricht der 6./7. Klasse der Befragten sei das Aufstellen und Einhalten von Regeln maßgebend für das Funktionieren des Unterrichts:

> Grade in der 6. Klasse, die brauchen grade noch ganz stark, so nehm ich das wahr, die brauchen einfach jemanden, der sagt: so wir machen jetzt diese und dann jenes und die Regeln dafür sind folgende. Und ich lege auch Wert darauf, dass die eingehalten werden. (CZ1, Z. 129-131)

Die Situation mit der Lerngruppe sei aufgrund diverser Faktoren nicht leicht:

> Bei den jetzigen Sechsern, das ist vielleicht auch wirklich von dieser Lerngruppe abhängig, hab ich immer das Gefühl, ich muss gucken, ob sie mir nicht total aus dem

Ruder laufen. Das ist, da bin ich irgendwie, hab ich irgendwie immer das Gefühl, das (,) das könnte eben auch wirklich ins Nirwana führen, ins Nichts. (CZ1, Z. 277-280)

Diese Haltung ihren Französisch-Schüler/inne/n gegenüber sei darauf zurück zu führen, dass sich die Lerngruppe unruhig verhalte:

> Im Moment sind sie alle ziemlich maulig in dieser Lerngruppe. (CZ1, Z. 114-115)/Die Gruppe ist ja zum Teil auch sehr lebendig, das ist ja von dem her auch schwierig. (CZ1, Z. 254)

Die Situation der Lerngruppe verbessert sich hinsichtlich der Grundhaltung der Schüler/innen nicht wesentlich, weshalb Frau Czajkowski auch angibt, dass „[d]as [...] gleich geblieben [ist]" (CZ2, Z. 126):

> Also es sind verschiedene Dinge. Einmal habe ich in dieser Gruppe [...] doch mehr Schüler, die wirklich hier ums Überleben ringen im Moment. Wo ich wirklich, wo ich jetzt auch in der Klausur mir überlege: ich muss auch noch ganz einfache Sprachstrukturen abfragen, damit die überhaupt die Chance haben, auf die Vier zu kommen. Das sind wirklich noch grundlegende Probleme, Struktur von Arbeit, Heftführung, auf irgendwelche Notizen zurückgreifen zu können, Dinge überhaupt mitzubringen. Also das macht das Miteinander unglaublich anstrengend, wenn eben wirklich auch nichts da ist. Dann habe ich 'ne Gruppe von wirklich starken Schülerinnen vor allen Dingen. Immerhin würde ich mal sagen ein Drittel, die aber, von denen ich das Gefühl hab, die bring ich gar nicht wirklich weiter. Weil dieses schwache Drittel, was ich da habe, die ziehen ganz viel Energie hab. Das ist ganz problematisch. Und die, bei denen gibt es dann so einen Motivationstief. (CZ2, Z. 146-158)

Sie sieht weiterhin im Anfangsunterricht Französisch geschlechtsspezifische Unterschiede hinsichtlich selbstständigen Lernens:

> Die Mädchen sind da häufig in der 6. Klasse noch sehr viel ehrgeiziger und auch verlässlicher als die Jungen. Also bei denen ist es zum Teil so oder war's auch in der Vergangenheit so, dass man sogar sagen konnte: Ihr könnt mit der Aufgabe runter in die Mediathek gehen, ihr könnt das da machen und ich bleibe jetzt mit 'ner anderen Gruppe hier und arbeite nochmal mit denen an etwas. (CZ1, Z. 143-146)

Einzelne Schüler/innen reagieren auf selbstständiges Lernen unterschiedlich:

> Und da ist natürlich auch die Heterogenität der Gruppe nochmal [...] auffällig auch in der Klasse. Kinder, die sehr schnell diese ganzen Fragestellungen begreifen und auch mit großem, ja auch mit großem Eifer auch an solchen Arbeiten dran sind und andere, die eigentlich noch nicht mal anfangen können zu arbeiten. (CZ1, Z. 93-96)

Selbstständiges Lernen könne auch das Interesse von Schüler/inne/n fördern und diese zu kreativen Eigenleistungen führen:

> Da glaub ich aber dran, dass die Schüler, wenn sie wirklich tatsächlich etwas haben, was sie interessiert und wenn sie's Gefühl haben, ich kann auch mal 'ne Klassenarbeit dadurch, also ich kann meine Leistung auf 'ner anderen Ebene erbringen und vielleicht auch auf einer, wo ich auch wirklich was zu zeigen hab im Vergleich vielleicht zu den etwas frustrierenderen Klassenarbeiten, dass sie dann doch auch motiviert sind und was machen. (CZ1, Z. 273-277)

Bei der Durchführung des Projekts falle zusätzlich die Gruppengröße stärker ins Gewicht, da Frau Czajkowski aufgrund der Heterogenität binnendifferenzierend arbeitet:

> Also Binnendifferenzierung in so einer großen Gruppe setzt eben tatsächlich auch sehr, sehr viel Arbeit voraus. Also ich glaube, ich müsste da noch genauer wirklich gucken, wie kann ich die Gruppe noch mehr aufsplitten. Wie kann ich vor allem den stärkeren Schülern noch gerechter werden? (CZ2, Z. 165-168)

Sie unterscheidet zwischen leistungsstärkeren Schüler/inne/n, die das eigenständige Lernen als freies Angebot betrachten und leistungsschwächeren Schüler/inne/n, die diese Art des Lernens überfordert und die Strukturen benötigen:

> Und für die Schwächeren zum Teil auch einfach zu schwer. (CZ1, Z. 102-103)

Trotz Anleitung falle es einigen leistungsschwächeren Schüler/inne/n schwer, sich spontan mit eigenen Worten auf Französisch auszudrücken:

> Also es ist natürlich auch bei den Strukturen, die ich vorgebe und die sie reproduzieren, bin ich natürlich auch nicht immer sicher: ist das jetzt 'ne reine Reproduktion oder haben sie's jetzt verstanden? Und bei den Schwachen ist es häufig so, dass ich dann in den Momenten, wo sie eigenständig arbeiten müssen, dann eben auch wirklich die Lücken dann auftreten oder deutlich werden. (CZ1, Z. 293-297)

Hieraus lässt sich für Frau Czajkowski nicht immer die Eigenleistung ihrer Französischschüler/innen erkennen, da eine starke Lenkung der Arbeitsweise, insbesondere leistungsschwächerer Schüler/innen, erfolgt. Sie sieht das selbstständige Lernen auch im Zusammenhang des ganzheitlichen Lernens als Entwicklung der Jugendlichen hin zu einer selbstständigen Persönlichkeit:

> Und ich glaube tatsächlich, diesen Moment des selbstbestimmenden Lernens, also auch zu sagen: ich mach das zu Hause. Und dann bring ich eben mein Buch mit und guck mir nochmal was an. Also das ist dieses Autonome oder das Autonomiebedürfnis, glaub ich, was sie in der Pubertät eben auch ganz stark haben. Dem kommt das schon auch entgegen. (CZ2, Z. 244-248)

Bei leistungsschwächeren Schüler/inne/n sieht sie in der angesprochenen Autonomie teilweise eine Überforderung an freiem Tun, sodass diese Kinder eher Regeln einfordern:

> Dann glaub ich eigentlich, dass es Schüler gibt, von denen ich immer noch annehmen muss, dass sie einfach so in ihrer Entwicklung noch gar nicht so weit sind, dass sie die Verantwortung für ihr Lernen übernehmen können. Also wo ich ganz stark wie die Mama so dahinterstehen muss und sagen muss: so, das, das, das. Und bis dahin hast du acht Sätze geschrieben. Und die gucken wir uns dann an. Und dann musst du nochmal acht Sätze schreiben. Und dann noch ein Bild aufkleben. (CZ2, Z. 269-274)

Diese Situation verbessert sich durch das Einführen des Formats selbstständigen Lernens bei der Projektdurchführung, insbesondere durch diese Differenzierung:

> Ja, und dann versuche ich eben, auch bei den jüngeren Schülern schon zu gucken, wer muss sich stärker am Heft oder Buch orientieren oder wer kann vielleicht auch schon relativ schnell 'ne kleine kommunikationsorientierte Aufgabe machen, ohne dass ich da ständig noch dabei bin. (CZ2, Z. 43-47)

Die Ergebnisse der Schüler/innen, die aus dem selbstständigen Lernen heraus entstehen, seien von unterschiedlicher Qualität:

> Und ich hab das jetzt vergessen, ich wollte zwei Arbeiten noch mitbringen, ein Schüler, der sich halt wirklich ans Lehrbuch gehalten hat und ein sehr schönes Plakat zum Thema Turnschuhe eben gemacht hat. Und ein anderer, der wirklich nicht im Unterricht gearbeitet hat, das ist dann auch ein Phänomen, dass sie einfach Ergebnisse dann vorlegen, sie erstmal schön aussehen, aber die sie zu Hause erarbeitet haben zum Teil mit dem Papa oder der Mama oder dem Nachhilfelehrer. Und dann sind die aber auch sprachlich zum Teil wirklich ganz problematisch, weil sie eben auch viel mit dem Internet arbeiten. (CZ2, Z. 94-101)

Dies erschwert die Bewertung der Ergebnisse aus dem selbstständigen Lernen:

> Was mir halt immer noch nicht klar am Ende ist, wie gehe ich mit diesen sehr heterogenen Ergebnissen um, wie werte ich die aus? Häufig habe ich dazu gar keine Zeit, weil schon wieder das nächste anliegt. Also das ist für mich immer noch unklar, was mache ich denn eigentlich damit? Die Schüler wollen natürlich alle 'ne Rückmeldung darüber haben, also diese Power-Point, die Präsentation mit diesen zwanzig Folien, die muss ich eigentlich auch den anderen Kindern zeigen. Jetzt steht aber schon wieder die Klausur an. Also ich hab heute beschlossen, dass eine Gruppe die Aufgabe hat, sich diese Power-Point-Präsentation nochmal anzugucken und die gemeinsam zu verbessern. Die Fehler nochmal zu schauen, was kann man da noch verändern, sodass das schon mal in 'ner kleinen Gruppe gewürdigt wird und eine Arbeitsgruppe sein wird. Aber wenn ich jetzt vier oder fünf Power-Point-Präsentationen hab und die alle zeigen muss, dann wird's auch eng. Und die Plakate müssten eigentlich auch kurz besprochen werden. (CZ2, Z. 359-371)

Für Frau Czajkowski sind Verbesserungen der Schülerleistungen individuell:

> Ich glaub, das hat tatsächlich sehr stark was mit der Persönlichkeit der Schüler zu tun. Also einmal mit den Kompetenzen, mit der Note oder mit den Fähigkeiten, die sie haben, also die besseren Schüler können vom eigenständigen Lernen glaub ich noch sehr viel mehr profitieren, weil sie auch plötzlich nach Strukturen fragen, die wir noch gar im Unterricht nicht hatten. Wenn ich ihnen die erkläre, ist das verrückt, wie schnell die anwenden, wo man im Unterricht dann mehrere Stunden braucht. Also das sie relativ selbstverständlich auch in komplexere Strukturen kommen. Und in ein komplexeres Vokabular. Und dann gibt es Schüler, von denen ich das Gefühl habe, die brauchen wirklich immer dieses „So, jetzt machen wir das, dann kommt das; ich kontrollier das auch, ich guck das nach. Wenn du das jetzt nicht machst, dann erfolgt diese und jene Konsequenz." (CZ2, Z. 253-263)

❖ **Methoden-/Strategieentwicklung bei Schüler/innen mit und ohne Hilfe des Lehrwerks (1.2/2.2)**

Im ersten Interview erwähnt sie die räumliche Beengtheit, die größere räumliche Methodenwechsel wie eine andere Sitzordnung nicht ermöglicht:

> Ich hab sonst immer in einem sehr großen Raum arbeiten dürfen, wo wir dann auch die Tische tatsächlich in Vierergruppen an die Wand stellen konnten, wo die Mitte des Raums frei war und wir uns auch mal im Sitzkreis zusammensetzen konnten und bestimmte Dinge wiederholen konnten und sie dann an ihren Tischen wieder arbeiten konnten. Das ist diesmal überhaupt nicht machbar. (CZ1, Z. 247-250)

Dennoch versucht sie räumlich zu variieren und geht mit den Schüler/inne/n nach draußen oder in die Sporthalle, was sie nur im ersten Interview betont:

> Wir sind häufiger, jetzt grade, wenn das Wetter schön ist, draußen und machen dann eben auch Ballspiele mit Vokabeln, über Ballspiele abfragen. (,) Wir haben in der Sporthalle, haben wir diesen Rap zu *être* zum Beispiel mal gemacht, also dieses Einüben, zu *être*. Aber das sind auch, das sind wirklich kleine Momente. (CZ1, Z. 254-258)

Diese Aspekte haben bei der Durchführung des Projekts anscheinend keine Bedeutung, da diese nicht weiter erwähnt werden. Frau Czajkowskis Vorstellung von Methodenkompetenz beginnt bei der selbstständigen Konsultation des Lehrwerks:

> Also (,) 'ne Methodenkompetenz wäre ja zum Beispiel, das Lehrwerk selbstständig zu benutzen, sich bestimmte Hilfsmittel aufzubauen, zu strukturieren. (CZ1, Z. 57-58)

Als Beispiel nennt sie die selbstständige Nutzung des Vokabelglossars durch ihre Schüler/innen:

> Auch dieses, was sie mittlerweile gut machen, ist diesen Vokabelanhang zu nutzen. (CZ1, Z. 79-80)

Am Ende des Projekts bemängelt sie, dass die Schüler/innen das Lehrwerk noch zu selten als Konsultationsmedium zum Nachschauen von Vokabular verwenden, das Internet präferieren:

> Ja, der Bruch liegt häufig da, dass sie zwar irgendwie ganz brav am Anfang irgendwie das Lehrbuch benutzen und dann gucken, was kann ich denn damit machen? In der Krisensituation, wo sie dann aber Wortschatz suchen, zum Handy greifen. (CZ2, Z. 75-78)

Auch bei Nachfragen eines Worts verweist sie zu Beginn des Projekts häufig auf das Glossar des Lehrbuchs, was für geleitete Unterrichtssituationen gut sei, aber während des selbstständigen Lernens nicht funktioniere:

> Also ganz häufig stellen sich dann ja Fragen nach irgendwelchen Übersetzungen: was heißt denn dieses oder jenes? Und dann ist immer die Frage: wo könnest du denn das jetzt finden? Wo könnte das stehen? Und das finde ich, das geht jetzt schon besser. Das machen sie jetzt doch schon selbstständiger. (CZ1, Z. 80-82)

Die Förderung des individuellen Lernniveaus würde das Lehrwerk unterstützen:

> Das bietet ja grade in diesen letzten Seiten der Einheit immer noch mal Vertiefungsübungen. Das ist, grade für die stärkeren Schüler ist das interessant, weil die ja dann diese Dialoge schreiben müssen. (CZ1, Z. 99-100)

Unter Anleitung fordert sie ihre Schüler/innen immer wieder dazu auf, sich eigenständig im Lehrwerk zurechtzufinden:

> Bei den Büchern ist das so, dass ich immer wieder frage: wo könntest du denn das jetzt finden? Wo könnte das denn jetzt stehen? Oder schau doch mal im Anhang an die Lektion, da ist das nochmal erklärt. (CZ1, Z. 77-79)

Durch die intensive Auseinandersetzung mit der Lehrwerkskonzeption werden ihnen die Möglichkeiten des Lehrwerks zum selbstständigen Lernen deutlicher:

> Und ich hab auch mit ihnen stärker den Anhang, diesen kleinen grammatischen Anhang nochmal in den Blick genommen, weil mir selber auch klar geworden ist, dass dieser Anhang eben tatsächlich auch Übungen zum eigenständigen Lernen zur Verfügung stellt. Und zwar immer nur ganz kleine Einheiten, aber die Lösung dazu finden sie eben im Grammatikheft. (CZ2, Z. 35-40)

Jedoch bemängelt sie, dass diese Möglichkeiten auch nach der Projektdurchführung weiter zu wenig von den Schüler/inne/n in Anspruch genommen würden:

> Dass ihnen immer noch nicht klar ist, dass dieser kleine Grammatikanhang tatsächlich einer ist, den sie ja auch zur Vorbereitung auf die Arbeit benutzen können. Und wo sie eben auch die Lösung dafür finden. Das ist ihnen immer noch nicht klar. (CZ2, Z. 220-222)

Zu Beginn des Projekts verweist Frau Czajkowski auf die Relevanz von vorgegebenen Vokabeln und grammatischen Strukturen des Lehrwerks als Möglichkeit selbstständigen Lernens:

> Also wirklich nochmal mit dem Vokabular, was sie in der Einheit gelernt haben, auch mit den grammatischen Strukturen dann tatsächlich auch größere Texte schreiben können. Das ist für die stärkeren Schüler interessant. (CZ1, Z. 100-102)

Zu diesem Zeitpunkt nehmen die Lernstrategien und selbstständiges Lernen anteilig die Hälfte ihres Unterrichts ein:

> Ich würde sagen, das ist so (,) Hälfte, Hälfte. Also diese, diese Lernstrategien, die im Buch vorgeschlagen werden, die machen wir eigentlich immer gemeinsam auch, (,) die gehören einfach mit dazu. Aber ob ist das jetzt, wie ich das jetzt, prozentual kann ich das schlecht benennen. (CZ1, Z. 228-230)

Die Wahl der Lernstrategien sei bereits vor Projektbeginn individuell und frei:

> Ja, Lernstrategien (,) ich glaub, wir erklären uns zum Beispiel bestimmte Dinge als (,) Regeln selber aufzustellen, sich zu überlegen, wie kann ich bestimmte Regeln auch lernen, über Eselsbrücken oder an bestimmten Beispielen. (CZ1, Z. 205-206)

Der Umgang mit dem Wochenplan ist im Anfangsunterricht noch gebundener und wird zunehmend freier; Wochenplanarbeit wird nur im ersten Interview wie folgt erwähnt:

> Also dieser zum Beispiel der, dieser Wochenplan für die Arbeit, das ist ganz ritualisiert. Also den gibt's immer. Ich geh unterschiedlich damit um. Ich sehe, zum Beispiel am Anfang des Französischunterrichts, ich sehe, sie fordern das ein. Sie sagen: wir hätten gerne diesen Wochenplan. (CZ1, Z. 73-75)

Als Metasprache dürfen ihre Schüler/innen im Französischunterricht immer auf Deutsch ihre methodische Vorgehensweise bei freien Aufgaben verbalisieren, um sich über bestimmte Lernstrategien klar zu werden:

> Auch eben, auch in Deutsch eben darüber sprechen, was sie da gerade machen. (CZ1, Z. 39-40)

Nach dem Projekt stellt Frau Czajkowski ein zielgerichtetes Hinarbeiten auf Erschließungsstrategien fest, die jedoch von Ihrer Seite aus noch mehr verdeutlicht werden müssten, wobei die Art der Strategien sich nicht geändert habe:

> Dafür müsste ich glaub ich wirklich noch deutlicher machen, also die Strategien sind immer relativ gleich, also zu versuchen, erstmal vorzuentlasten, zu gucken, was könnte für Vokabular vorkommen. Das Vokabular erstmal zu reaktivieren, was sie schon kennen, dann weiter aufzubauen. Ich glaube, dass ich deutlicher mit ihnen jetzt gucke: was könnte denn da jetzt noch sein? Kennt ihr die Strukturen? Kommen euch die bekannt vor? Was ist daran neu? Aber ich glaube nicht, dass ich ihnen wirklich oder dass ihnen klar ist, dass das schon Lernen ist. Oder dass sie sich das auch zum selbstständigen Lernen erschließen könnten. (CZ2, Z. 210-217)

Neben dem Angebot, das das Lehrwerk bietet, müsse es auch einen Impulsgeber dieser Strategien geben. Dies möchte sie in Zukunft in beratender Funktion durch eine noch stärkere Bewusstmachung dieser Strategien erreichen:

> Hm, ich glaube, dass ich ihnen da immer noch nicht genug deutlich mache, wie wir eigentlich lernen oder wie sie sich eigentlich bestimmte Dinge erarbeiten können. Also ich glaub, dass das immer noch nicht transparent genug ist. Und ich erkläre ihnen das glaub ich immer noch nicht genau genug, warum wir bestimmte Dinge machen. (CZ2., Z. 206-210)

❖ Schwerpunkt auf Mündlichkeit und Inhalts-/Lernzielfokussierung (1.3/2.3)

Ziel ihres Französischunterrichts sei die Schulung „kommunikative[r] Kompetenz" (CZ1, Z. 25), die sie für sich zu Projektbeginn wie folgt definiert:

> Also dass die Kinder eben lernen, sich (,) tatsächlich verständlich machen zu können und miteinander auch ins Gespräch zu kommen. Also, ich glaub, das ist auch eher so ein Schwerpunkt. Ich versuche auch ganz viel so über das Sprechen so mit den Kindern (,) Französisch auch zu lernen. (CZ1, Z. 25-28)

Problematisch für das selbstständige Lernen sieht sie den Anspruch der Korrektheit des Französischen, den sie an ihre Schüler/innen weitergeben möchte:

> Also die sollen natürlich Französisch lernen und in meiner Wunschvorstellung so korrekt wie möglich. (CZ1, Z. 105-106)

Die Kontrolle über sprachliche Korrektheit bei der selbstständigen Arbeit ihrer Schüler/innen sei noch problematisch:

> Und im Französischunterricht glaub ich, hab ich einfach die Angst vorm Fehler einfach, dass ich das Gefühl hab, die Schüler arbeiten dann längere Zeit an bestimmten Dingen

und ich komme nicht dazu, nochmal zu gucken, wo ist eigentlich jetzt da das, wo muss ich nochmal einhaken? (CZ1, Z. 193-196)

Den Gewinn dieses Projekts zum selbstständigen Lernen sieht Frau Czajkowski in der Fokussierung ihres Unterrichts auf die Kommunikation auf Französisch:

> Also tatsächlich so von meiner Wahrnehmung her ist es tatsächlich dieser kommunikative Anteil. Also wirklich immer wieder zu fragen: was habt ihr gestern gemacht? Was habt ihr am Wochenende gemacht? Wie war der Schüleraustausch? Also sie viel stärker in die Kommunikation zu bringen. Das habe ich auch gemerkt bei der Kommunikationsprüfung, die wir immer im Tandem durchgeführt haben. Also wir waren immer zwei Lehrer, sodass wir uns auch mal andere Kurse und die Leistungen anderer Kurse angucken konnten. (CZ2, Z. 106-112)

Sie achtet verstärkt darauf, den Schüler/inne/n mehr Freiräume beim Erproben kommunikativer Situationen zu lassen, noch bevor Fehler korrigiert werden:

> Und danach hab ich gedacht: so, jetzt musst du also wirklich sehen, dass die in die Kommunikation kommen. Egal ob das jetzt erstmal so ist, dass da jetzt noch viele Fehler drin sind. (,) Größere Fehlertoleranz noch, das ist vielleicht noch bei mir eingekehrt. Ich merke vielleicht noch, das hat keinen Sinn da noch auf korrekte sowohl Orthographie als auch Grammatik zu achten. Ich glaub, das kommt und das strukturieren sie sich auch im Verlauf ihrer Lerntätigkeit ein bisschen stärker selbst. Aber sie erstmal wirklich ins Sprechen zu bringen. Und wirklich zu gucken, dass sie da wirklich auch ein bisschen mit dem Wortschatz, den sie haben, kommunizieren können. (CZ2, Z. 114-123)

Die Ergebnisse der Schülerbefragung ergaben eine hohe Fokussierung der Schüler/innen auf Grammatik und Wortschatz als tragende Säulen des Französischunterrichts (CF2/CZ2, Z. 299-306). Frau Czajkowski möchte ein Umdenken der Schüler/innen hin zu einem kommunikativen Interesse am Französischunterricht erreichen:

> Aber ich glaube tatsächlich, dass sie das Buch immer noch als das Mittel für Grammatik und Vokabeln wahrnehmen. Ich glaube nicht daran, dass sich in der Wahrnehmung der Schüler da so viel geändert haben wird. Vielleicht würden sie noch so ein bisschen, meine Hoffnung ist, dass sie mehr noch so diesen Bereich der Kommunikation. Also ich kann, dadurch, dass ich mit dem Buch arbeite, besser kommunizieren. Dass sie das stärker in den Blick genommen haben, weil sie das Buch auch für den Frankreichaustausch sehr stark genutzt haben. (CZ2, Z. 307-314)

Dies wird aus ihrer Sicht durch den gerade durchgeführten Frankreichaustausch der Schüler/innen gefördert:

> Doch, ich hatte schon das Gefühl, dass sie sich trauen zu sprechen. Also dass sie so ein bisschen so diese Barriere vor dem Sprechen abgebaut haben. Und einfach mal was erzählen. Und dass sie sich auf jeden Fall stärker bemühen, es zu tun. Und sich auch zum Teil auch dann selbst mal korrigieren. Also sie spüren dann: oh, da stimmt was nicht. Das kriegen sie besser hin. (CZ2, Z. 326-330)

Bei ihren Schüler/inne/n stellt sie bereits zu Beginn des Projekts fest, dass bestimmte Inhalte von den Schüler/inne/n während der Arbeitsphasen nicht aufgenommen werden:

> Was mich manchmal wirklich erschreckt, ist nach Phasen, wo ich ihnen mehr Freiräume gelassen habe, dass ich gar nicht mitbekommen habe, dass es Schüler gibt, die so Kerninhalte so gar nicht verstanden haben oder gar nicht richtig, ja, gar nicht richtig vertiefen konnten. (CZ1, Z. 85-87)

Zu Beginn des Projekts verweist Frau Czajkowski darauf, dass es während der freien Phasen ihres Unterrichts Schüler/innen gibt, die der Aufgabenstellung nicht folgen können:

> Also da gibt's schon 'ne große Diskrepanz in der Lerngruppe und ich seh' dann, dass ich 'ne Aufgabe stelle, von der ich dachte, die ist ganz einfach, da kann man die Kinder dran arbeiten lassen. Und merke dann, wenn ich rumgehe, das stimmt nicht, weil schon in der Fragestellung ein Problem ist, was die Kinder eigentlich so gar nicht bewältigen können. (CZ1, Z. 89-93)

Die freie Wahl von Lerninhalten spielt zu diesem Zeitpunkt außerhalb des Lehrwerks aufgrund der Vorgabe von Inhalten durch das Lehrwerk keine Rolle:

> Also für mich ist das so, dass ich, dadurch dass ich mich ja relativ oder dadurch, dass ich mich wirklich nah an das Buch halte, eigentlich die Inhalte übernehme, die im Buch vorgegeben sind. (CZ1, Z. 234-235)

In ihrem Französischunterricht bestimmten die Schüler/inne/n die Inhalte nicht:

> Das, das passiert schon, aber dass sie jetzt aussuchen können, (,) was, also, dass sie Inhalte selber aussuchen können, (,) das haben wir so noch nicht gemacht. (CZ1, Z. 241-242)

Selbstständiges Lernen sei Teil ihres Oberstufenunterrichts, der durch die freie Wahl von Lerninhalten bereichert würde:

> Ich halte selbstständiges Lernen für, grade für die Oberstufe zum Beispiel, das finde ich 'ne ganz interessante Möglichkeit und stelle auch immer wieder fest, dass, wenn Schüler sich tatsächlich auf den Weg machen und sich auch wirklich für ein Thema interessieren, sie zu unglaublichen Leistungen fähig sind und sich selber auch dazu fähig machen. (CZ1, Z. 264-267)

Sie erzählt, dass ihre Oberstufenschüler/innen sich für sie relevante Jugendthemen ausgesucht haben und erfolgreich darüber referieren konnten, da sie deren Inhalt selbst begeistert:

> Also wenn man so Präsentationsprüfungen zum Beispiel macht und Schüler sagen: ich interessier mich, es gibt ja in der 11 zum Beispiel, in der E-Phase dieses Thema *Les jeunes*. Da gibt's ja unheimlich viele Unterthemen. Ich interessier mich für Drogen oder ich möchte was zur Popkultur machen. Dass da unglaublich gute Sachen bei raus kommen, die sprachlich auch wirklich erstaunlich gut sind. (CZ1, Z. 267-270)

Eine Auswirkung des Projekts sieht Frau Czajkowski in der Lernziel- sowie der Inhaltsorientierung ihres Unterrichts, die sie anhand eines Beispiels beschreibt:

> Also in der 7, in der Sie ja dieses Projekt durchgeführt haben, ist es so gewesen, dass wir stärker also auch in der Kooperation mit Sabine Krauss eben das Ziel mit in den Blick genommen haben. Also wir haben jetzt mit den Schülern das Thema Mode gemacht und haben ihnen 'ne Aufgabe gestellt. Haben gesagt: am Ende sollt ihr jetzt fähig sein, entweder einen kleinen Artikel für die Schülerzeitung zu schreiben zum Thema Mode oder aber es gibt 'ne Kommunikationssituation: ihr seid zum 80ten Geburtstag eures Großvaters eingeladen, habt euch irgendwas ausgesucht, was ihr anzieht, aber die Eltern finden das nicht toll. Was passiert denn da eigentlich? Und ihr habt jetzt die und die Texte, guckt doch einfach mal, welches Vokabular in diesen Texten vorkommt, dass ihr benutzen könnt, um dann diesen Dialog zu schreiben. Und das habe ich dann mehr oder weniger stark gelenkt mit den Schülern dann auch versucht zu machen. (CZ2, Z. 50-60)

Dabei können im genannten Beispiel die Schüler/innen ihre präferierte Aufgabe wählen, was vorher im Anfangsunterricht nur bedingt der Fall war. In diesem Zusammenhang unterscheidet sie nach den unterschiedlichen Graden der Selbstständigkeit und der Leistungen der Schüler/innen im Sinne der Binnendifferenzierung:

> Also mit den Schwächeren, da musste ich wirklich genau gucken: was steht denn da jetzt drin? Und die Stärkeren, die sind dann schon gut in der Lage, tatsächlich Wortfelder für sich selber zu erstellen und das dann auch anzuwenden. (CZ2, Z. 61-64)

Um für eine gewisse Verbindlichkeit zu sorgen, bereitet sie eine Kommunikationsprüfung, eine mündliche Klassenarbeit, schrittweise mit der Betonung der Mündlichkeit vor. Die Vorbereitung auf diese Prüfung erfolgt in Kleingruppen und schließt die freie Auswahl der Lerninhalte auf eine noch nicht behandelte Folgeeinheit des Schülerbuchs als Teil selbstständigen Lernens ein:

> Davor hatten wir 'ne Einheit, haben wir eine Klausur ersetzt durch 'ne Kommunikationsprüfung. Und da hatten wir allerdings mit ihnen dann wirklich das Kapitel auch wirklich lehrbuchartig Schritt für Schritt durchgearbeitet. Haben ihnen dann aber auch gesagt: am Ende wird die Kommunikationsprüfung sein. Und ihr habt die Wahl: ihr könnt euch am Ende des Kapitels aussuchen, auf welches Thema ihr euch vorbereiten wollt. Und dann könnt ihr ein Thema rauswählen, was ihr nicht behandelt in der Kommunikationsprüfung, zwei davon kommen vor. Und dann haben wir ihnen nochmal Material an die Hand gegeben, wie sie Kommunikation, wie diese Kommunikationsprüfung jetzt aussehen wird. Und das haben sie dann auch eigenständig vorbereitet, so in kleinen Gruppen. Immer wieder geübt, in verschiedenen Situationen geübt. (CZ2, Z. 64-75)

Die Fokussierung des Lernziels gebe dem selbstständigen Lernen eine Sinnhaftigkeit für alle Schüler/innen:

> Also ich bespreche jetzt mit den Kindern am Anfang der Kapitel. Das hatten wir auch im letzten Gespräch, als Sie bei uns waren, nochmal so angedacht: was ist eigentlich Thema? (,) Was sollt ihr hier wahrscheinlich lernen? Dann guck ich mit ihnen die Bilder an, dann gucke ich mit ihnen an, ob sie schon irgendwas erkennen, was sie vielleicht auch aus dem Deutschunterricht kennen. Also Wortarten. Dann gucken wir uns das Thema, also was sollen sie wohl am Ende, wozu sollen sie wohl am Ende in der Lage sein, wenn sie dieses Kapitel durchgearbeitet haben. (CZ2, Z. 29-35)

Diese Ergebnisorientierung bewirke eine hohe Beteiligung aller Schüler/innen, die sie so nicht erwartet hätte:

> Egal was hinterher für ein Ergebnis rauskommt, hab ich trotzdem das Gefühl, dass auch die ganz Schwachen versuchen, einen Text zu schreiben oder versuchen, Vokabular für sich rauszuarbeiten. Im Grunde erreiche ich damit doch 'ne höhere Aktivierung. Und ich bin immer wieder überrascht. (CZ2, Z. 180-183)

Dennoch wünscht sie sich insgesamt eine noch intensivere Auseinandersetzung der Schüler/innen mit den Themen:

> Und natürlich immer wieder so dieses Erlebnis beim eigenständigen Lernen, dass sie sich halt tatsächlich oder auch die Schüler, die sich mehr zurücknehmen vielleicht doch, auch wenn das immer noch nicht meinen Wünschen entspricht, sich doch intensiver mit einem Thema beschäftigen, als sie das tun würden, wenn ich es eben immer wieder vorgebe. (CZ2, Z. 355-359)

❖ Gesamteindruck vom Lehrwerk und veränderte Wahrnehmung der Möglichkeiten des Lehrwerks hinsichtlich selbstständigen Lernens (1.4/2.4)

Zu Beginn des Forschungsprojekts bildet das Lehrwerk abhängig von der Altersstufe eine feste Größe im Unterricht von Frau Czajkowski:

> Ich orientiere mich, grad im Anfangsunterricht, vorwiegend am Lehrwerk. [...] Das ist schon so dass (,) das Lehrwerk eigentlich so für mich der, der rote Faden durch den Unterricht ist. (CZ1, Z. 42-45)

Förderlich ist dabei die Strukturiertheit des Lehrwerks, auf sie zurückgreift:

> Wir benutzen zum Beispiel dieses, diesen *Classeur*, also wo sie Regeln reinschreiben und alles, was wir neu machen, damit sie immer wieder nachschlagen können, nachgucken können. (CZ1, Z. 60-62)

Die Sozialformen werden dabei vor der Projektdurchführung stärker am Lehrwerk orientiert als in der zweiten Phase des Projekts, wo beispielsweise eigene Redeanlässe erfunden werden. Zu Projektbeginn wird zur Abwechslung der Sozialformen auf das Angebot des Lehrwerks zurückgegriffen:

> Wir machen auch diese Tandembögen hinten im *Cahier*, das machen wir schon. (CZ1, Z. 169-170)

Den Vorschlag des Lehrwerks, Plakate zu erstellen, greift sie auf, um die gelernten Strukturen der *Unité* in einer Ergebnissicherung zusammenzufassen:

> Lernplakat gehörte auch zu 'ner (,) zu 'ner Einheit, wo ich dachte: ach, das so die ganzen Inhalte sind eigentlich auch schön, um so hinterher ordentlich zu dokumentieren: wo komm ich eigentlich her und was ist mir eigentlich wichtig. [...] Aber das war so ein Unterrichtsziel dabei halt. (CZ1, Z. 179-182)

Dabei nutzt sie vor und nach dem Projekt nicht alle medialen Angebote des Lehrwerks wie die Kurzfilme, wohl aber die Audio-CDs:

> Das gibt auch ganz viel her, also da hat man ganz viele unterschiedliche Medien auch eben. Einmal diese Hör-CD, dann diese kleinen Filme, die man dann zeigen kann. (CZ1, Z. 43-44)/ Also was ich immer noch nicht genug ausnutze, sind ja diese ganzen Medien, die ja diese Kurzfilme. Das mache ich noch viel zu wenig. Die nutze ich noch zu wenig. (CZ2, Z. 347-349)

Darüber hinaus sieht sie das Wahlangebot des schulinternen DELF-Vorbereitungskurses als Möglichkeit, die selbstbestimmte Vorbereitung der Schüler/innen auf eine solche Sprachprüfung zu ermöglichen:

> Das heißt, wir haben jetzt auch nochmal gesprochen, wir wollen die Schüler stärker darauf aufmerksam machen, schon von Anfang an, dass ja diese DELF-Aufgaben dort in diesem Lehrbuch sind. Das ist uns deswegen wichtig, weil wir auch einen DELF-Kurs im Lehrgang 8 als Wahlunterricht anbieten. Und wir uns überlegt haben: na klar, da kann man schon ab der 6 eigentlich für diesen DELF-Kurs werben, indem man sagt: guckt mal, das habt ihr jetzt schon geschafft. Das ist ganz toll, das wäre in dieser DELF-Prüfung dieses oder jenes Niveau. Das könnt ihr jetzt also schon. Das ist mir, das ist uns aber jetzt erst aufgefallen. Obwohl diese DELF-Prüfung, diese DELF-Aufgaben, die hätten wir ja auch schon so wahrnehmen können. (CZ2, Z. 13-22)

❖ **Tatsächlicher Einsatz von Methoden selbstständigen Lernens im Unterricht (z.B. Portfolioarbeit, Stationenlernen) (1.5/2.5)**

Zu Projektbeginn ist Portfolioarbeit für sie heikel und wird auch nicht konsequent durchgeführt:

> Also ich hab, (,) Portfolioarbeit mach ich gar nicht. (,) Ich hab Angst vor dieser (,) Unstrukturiertheit des Portfolios. [...] Also dass das nicht weitergeführt wird oder dass das unvollständig gemacht wird. (CZ1, Z. 157-160)

Dennoch verwenden ihre Schüler/innen im Französischunterricht einen Ordner, in dem sie alle Arbeiten archivieren, der aber gemeinsam geführt wird, um dem Problem der fehlenden Struktur vorzubeugen:

> So ein kleines Portfolio ist vielleicht unser Ordner, in den wir ja eben alles eintragen, was wir zusammen gemacht haben. (CZ1, Z. 160-161)

Die Gefahr bei der Portfolioarbeit sieht sie in der fehlenden Genauigkeit der Arbeitsweise ihrer Schüler/innen:

> Also wenn ich viele Schüler sehe, die schon ein großes Problem haben, ein Heft zu führen oder überhaupt ihr Material mitzubringen, dann befürchte ich, dass (,) die Portfolioarbeit einfach versandet. (CZ1, Z. 158-159)

Das selbstständige Lernen mit Portfolioarbeit muss einem Grundlagenunterricht im Französischen weichen:

> Und bei Französisch denk ich da, wenn wir jetzt in diesen Grundlagenzeiten schon bestimmte Dinge nicht lernen, dann ist es richtig schlimm. Also das ist für mich glaub

ich immer noch so eine Idee von: Ich muss kleinschrittig arbeiten, damit ich auch gucken kann, ob die Schüler auch die Basis verstanden haben. (CZ1, Z. 200-203)

In ihrem Deutschunterricht verwendet sie Portfolios freier, da sie beispielsweise Rechtschreibfehler ihrer Schüler/inne/n im Deutschen als weniger problematisch ansieht als Fehler in einer erlernten Fremdsprache wie dem Französischen (CZ1, Z. 197-200).

Auf affektiver Ebene birgt die Portfolioarbeit für Frau Czajkowski die Gefahr, dass die Schüler/innen für die Arbeiten keine ausreichende Würdigung erfahren:

Und ich hab festgestellt, dass die Schüler bei sehr viel Arbeiten zum Teil dann auch (,) enttäuscht waren, weil ich das gar nicht angemessen mit ihnen besprechen konnte. (CZ1, Z. 191-192)

Nach der Projektdurchführung wird weiterhin keine Portfolioarbeit gemacht, jedoch die Zukunft anvisiert:

Also ich würde gerne, also die Portfolioarbeit interessiert mich wirklich. Das würde ich gerne nächstes Mal mal angehen. (CZ2, Z. 280-281)

Portfolioarbeit war als neuere Methode selbstständigen Lernens noch kein Bestandteil ihrer Ausbildung:

Aber zum Beispiel Portfolioarbeit ist etwas, was ich in meiner Ausbildung tatsächlich auch nie gemacht habe. Das hab ich nie ausprobiert in der Ausbildung. Das ist schon so. (CZ1, Z. 301-302)

Ein weiterer Bereich selbstständigen Lernens umfasst das Stationenlernen. Stationenlernen bedeutet für sie, ihren Schüler/inne/n eine Inhaltsauswahl vorzugeben, sodass dies dem selbstständigen Lernen entgegenlaufe und daher im zweiten Interview nicht mehr von ihr erwähnt wird:

Stationenarbeiten mach ich insofern, als dass ich auch unterschiedliche Aufgaben immer wieder aus dem Buch gebe. Also, dass sie wissen: das und das und das sind die Möglichkeiten, die sie haben und auch unterschiedliche Aufgaben gebe. Sie wirklich an Stationen lernen zu lassen, hab ich auch bei dieser Gruppe nicht gemacht. Das ist richtig. (CZ1, Z. 162-165)

❖ **Konsequenzen für kollegiale Zusammenarbeit in der Fachschaft Französisch (z.B. Fortbildungen, gemeinsamer Wechsel des Lehrwerks) (1.6/2.6)**
In ihrer Ausbildung war selbstständiges Lernen nur ein Randthema. Dabei nennt sie Beispiele, die typisch für die schülerzentrierten, Selbstständigkeit fördernden Verfahren der Fremdsprachenlehrerausbildung der 1990er Jahre sind:

> Also wir sind sehr stark an diesem Bereich der, des kreativen Schreibens. (CZ1, Z. 299-300)

Im Bereich der Fortbildung gibt sie zu, das Thema der Portfolioarbeit bisher nicht behandelt zu haben, da sie für das damit verbundene Konzept im Französischunterricht keine adäquate Umsetzung sieht:

> Vielleicht ist es auch was, was ich bisher vermieden habe (lacht.), weil ich eben da nicht so (,) noch nicht so richtig den Sinn darin sehe oder den Gewinn darin sehe für den Französischunterricht. (,) (CZ1, Z. 309-310)

Während sie zahlreiche Fortbildungen für das Fach Deutsch und zum Thema der Kompetenzorientierung besucht hat (CZ1, Z. 312-316), hat sie sich im Französischen, insbesondere für die Mittelstufe, methodisch wenig fortgebildet:

> Zu Methoden nochmal, in der Mittelstufe hab ich auch lange nichts besucht. (CZ1, Z. 316)

Als Konsequenz aus dem Forschungsprojekt formuliert Frau Czajkowski den Wunsch nach einer Fortbildung zur Bewertung der Ergebnisse aus den Phasen selbstständigen Lernens:

> Ja, also für mich ist die Bewertung immer noch so 'ne offene Frage. Vielleicht kann man auch dazu irgendwann mal nochmal 'ne Fortbildung haben. Da gibt's sicherlich auch Methoden so was so auszuwerten, dass es nicht so aufwendig ist. (CZ2, Z. 376-379)

Effektiver für das selbstständige Lernen seien Binnendifferenzierung sowie kleinere Lerngruppen, worauf in Zukunft geachtet werden sollte:

> Mein Anliegen wäre tatsächlich nochmal zu gucken, ob wir diese Gruppen nicht auch nochmal verkleinern könnten, indem wir 'nen vierten Lehrer mit reinnehmen. Also die Gruppengröße verringern, um dann mit den drei Stunden effizienter arbeiten zu können. Und das nächste wäre für mich tatsächlich nochmal wirklich stärker in die Binnendifferenzierung zu gehen. (CZ2, Z. 285-289)

Weiterhin sei der kollegenübergreifende Wechsel zu einem neuen Lehrwerk angedacht:

Was mir schon klargeworden ist, ist, dass wir vielleicht tatsächlich das Lehrbuch nochmal wechseln sollten, also auf ein moderneres Lehrbuch umsteigen sollten, weil das Gespräch mit Ihnen nochmal interessant war. Die Schüler sehr stark scheinbar reagieren auf das, was sie selber kennen und was sie modern finden. Das ist für sie auch ein Reiz, sich das Buch anzugucken, das nehmen sie, das ist ehrlich für sie. Alles andere ist ein Lehrbuch. Und kommen ja noch solche Sachen wie Disketten vor oder auch die Modethemen, das ist ja alles nicht mehr aktuell, ja. Also ich denke, wir sollten ein neues Lehrbuch nehmen. (CZ2, Z. 228-236)

❖ **Fazit zum veränderten Umgang mit selbstständigem Lernen bei Frau Czajkowski:**

Insgesamt kann festgehalten werden, dass sie selbstständigem Lernen offen gegenübersteht, zu Projektbeginn teilweise auch Ansätze selbstständigen Lernens in ihren Französischunterricht integriert hat, jedoch Methoden wie die Portfolioarbeit weiterhin nicht ausübt. Grundsätzlich sucht sie nach optimalen Lernbedingungen für die Leistungsheterogenität der Schüler/innen durch Binnendifferenzierung, Verringerung der Gruppengröße und Freiheit in der Aufgabenwahl. In den Fokus rücken bei ihr eine klare Zielorientierung während des selbstständigen Lernens, was auch ihrem Wunsch entgegenkommt, möglichst alle Schüler/innen zu erreichen. Darüber hinaus hat sich der Anteil an Schülerkommunikation in ihrem Französischunterricht erhöht, da sie trotz notwendiger Fehlerkorrektur die Schüler/innen über den Frankreichaustausch hinaus zur Konversation auf Französisch animieren möchte. Zudem plädiert sie für ein für die Schüler/innen ansprechenderes, aktuelleres Lehrwerk.

3.2 Lehrwerkrezeption von Herrn Schackert als „überzeugter Anhänger des Frontalunterrichts"

Berufsbiographisches Kurzprofil: Herr Schackert ist 34 Jahre alt, hat in Leipzig studiert, dort auch sein Referendariat gemacht und arbeitet seit vier Jahren als Lehrer für Französisch, Politik und Wirtschaft an der Bundespräsident-Theodor-Heuss-Schule in Nordhessen.

❖ **Lehrer-Schüler-Verhältnis während des selbstständigen Lernens (1.1./2.1.)**

Zu Beginn des Forschungsprojekts ist der Französischunterricht von Herrn Schackert von Vorstellungen eines formal korrekt ablaufenden Unterrichts seitens der Lernenden geprägt (SC1, Z. 10-11). Sein Wunschziel ist es dabei, seinen Schüler/inne/n die Freude am Französischen zu bewahren:

> Mein, mein Ziel ist im Grunde, dass die Leute nicht nach Klasse 11 sagen: ich wähle Französisch ab, weil ich keine Lust mehr habe, mir steht's bis hier oben. Also, einfach die Lust an der Sprache einfach noch so ein bisschen zu behalten und zu sagen: ja, ich fahr mal nach Frankreich oder wir waren im Urlaub in Frankreich gewesen, ich konnt' was sagen, ich konnt' ja was lesen. (SC1, Z. 212-215)

Er beschreibt seinen Französischunterricht zu Beginn des Projekts im Blick auf Variationen je nach der entsprechenden Unterrichtssituation:

> Aber es ist auch ganz schnell, dass ich im Unterricht umschwenke und sage, ich mach was ganz anderes als ich eigentlich vorhabe. Und diese ungeplanten Stunden laufen teilweise besser als diese schön gestylten Stunden. (SC1, Z. 121-123)

Sein Unterricht sei damit eine Mischform aus Frontal- und offenem Unterricht:

> Und es gibt ja Untersuchungen, die sagen: richtig guter Frontalunterricht ist teilweise auch effektiver als dieser, was sagen einige Kollegen, wie nennen die das immer so schön, als das Tralala. (lacht.) Ich find, nein, ich find es macht 'ne gute Mischung. Also es muss zur Person passen. (SC1, Z. 143-145)

Der Frontalunterricht dominiere insgesamt jedoch seinen Französischunterricht:

> Ich hab sehr strenge und stramme Phasen drin, wo ich halt die Richtung vorgebe [...]. (SC1, Z. 14)

Er sieht es als seine Aufgabe an, gleichzeitig die Schüler/innen zu fordern, aber auch ihnen zu helfen:

> Also ich bin schon, also ich seh' mich schon so, als jemand, der mehr weiß. Klar, logisch, ich hab das studiert und hm. Als Wissensvermittler und als Unterstützer. Und als jemand, auch als Antreiber, würd ich mal sagen. Der sagt: so meine lieben Freunde: ihr wollt das werden, dann tut bitte auch mal was dafür. (SC1, Z. 257-260)

Er rege bewusst seine Französischschüler/innen dazu an, ihn zu hinterfragen, was er mit Evaluationsbögen, die er in seinen Klassen verteilt, erzielen möchte:

> Ich frag auch immer, ich hab auch immer einen Bogen ausgegeben: was wünscht ihr euch denn? Was wollen wir anders machen? Soll ich was anders machen? (SC1, Z. 285-286)

Das Verhältnis zu seinen Schüler/inne/n hat sich nach Abschluss des Projekts nicht wesentlich verändert, ist weiterhin positiv:

> Also die sind, ich glaube, die Schüler verstellen sich nicht, ich verstelle mich auch nicht. (SC2, Z. 165-166)

Insgesamt sieht er sich als der Richtungsweiser seiner Französischlerngruppe:

> Die brauchen 'ne Lehrperson, die brauchen 'ne Lehrperson, an der sie sich orientieren können und die sie ein bisschen stützt. (,) Also schon, aber ich bin Chef im Ring und ich gebe die Richtung vor, wo's hingeht. (SC1, Z. 319-321)

Diese Einstellung zu seinen Schüler/inne/n ändert sich nach dem Projekt nicht:

> Also da fliegen wirklich mal verbal die Fetzen, weil die wollen sich messen, grad die Jungs, die Mädels leihern schon die Augen und kullern und sagen: nee, nicht schon wieder. (SC2, Z. 169-171)/ Ich sag: die Hebelgesetze kann man in der Schule besonders gut lernen, der Lehrer sitzt immer am längeren Hebel. (lacht.) Da gucken die. Ja, das mussten sie jetzt mal wieder sagen. Nein, also ich denke, es ist ein gutes Verhältnis aus meiner Sicht. (SC2, Z. 181-184)

Dabei stört ihn seine geringe Beteiligung während einer Phase selbstständigen Lernens der Schüler/innen, wohingegen er selbst beim Frontalunterricht ständig gefordert ist:

> Ich kann's mir nicht vorstellen, mich völlig zurückzuziehen. Also ich langweile mich, ich sitz dann immer: toll, dann hast du das ganze Zeug zu Hause vorbereitet, jetzt sitzt du hier, was machst du jetzt hier sechs Stunden. Ich geh wirklich, ich geh jetzt 'nen Kaffee trinken, ich füll schon mal ein Formular aus. Also das ist für mich nichts. Ich bin selber gern in Aktion. (SC2, Z. 134-138)

Gemeinsame Aktivitäten mit den Schüler/inne/n nimmt er als motivationsfördernd wahr, weshalb er gerne mit ihnen backt und kocht:

> Mit den Crêpes zum Beispiel. Jetzt haben wir das Crêpes-Rezept besprochen, auf Französisch, auf Deutsch. Was kommt da rein, Vokabeln neue, was ist Zucker, was ist Prise irgendwie. Und jetzt nächste Woche werden wir die Crêpes machen, jetzt haben wir Waffeln schon einmal gemacht. (SC1, Z. 290-292)

Diese Haltung bleibt auch nach dem Projekt unverändert:

> Es hängt zusammen, wenn das Interesse an der Sache, an 'nem Bereich hoch ist, ist die Motivation, das zu bearbeiten, natürlich definitiv höher. (SC2, Z. 119-121)

Die Ergebnisse aus den entstandenen Schülerarbeiten sieht er voneinander unabhängig und bewertet diese im Hinblick auf die individuelle Leistungsentwicklung der Schülerin oder des Schülers:

Sie meinen in Bezug auf die Leistungsbewertung auch? [mhm.] Da guck ich mir schon individuell den Schüler an. Also ich weiß schon, mir ja einer mal, ich sags mal ganz salopp, was hinrotzt, wo ich denk: hä, der schreibt sonst immer Einsen und Zweien? Dann geb ich ihm das zurück und sag: bitte zurück, nochmal. Ich sag: ich erwarte mehr von dir. Aber bei Leuten, wo ich weiß, die sind schwach, wo ich seh: och, die haben sich wirklich Mühe gegeben. Das wird auch honoriert. Also das guck ich mir wirklich an. (SC2, Z. 380-386)

❖ **Methoden-/Strategieentwicklung der Schüler/innen mit und ohne Hilfe des Lehrwerks (1.2/2.2)**

Methodenkompetenz ist für ihn ein Begriff mit unterschiedlichen Definitionen, so dass er für sich eine Begriffsvorstellung festgelegt hat:

> Und in Französisch ist das genauso. Also der Begriff ist völlig uneinheitlich, jedes Mal steht da was anderes drunter. Also Methoden heißt für mich, wie kann ich mir bestimmte Sachen bearbeiten, erschließen, dass ich ein bestimmtes Repertoire auf der Festplatte habe bei mir und e infach weiß, wie kann ich mit bestimmten Problemen umgehen. (SC1, Z. 86-89)

Die Methoden müssen seiner Meinung nach nicht aus dem Lehrwerk stammen, sondern dem jeweiligen Schüler- bzw. Lerntyp entsprechen:

> Also die einen sagen: ich schreibe lieber die Vokabeln ab, lerne die stringent durch. Andere sagen: ich mach das mit Bildchen. Ich sag, wie die das machen, ist mir im Grunde egal, Hauptsache das Endergebnis stimmt irgendwo und die können 'ne Klassenarbeit oder haben wenigstens was gelernt im Urlaub. (SC1, Z. 71-73)

Sobald Herr Schackert eine Vokabel nicht weiß, lässt er seine Schüler/innen diese nachschauen, was ihnen Erfolgserlebnisse schaffen soll:

> Und dann freuen sich auch Schüler, wenn sie sagen können, ich kann dem Lehrer auch mal was beweisen. Nicht jetzt bösartig, sondern einfach, oh, wir wissen ja auch was. Also das ist für mich zum Beispiel wichtig, dass sie sagen: nicht nur der Lehrer weiß was, sondern auch wir können was beitragen. (SC1, Z. 134-137)

Speziell während des selbstständigen Lernens sieht er sich als Impulsgeber verschiedener Methoden:

> Eben ich bin das Vorbild als Lehrer, ich sage: so und so kann man arbeiten, wie kann man arbeiten. Wie kann man sich mit Texten auseinandersetzen. Es gibt verschiedene Methoden, eben auch Vokabeln zu erlernen und zu erarbeiten. Dass ich bestimmte Methoden eben vorgebe oder sage: das und das und das, so könnte man das machen. (SC1, Z. 58-60)

Er versucht, die Schüler/innen geleitet an Erschließungsstrategien heranzuführen:

> Die geben ein, ich hab gesagt: guckt doch einfach mal, wie kann man sich, also wie kann man die Länder rausfinden? Da hatten sie aber schon das Problem zu wissen, wie ist der deutsche Name. Also der deutsche Begriff für den Einwohner. Ja, wenn ich da <der Spanier> eingebe und ja „da findet man nichts", ich sag: ja, warum denn nicht? „Ja, vielleicht sollte ich den Artikel mal weglassen." Ich sag: ja, wär 'ne Möglichkeit. „Ach, da kommt ja was." Also da bin ich schon als Unterstützer auch da und gebe Hinweise, weil da findet ja Lernen auch statt. (SC2, Z. 333-339)

Der vom Lehrwerk angebotene Aufbau von Methodenkompetenz bezieht sich auch auf den Bereich der Semantisierung. Herr Schackert versucht gerade zu Projektbeginn, die Schüler/innen ihre eigene Methode finden zu lassen:

> Und dann also so bestimmte Methoden dann waren ja anzugeben, also das Lehrbuch bietet da auch einiges, wie man sich jetzt auch irgendwelche Vokabelnetze erstellt. Aber das passt nicht zu jedem. (SC1, Z. 69-71)

Einen zu rigiden Umgang mit dem Lehrwerk, was beispielsweise die Aneignung von Wortschatz betrifft, hält er bereits vor der Projektdurchführung für wenig sinnvoll:

> Ich weiß, dass Kollegen jetzt die, also die letzten, wenn jetzt dieses Lehrwerk abgegeben worden ist, wurde mir erzählt, also das habe ich noch nie gehört so was, dann kopieren die die letzten Vokabellisten und die Schüler sollen die über die Sommerferien lernen. Was ist denn das bitteschön? Hab ich noch nie, würd ich nie machen als Schüler, würd ich sagen: wozu? (SC1, Z. 354-357)

Inhaltlich betreibt er Wortschatzarbeit im Stil des Lehrwerks, führt diese aber während des Projekts anhand von Alltagsthemen durch, die die Basis für einen Redeanlass bieten, den die Schüler/innen zu einem Dialog ausbauen sollen:

> Ich sag: ok, wir nehmen uns jetzt Wetter, Essen raus und haben wirklich versucht, mit Wortnetzen dann zu arbeiten. Dass man so eine Grundbasis hat. Ich sag: ihr fahrt nach Frankreich und seid zu blöd um ein Baguette zu kaufen. Ich sag: ich will das üben. Letzte Woche haben wir dann nochmal Restaurantbesuch, hatte ich so ein Grundgerüst gegeben, mit dem man arbeiten kann. Manche haben wirklich nur das Grundgerüst erfüllt: ja, ich möchte essen, ich möchte das und das fertig. Und andere haben super ausgebaut, wollen Sie mit Kreditkarte zahlen, wollen Sie sich ans Fenster setzen, und so. Also die haben das schon schön erweitert. (SC2, Z. 344-352)

Mit den Ergebnissen aus der Schülerbefragung im Rahmen dieser Studie stimmt er insofern überein, als dass Grammatik und Vokabeln zentrale Bestandteile des Französischunterrichts darstellen. Die Aneignung der Methoden führe jedoch auf unterschiedliche Weise zum Erfolg:

> Ich find also eine gewisse Struktur muss sein. Auch für die Grammatik. Also wenn ich so ein System hab, das muss schon sein. So ein Grundwortschatz ist auch absolut nötig. Den muss ich drauf haben. Ob ich den jetzt pauke oder anwendungsbezogen mir erarbeitet hab, ich mir im Grunde egal, wie die das machen, wie die das können oder woher sie das können. Wenn sie's können freu ich mich, wenn nicht, müssen sie's lernen. Also ich brauch Grammatik, gewisse Strukturen müssen vorhanden sein, sonst gibt's Chaos. (SC2, Z. 492-498)

Das Lehrwerk spielt in diesem Zusammenhang für ihn keine Rolle, da er es ohnehin wenig verwendet, während der Projektdurchführung noch weniger:

> Das Französischbuch ist so blöd zurzeit, im Grunde, wenn man danach geht, haben wir zwei Lektionen geschafft. (SC2, Z. 232-233)

❖ Schwerpunkt auf Mündlichkeit und Inhalts-/Lernzielfokussierung (1.3/2.3)

Während seine Französischkolleginnen sich als eine korrektive Instanz der Schüler/innen für das Französische sehen, ist er zu Projektbeginn der Ansicht, dass Schüler/innen auch Phasen des freien Sprechens ohne Korrektur auf Französisch brauchen:

> Ich bin jetzt kein Fehlerteufel, der sofort draufhaut, wenn irgendwas falsch ist. Ich lass' die Schüler auch mal reden oder ja, ich lass' auch einfach mal laufen auch gerne. (SC1, Z. 12-14)

Er versucht inhaltlich dabei, auf die Wünsche seiner Französischlerngruppe einzugehen:

> Die wollen natürlich auch mal 'ne Stunde machen, wo sie reden. Können wir nicht nur einfach mal reden? Ja, mach ich auch mal. (SC1, Z. 293-294)

Die Fehler der Schüler/innen nimmt er vor dem Projekt als Ausgangspunkt für eine gemeinsame Fehlerkorrektur:

> Das war eigentlich sehr schön am Anfang und ich hab das ja bewusst so gelassen und hab immer gesagt: ja, *il est plus bon que* irgendwas. Und dann hab ich gesagt: den Satz nehmen wir als nächstes Satz für die Anfangsstunde, weil ich sage, das geht so nicht. Ja, wieso nicht? Die Form völlig korrekt, also die Anwendung dessen, was sie gelernt haben, korrekt. Hab ich aber gesagt: es ist 'ne Ausnahme. Also gibt es im Französischen immer Ausnahmen. Ach so, hm, *meilleur* und so weiter. Das war eigentlich ganz nett. (SC1, Z. 113-118)

Dabei ist unterstreicht er den Schüler/inne/n gegenüber vor allem grobe Sprachfehler, damit sich die Schüler/innen nachhaltig verbessern:

> Und ich sag: ist alles gut. Ich schreib ihnen dann so Kardinalfehler auf oder irgendwas, aber ich hau da nicht drauf. Das hab ich hier eben festgestellt, dadurch, dass es in Hessen leider diesen Fehlerquotienten noch gibt, den ja, den gab's in Sachsen nicht mehr, haben wir ganz anders bewertet. (SC1, Z. 161-163)

Nach der Durchführung des Projekts rückt er die Kommunikation seiner Schüler/innen verstärkt in den Vordergrund:

> Und da die Kommunikation sowieso mehr gefragt wird, also die können auch spontan reagieren. Und so viele Floskeln, die ich hier benutze, benutzen die hier auch. Die sagen *bonne journée, à demain*, ich sag: oh, wo haben sie denn das her? *Je vous souhaite un bon week-end*. Sagen sie manchmal auch. Also die haben schon ein bisschen was drauf, denke ich. (SC2, Z. 241-245)

Außerdem erfolgt nun eine gegenseitige Fehlerkorrektur der Schüler/inne/n untereinander:

> Und hab dann auch gegenseitig also, evaluieren lassen, oder evaluieren ist kein schönes Wort, ich hab gesagt: schreibt das Positive auf, schreibt das Negative auf und so wirklich Kardinalfehler. Oder Aussprachefehler, die wirklich ganz massiv auffallen. Notieren. Und die Rückmeldungen waren gut an die Schüler. - Ja und der hat ja immer gesagt: *une* obwohl *un* hinmuss und so. Also das machen wir schon. Ich denke, das bringt auch was. (SC2, Z. 353-359)

Um direkte Erfolge bei seinen Französischschüler/inne/n zu bewirken, verweist er auf die Möglichkeit, die im Unterricht erworbenen Kenntnisse im Frankreichurlaub mit den Eltern anzuwenden:

> Weil die Eltern immer sagen: eh, du hast jetzt zwei Jahre Französisch, lies mir das mal vor, wenn die in Urlaub nach Frankreich fahren. Du kannst ja gar nichts oder so. Und das glaub ich, das ist nicht der Fall. Bei meinen. Ich denk, die könnten sehr wohl was. (SC1, Z. 74-76)

Dabei kommt es ihm darauf an, bei seinen Schüler/inne/n ein Sprachgefühl für das Französische zu entwickeln:

> Und das, ich sage: ihr müsst auch ein Sprachgefühl haben. Hört doch einfach mal zu, ich sag: das klingt doch blöd. Das kann doch so nicht passen. Ich sag: jetzt mal die Regel beiseite, jetzt einfach mal vom Gefühl, was würdest du vom Gefühl sagen? Und das geht. (SC1, Z. 224-226)

Positiv auf die Sprachkompetenz der Schüler/innen habe sich auch der Frankreichaustausch ausgewirkt:

> Die, wo wir dachten, da gibt's massiv Probleme, gar nichts. Nichts, die haben auf Französisch gesprochen, die haben gelernt, das war echt 'ne Erfahrung. (SC2, Z. 477-479)

Dies zeigt sich auch an der positiv bewerteten Aussprache seiner Schüler/innen nach der Projektdurchführung:

> Aber die Aussprache, hab auch Kollegen, die haben mich vertreten, die haben gesagt: boah, die Aussprache ist bei denen aber gut. Also für die Wahrnehmung der Kollegen. (SC2, Z. 91-93)

Die Inhalte des Lehrwerks findet Herr Schackert wenig aktuell, was er auch an der Reaktion der Schüler/innen merkt:

> Aber teilweise sind die Themen ätzend, also langweilig. Auch für Schüler teilweise, wo ich denke: Hm, ist jetzt auch schon fünf, sechs Jahre alt das Buch, könnt auch mal wieder was Neues sein. (SC1, Z. 43-45)

Sowohl für seine Kolleginnen als auch für Herrn Schackert biete das Lehrwerk eine zu hohe Themenfülle:

> Und dann teilweise auch überfrachtet, man schafft's nicht. Also Klasse 6, Klasse 7, so wie wir's haben, schaffen noch relativ viel. (SC1, Z. 45-46)

Im Gegensatz zu seinen Kolleginnen sieht er nicht das Lehrwerk, sondern den Lehrplan als bindend an:

> Wo ich schmunzle und sage: ich muss diese Lektion überhaupt nicht schaffen. Ich muss den Lehrplan schaffen. Selbst wenn ich den nicht schaffe, ist mir das auch egal. Weil darauf kommt's nicht an. Das ist nicht das Eigentliche. Also, wieweit ich da was schaffe, sondern was haben die überhaupt gelernt? (SC1, Z. 48-50)

Diese Haltung verstärkt sich durch die Projektdurchführung, da das selbstständige Lernen ihm auch Alternativen für die Lehrbucharbeit liefert:

> Wenn man die bausteinhaft zusammensetzen könnte, also anders, also das ist ja wirklich von der Progression her so, dass es dann hoch geht. Dass man mit dem Leichtesten anfängt und dann wird's immer schwieriger. Also mir wäre jetzt wichtig, den *Subjonctif* zu nehmen, der kommt auch. Im Weihnachtskontext, das kann ich nicht machen, da krieg ich 'nen Vogel. Das könnte ich machen, wenn ich Langeweile hätte. Ich sag: der Text ist doof, wir machen das jetzt auch anders. (SC2, Z. 299-305)

Die Inhalte der Einheiten selbstständigen Lernens werden freier wählbar, wie die Erstellung von Lesetagebüchern anstelle einer üblichen Klassenarbeit:

> Dann hab ich, das habe ich heute grad eingesammelt, die hatten jetzt sechs Wochen Zeit, habe ich zwei Bücher zur Wahl gegeben. Ich wollte nur eines nehmen, aber jeder wollte gerne ein anderes lesen. Und haben jetzt ein Lesetagebuch erstellt. (SC2, Z. 27-30)

Die Festlegung der Lektüre beispielsweise sieht er als nötig an, da die Schüler/innen auch auf eine gewisse Lenkung bestünden:

> Und hab mit denen auch viel gesprochen, was ist euch wichtig, was wollt ihr machen? Da kam aber raus: manchmal reicht uns einfach, wenn Sie vorne stehen und sagen: so ist die Aufgabe, so ist die Regel, wir wollen's machen. (SC2, Z. 36-39)

Dies gelte auch für die Heranführung an landeskundliche Inhalte:

> Ich hab die damit auch konfrontiert und sie haben so gesagt: ja, so ist es. Ich sag: so seh' ich das gar nicht, so hab ich das gar nicht gesehen. Weil ich schon immer gesagt hab, das ist in Frankreich so oder das ist so. Und die haben gesagt, aber im Grunde interessiert es uns auch nicht, ob das Frühstück jetzt so ist oder so ist. - Ist mir doch Schnuppe in Frankreich. Dann sag ich: hä, das muss man doch auch mal. Naja, vielleicht weil ich's wirklich damals nicht selber erlebt hab. Wenn man selber da war und wenn man das Land mag und die Unterschiede auch kennenlernt. Vielleicht sind sie auch zu jung dafür. Ich weiß es nicht. Die sehen das halt: das ist Schule. Das ist Schule und ich soll hier was lernen. Den Nutzen sieht man vielleicht erst, wenn man älter ist oder wenn man ein Stück weiter weg ist. (SC2, Z. 439-448)

Obwohl er die Inhalte lehrwerkunabhängig an den Interessen der Schüler/innen ausrichtet, erfolgt doch die oben genannte Lenkung:

> Oder jetzt mit der WM, wir haben jetzt diese 32 Länder, die an der WM teilnehmen, ich möchte jetzt die Einwohner oder die Sprache haben. Das geht ja bis zur 12 hoch. Français, oder was sagen die? Die verwechseln immer die Adjektive und die Substantive und Groß- und Kleinschreibung und *je suis Espagne*. Jetzt sag ich, jetzt reicht's mir, alle aufschreiben, jedes Land, das ist wirklich 'ne sture Fleißarbeit, ich will einfach sehen, welche Unterschiede es gibt an den Änderungen, Ghana oder Uruguay, da weiß ich nicht mal, wie die Einwohner auf Deutsch heißt, das habe ich selber jetzt erst mal rausfinden müssen, das war auch nochmal spannend. Und die auch nicht. Der *Côte d'Ivoire*, der Elfenbeinküstenbewohner, ich sag, ja oder der Ivorer oder so, das war schon spannend auch auf Deutsch für die, wir haben's aber auch gemacht. Dann aufgeschrieben und dann im gleichen Zuge *je vais en France, je vais au Portugal, aux États-Unis*, gleich noch das Grammatische da mitgemacht. (SC2, Z. 142-154)

Zu Projektbeginn setzt er die Klassenarbeit bei seinen Schüler/inne/n als Zielvorgabe an, womit klare Erwartungen an diese verknüpft sind:

> Also dass auch die Zielerwartung klar ist. Ich sag: es gibt 'ne Klassenarbeit, in der Klassenarbeit ist das und das und d as dran. Manche Sachen könnt ihr dann, Anforderungsbereich 1, s o einsetzen, *je mange, tu manges*, diese ganze Konjugation. Dann irgendwelche Hörverstehensübungen, haben wir geübt, macht euch keine Sorgen. Und dann kommt was, wo ihr denken müsst. Und die Sachen hab ich nicht von der CD, die denk ich mir selber aus. (SC1, Z. 304-308)

❖ Gesamteindruck vom Lehrwerk und veränderte Wahrnehmung der Möglichkeiten des Lehrwerks hinsichtlich selbstständigen Lernens (1.4/2.4)

Zu Projektbeginn bildet das Lehrbuch für ihn eine sinnvolle Ergänzung zu seinem Unterricht und stellt sich ihm methodisch aktuell dar:

> Also es gibt sehr gute Sachen da drin. Ich sage mal, grade diese Recherche nach aktuellen Themen. (SC1, Z. 228)

Dabei findet er prinzipiell die Zusammenstellung des Lehrwerks passend:

> Aber es ist halt praktisch, weil die Vokabeln schön systematisch, ja, da drin stehen. Mit Vokabelliste, mit Wortliste, weil's eben systematisch aufgebaut ist mit dem, mit dem *Carnet de grammaire* oder dem *Cahier d'activités*, es passt eben sehr gut zusammen. (SC1, Z. 41-43)

Da er sich nach dem Lehrbuch richtet, übernimmt er anfangs die vorgegebenen Sozialformen in seinen Französischunterricht:

> Kommt drauf an, es gibt sowohl Partnerarbeitsphasen, es gibt Gruppenarbeitsphasen, es gibt auch ganz normale Einzelarbeitsphasen. (SC1, Z. 24-25)

Obwohl er vor dem Projekt einen stark lehrerzentrierten Unterricht durchführt, gibt es für ihn Phasen des selbstständigen Lernens, in denen die Schüler/innen ohne seine Funktion als Berater eine vorher erläuterte Aufgabenstellung bewältigen sollen:

> die Richtung vorgeben, als frontale Rampensau sozusagen. Es macht mir auch Spaß, das mach ich auch gerne. Es gibt aber auch Phasen oder Stunden, wo ich wirklich sage: hier sind die Aufgaben, ich bin da, aber lasst mich in Ruhe. Die Aufgabenstellung ist klar, ihr arbeitet, zu dritt, zu viert, aber fragt mich bitte nicht. Also dass sie auch selbstständig was erarbeiten können mit dem Buch oder auch mit dem Internet oder so. (SC1, Z. 14-18)

Das Lehrwerk lehnt er während des Projekts ab, lediglich das grammatische Beiheft erscheint ihm sinnvoll:

> Das Buch nehmen wir kaum zurzeit. Weil da ein Weihnachtstext jetzt als nächstes dann drankommt, den hätte ich im Grunde schon vor sechs Monaten machen müssen sollen. (SC2, Z. 235-237)/Also die Grammatikhefte sind gut, die sind auch logisch und schlüssig aufgebaut. Aber die Bücher, ich weiß nicht. (SC2, Z. 316-318)

Wie seine Kollegin Frau Krauss greift er zu Projektbeginn im Unterricht methodisch auf die Kugellagermethode zurück, während des Projekts probiert er „Stationsarbeit" (SC2, Z. 17) aus:

> Also es gibt ja bestimmte Methoden auch, der man auch da eben, also Kugellagermethode, was weiß ich [...] in Französisch kann man die teilweise auch anwenden. Oder ein stummes Streitgespräch, das würde im Französischen auch funktionieren, hab ich da auch schon gemacht. (SC1, Z. 98-101)

Werden Filme in seinem Französischunterricht angesehen, so sollten Filme analysiert werden:

> Mal 'ne Methode, mal was Besonderes. Also ich bin jetzt kein Freund, der sagt: guck mal, wir gucken jetzt mal 'nen Film. Sondern wenn, dann will ich damit auch arbeiten. Also analysieren und, u nd was machen und ni cht nur: wir gucken 'nen Film an. In Französisch auch geht das, auch sehr gut. (SC1, Z. 206-209)

Zur Unterstützung der medialen Darbietung seines Französischunterrichts fehlen ihm häufig geeignete Materialien:

> Ich sag, da hängt ja auch 'ne Menge dran. Ich sag mal: Beamer organisieren, Filmraum organisieren, wenn man so was machen möchte, irgendwelches Papier. Es mangelt doch schon an grundlegenden Sachen. Es sind keine Stifte da, der Methodenkoffer kostet 250€, viel zu teuer. Wenn man sagt: ich brauch ein Plakat. Ja, muss es kaufen. Ich sag: seh ich gar nicht ein. Kauf ich nicht. Ich sage: ich bin hier angestellt, ich bin hier Beamter und ich soll hier was machen, dann stellt mir das bitte zur Verfügung. (SC1, Z. 246-250)

Insgesamt sieht er daher die Möglichkeiten des Lehrwerks als beschränkt an. Im Vergleich zu seinen Einstellungen vor dem Projekt sieht er darin eine Ausweichmöglichkeit bei Zeitknappheit, die mit einem geleiteten Unterrichtsgeschehen einhergeht:

> Oder dann habe ich so ein paar Sachen wirklich eingeflochten, die ich normalerweise auch mache, die ich jeder Klasse zugutekommen lasse, aber wenn die Arbeitsbelastung so hoch ist, dann kommt's halt nicht so häufig vor, dann mach ich wirklich Lehrbuch auf, dann sag ich: na Grammatikheft und dieses, also das ganz Klassische. (SC2, Z. 13-17)

Ein entscheidender Nachteil am selbstständigen Lernen sei für ihn der hohe Zeitaufwand:

> Ja, Nachteile? Gibt's noch Nachteile? Na, die brauchen auch Zeit. Also ich hab denen jetzt viel Zeit gegeben, ich hätte das Korsett auch enger stecken können, aber dann im Zuge der anderen Fächer, die die noch haben, das wäre es wahrscheinlich wirklich eng geworden. Also, Druck ist manchmal gut, aber zu viel Druck kann auch negativ sein. (SC2, Z. 96-100)

❖ **Tatsächlicher Einsatz von Methoden selbstständigen Lernens im Unterricht (z.B. Portfolioarbeit, Stationenlernen) (1.5/2.5)**

Für eine gelungene Portfolioarbeit fehlt Herrn Schackert das Interesse seiner Schüler/innen:

> Also diese, diese Portfoliosachen, die sind ja da in diesem Arbeitsheft mit drin oder so. [...] Was soll das, sagen sie, was soll ich damit? Es ist nett, aber pff. Also, es kommt auch drauf an, auf mich, also ich mach das schon ab und an mal, dass ich sag: was könnt ihr denn schon? Wählt doch mal aus und g uckt mal. Aber das ist für die nicht besonders. (SC1, Z. 316-319)

Die Pflege des individuellen Portfolios sieht er im Vergleich zum Erzielen von verbindlichen Noten im Französischen als sekundär an:

> Aber dann müssten sie das ja selber pflegen. Also ein Portfolio, das ist ja wie bei uns, wenn wir eine Fortbildungsveranstaltung machen, wenn man da reingeht und der Direktor, es sieht aus wie Kraut und Rüben. Da ist nichts eingeheftet, da ist nicht selbst evaluiert oder sonst irgendwas. Dazu soll's ja da sein. Aber bei dem, was wir hier an der Schule bringen müssen, hier geht's um Noten, hier geht's um Zeugnisse, hier geht's um Lebensentscheidungen. (SC1, Z. 324-328)

Die Portfolioarbeit führt er auch im Zuge des Projekts nicht durch:

> Die Frage ist, wozu will ich das Portfolio haben? Will ich das Portfolio haben, um am Ende vorzuzeigen, um zu sagen: guckt mal, was wir hier alles Schönes gemacht haben. Oder will ich mit dem Portfolio wirklich erreichen, dass Lernen stattgefunden hat? Also Portfolio wird ja nicht nur im Unterricht eingesetzt, sondern ja auch für die Bewerbungssachen. Also dafür soll es ja auch irgendwo sein. Kommt drauf an. Wenn ich das glaubhaft den Schülern erklären kann, warum man das machen soll, weiß ich, dass vielleicht 40% das sinnvoll nutzen für sich und auch wirklich abkreuzen, hab ich das gemacht, hab ich was gelernt und di e anderen denken, was soll ich damit? Ich glaube, es ist nicht für jeden Schüler anwendbar. (SC2, Z. 322-330)

Die Durchführung des Stationenlernens mit seinen Schüler/inne/n führt er als ein Beispiel selbstständigen Lernens an:

> Also das erste zum Beispiel, dieses Stationenlernen war, hab ich nur die Aufgaben ausgeteilt, ich hab erklärt, wie's geht und hab hinterher die Lösungen mit ausgelegt nach, nach so und so viel Zeit, die vergangen war, nach etwa zwei Wochen glaub ich, sechs Stunden oder acht Stunden und da sollten die auch selbstständig vergleichen. Die durften auch in Gruppen zusammenarbeiten, die durften sich ihr Smartphone nehmen und recherchieren. Das war wirklich gut. Und da hab ich nicht zwischengefunkt. Ich wurde auch nicht gefragt: ich hab gesagt, ich geh jetzt raus, ich hol mir jetzt 'nen Kaffee, ich will jetzt nicht da sein, ich bin nicht das Wörterbuch, macht mal. Und es ist wider Erwarten, waren die Ergebnisse gut. Also da war kein enger Zeitplan, ich hab gesagt: in den und den Stunden arbeitet ihr und in diesen Stunden, aber mehr hab ich nicht gemacht. Das war wirklich selbstständig. Selbst und ständig. (SC2, Z. 43-54)

Aber auch hier bemängelt er die fehlenden passenden Materialien zur korrekten Durchführung des Stationenlernens:

> Ich hab Stationsarbeit gemacht, was sehr, sehr schwierig war, weil wir keine vernünftigen Ablagemöglichkeiten haben. Also vernünftiges Stationenlernen setzt voraus: du kannst die Sachen hinlegen, die bleiben da liegen und die können immer weiter arbeiten. Ich habe über 600 Seiten kopiert für jeden, für jede Station, damit man das richtig einheften kann, weil sonst wäre nach einer Woche alles weg gewesen. Also die Arbeitsbedingungen waren nicht optimal. Über Länder, also über die Regionen in Frankreich, also dass man selbstständig arbeiten konnte. Und das hat denen glaub ich auch Spaß gemacht. (SC2, Z. 17-24)

Er äußert sich positiv über die Ergebnisse aus der sich an das Stationenlernen anknüpfenden Klassenarbeit, einem Lesetagebuch seiner Schüler/innen:

> Ich hab dann auch 'ne Arbeit in der Richtung geschrieben, die auch an diese Stationsarbeit angelehnt war. Und das Ergebnis ist besser ausgefallen als bei den Arbeiten vorher. Bei allen, durchgängig. Fand ich spannend, fand ich interessant. (SC2, Z. 24-27)/ Und es war die Entscheidung: wollen wir 'ne Klassenarbeit schreiben oder wollen wir eben dieses Lesejournal machen anstelle einer Klassenarbeit. Ich sag, das ist viel hochwertiger, die setzen sich viel mehr damit auseinander. Und sie machen's selbstständig. Und da sind Fehler drin, das habe ich jetzt schon gesehen, das ist mir jetzt nicht so wichtig. Weil es individuelle Produkte sind. (SC2, Z. 76-81)

Obwohl es seinem Selbstbild als Lehrer widerspricht, bedeutet für ihn selbstständiges Lernen hauptsächlich, als Lehrperson in den Hintergrund zu treten:

> Also ich lass die mehr selbstständig arbeiten und zieh mich schon zurück, ich sag: ich hab jetzt auch keine Lust. Ich sag: lest den Text selbst. Hier ist 'ne CD, hört's euch an. Macht mal. Aber das dauert natürlich länger. Ich sag: ihr habt noch fünf Minuten, ihr habt noch zehn Minuten. Und viel geb' ich auch mit nach Hause, die sollen das dort machen. Ich sag: macht zu Hause was. (SC2, Z. 207-211)

❖ **Konsequenzen für kollegiale Zusammenarbeit in der Fachschaft Französisch (z.B. Fortbildungen, gemeinsamer Wechsel des Lehrwerks) (1.6/2.6)**
Herr Schackert hat seine Ausbildung nicht in Hessen, sondern in Sachsen absolviert und sieht darin einen Unterschied hinsichtlich des Fokus auf die Lehrperson:

> Also die Lehrerausbildung in Leipzig ist glaub ich komplett anders als hier. Ich will nicht sagen um Längen besser, aber anders. Wir haben das sehr intensiv besprochen, also wie authentisch man selber als Lehrer sein soll. (SC1, Z. 444-446)

Die Möglichkeit, Fortbildungen zu besuchen, ist einmal für ihn räumlich schwierig, da das Lehrerbildungszentrum weit ab von seinem Gymnasium als Arbeitsort liegt (SC1, Z. 468-472). Zum anderen sei das Angebot für Französischlehrkräfte, was die Methodenschulung betrifft, gering:

> Aber hier. Also Methodenlernen, also ich glaube, die bieten mehr so Qualifikationsprogramme an, für, für Führungskräfte und so. Und irgendwelche anderen Sachen. Aber kommt nicht viel. Also es ist jetzt auch nichts, wo ich sage: hab ich nicht schon selber gemacht oder kenn ich. Also es ist bei mir mehr die Frage: lässt es sich hier in diesem Rahmen organisieren? (SC1, Z. 476-479)

Austauschprojekte wie *eTwinning* und Fortbildungen müssen für ihn zweck- und inhaltsgebunden sein und keinen Selbstzweck darstellen:

> Man könnte vielleicht über dieses *eTwinning* noch was machen also für die Schüler, aber das kostet alles Unmengen an Zeit. Wenn ich regelmäßig *eTwinning*-Projekte mache und die wirklich betreue und nicht nur: wir machen das, weil wir's uns auf die Fahnen schreiben und auf der Homepage präsentieren wollen. Dann muss ich anders arbeiten. Und da muss ich wirklich die Motivation haben, regelmäßige Treffen, also die sehen sich ja jetzt einmal hier und e inmal da, andere sind aber wiederum noch befreundet. Also die haben immer noch Kontakt und s ehen sich auch, also die von vorher. Doch, also ich denk, es ist schon wichtig für die Sprache. (SC2, Z. 479-487)

Prinzipiell ist er Fortbildungen nicht abgeneigt, erinnert aber an die Kohärenz von Methode und Lehrperson:

> Aber so Kniffe und Tricks für den Unterricht, ich hab dann auch tolle Methoden gelernt, Partnerduett und so, was ich vorher noch nie gehört hatte und dachte: cool, das mach ich mal. Aber du m usst es auch gut verkaufen können, aber man muss es selber mal ausprobiert haben. Also das hatten wir in der Fachdidaktik in Leipzig sehr viel. Ach, das mach ich mal selber und das ist ganz gut. Ja, und man muss dazu stehen und man muss den Mut haben, das zu machen. (SC2, Z. 584-589)

Als Wunsch zum Projekt über das selbstständige Lernen äußert er mehr theoretische Unterfütterung:

> Also wenn man wirklich dann so ein Bonbon dazugibt und sagt: ok, dann kriegen Sie nochmal einen zeitlichen Rahmen genauer vorgegeben und dann sagen Sie zwei Fortbildungstage von 10 bis 17 Uhr, wo Sie nochmal theoretischen Input kriegen. Das könnte ich mir gut vorstellen. Also dass man da selber nochmal Aufgaben erarbeitet zusammen im Team und das ist ja immer unser Problem. Wenn ein Schüler sagt: ja macht mal. Dann hätte ich da auch Lust drauf. (SC2, Z. 533-537)

❖ **Fazit zum veränderten Umgang mit selbstständigem Lernen bei Herrn Schackert**

Insgesamt kann festgehalten werden, dass seine Bereitschaft, selbstständiges Lernen anzuregen, zu Projektbeginn tendenziell eher gering ist. Jedoch besteht der Wunsch, einen schülergerechten Unterricht zu bieten, indem unter anderem die Interessensgebiete der Schüler/innen von ihm berücksichtigt werden. Während der Durchführung des Forschungsprojekts implementiert er zwei Unterrichtssequenzen selbstständigen Lernens in seinen Französischunterricht: das Stationenlernen und das Lesetagebuch, das die schriftliche Leistungserhebung darstellt. Sein Fazit aus dieser Erfahrung ist, dass die Schüler/innen interessierter sind und bessere Resultate erzielen. Das Lehrwerk lehnt er bis auf das grammatische Beiheft eher ab, greift jedoch in Phasen des Zeitmangels noch auf das Lehrwerk zurück. Prinzipiell stellt sich ihm selbstständiges Lernen als zeit- und materialaufwendig dar, was er jedoch für die einzigen Nachteile hält. Insgesamt zeigt er Interesse am Forschungsprojekt und wünscht sich eine darüber hinaus gehende, theoretische Untermauerung der Methodik.

4. Gesamtdarstellung *Subjektiver Theorien* der Befragten zu Selbstständigem Lernen

Nach Darstellung zweier konträrer Positionen bezüglich selbstständigen Lernens erfolgt nun die Gesamtanalyse der Einstellungen aller vier Lehrer/innen nach einer Kategorisierung durch die „strukturierte[] qualitative Inhaltsanalyse" (Mayring 2002, 131). Dabei sind die zwei weiteren Befragten zwei dem selbstständigen Lernen gemäßigt gegenüberstehende Französischlehrer/inne/n. Diese zwei gemäßigten Haltungen ergänzen das Spektrum der Einstellungsvielfalt zum selbstständigen Lernen im Französischunterricht.

Im Folgenden sollen nun exemplarisch im Licht der extrahierten Kategorien zwei tabellarische Zusammenstellungen der Einstellungen der vier Lehrenden hinsichtlich selbstständigen Lernens vor und nach Projektdurchführung erfolgen:

1. Vor der Projektdurchführung: Einstellungen zum selbstständigen Lernen

Fr. Czajkowski	Fr. Krauss	Fr. Teichmann-Huber	Hr. Schackert
„überzeugte Unterstützerin Selbstständigen Lernens"	„gemäßigte Unterstützerin Selbstständigen Lernens"	„resignierte Anhängerin des Frontalunterrichts"	„überzeugter Anhänger des Frontalunterrichts"
Unterstützerinnen selbstständigen Lernens		Anhänger des Frontalunterrichts	

1.1 Kommunikations-/Motivationsförderung im Unterricht

| Gezielte Kommunikation auf Französisch (Z. 25-28) | Gleichzeitig Sprachgefühl und sprachlichen Ausdruck fördern (Z. 12-14) | Redemittel bereitstellen, z.B. für Rezepte; Wortschatz ist beschränkt | Orientierung am Kommunikationsbedarf der Schüler/innen: (Z. 293-294) |

1.2 Unzufriedenheit und Umgang mit dem Lehrwerk *À Plus!* 1-3

| Lehrwerk als ‚roter Faden'/ altersabhängig, keine Kritik am Lehrwerk (Z. 42-45) | Zu hohe Stofffülle und Lernprogression des Lehrwerks *À plus!* vs. *Découvertes* (Z. 404-408) | Lehrwerk als das „notwendige Übel" mit zu hoher Lernprogression (Z. 34) | Unzufriedenheit mit der Aktualität der Themen in *À plus!* (Z. 43-45) |

1.3 Zufriedenheit mit derzeitigem Französischlehrwerk *À Plus!* 1-3

| Positive Einstellung zum Lehrwerk als „roter Faden": mit steigendem Alter durch selbstständiges Lernen ersetzt wird

→ Bild von einem „Steinbruch" | Lehrwerk als Stütze, ist wichtiger als Lehrplan (Z. 20-22), auch eine Zeitersparnis, in der Oberstufe als „Baustelle" (Z. 24-25) verwendet
→ Bild von einem „Steinbruch", einer „Baustelle" | Geringe Zufriedenheit mit dem Lehrwerk, Hauptgrund: Stofffülle (Z. 44-46) der Redemittel wird nicht adäquat genutzt (Z. 376)
→ Idealbild: das Lehrwerk als „Steinbruch" | Lehrwerk ist nicht wichtig, Lehrplan ist entscheidend ←→ das Lehrwerk Basis und Zeitersparnis (Z. 36-39). In Oberstufe Einsatz durch Lektüre (Z. 183-185)
→ Ambivalenz zum Lehrwerk |

→ **Lehrwerk wird primär in der Unterstufe als feste Orientierungsgröße verwendet!**

1.4 Potential von *À plus! 1-3* als das selbstständige Lernen fördernde Lehrwerk: Welche Angebote im Lehrwerk werden genutzt?

Gesamteindruck: Systematischer, sinnvoller Aufbau, methodische Aktualität!	**Gesamteindruck:** „Es wird alles benutzt." (Z. 290), aber Wunsch nach ergänzenden Materialien, was Verlage anbieten sei „dünn" (Z. 382-387)	**Gesamteindruck:** Lehrbuch muss bis zum Schuljahresende durchgearbeitet werden, viel Grammatik, hohe Lernprogression!	**Gesamteindruck:** Systematischer, sinnvoller Aufbau, methodische, nicht thematische Aktualität (Z. 41-43)
Nutzen der Ressourcen: - *Classeur* - Tandem-Bögen für Partnerarbeit im *Carnet* - Erstellen von Plakaten („c'est moi') - Basteln der Uhr für die frz. Uhrzeit	**Nutzen der Ressourcen:** - Ausprobieren von Portfolioarbeit im *Carnet* - Nachschlagen im Vokabelglossar - *Repères*-Aufgaben: sehr gelungen, muss intensiver genutzt werden!	**Nutzen d. Ressourcen** - Erstellen von Plakaten („c'est moi') - Ausprobieren von Portfolioarbeit im *Carnet* - Szenisches Spiel aus Lehrbuch - Crêpes backen als Lernszenario	**Nutzen der Ressourcen:** - Ausprobieren von Portfolioarbeit im *Carnet* -Szenisches Spiel aus Lehrbuch - Crêpes backen als Lernszenario
Nutzen der Medien: - Verwenden der Hör-CD - Verwenden kleiner angebotener Filmsequenzen	**Nutzen der Medien:** - Verwenden der Hör-CD	**Nutzen der Medien:** - Recherchen mit dem Medium Internet	**Nutzen der Medien:** - Verwenden der Hör-CD
Semantisierungshilfen: - Mehrsprachigkeit im Vokabelteil (für eigene Lernstrategien)	**Semantisierungshilfen:** - Mehrsprachigkeit im Vokabelteil (für eigene Lernstrategien)	**Semantisierungshilfen:** - Besser mit *Découvertes* bspw. Vokabeln vorspielen, da mehr Zeit (Z.201-3)	**Semantisierungshilfen:** - Mehrsprachigkeit im Vokabelteil (für eigene Lernstrategien)

1.5 Kontextbedingungen selbstständigen Lernens im Unterricht

Einstellung zu selbstständigem Lernen: Positiv und häufig (Z. 35) - v.a. in der Unterstufe die Themen vorgegeben wie ein Fahrplan	Einstellung zu selbstständigem Lernen: Positiv, so viel wie möglich (Z. 140ff.)	Einstellung zu selbstständigem Lernen: Ist ein Ideal! „Ich hab andere Ideen, als ich realisiere." (Z. 12)	Einstellung zu selbstständigem Lernen: eher weniger, „richtig guter Frontalunterricht" (Z. 143)

- Wochenplanarbeit mit Verbindlichkeit (Z. 62) - Stationenlernen ja - Keine Erwähnung der Verkürzung der Wochenstundenzahl	- keine Wochenplanarbeit und Stationenlernen, nur im Deutschunterricht - Keine Erwähnung der Verkürzung der Wochenstundenzahl	- Wochenplanarbeit als Ideal (Z. 198-201) - Wochenstundenzahl wird von 5 auf 3 Std. verkürzt→ Zeitproblem	-wenig Wochenplanarbeit und Stationenlernen - Wochenstundenzahl wird von 5 auf 3 Std. verkürzt→ Zeitproblem

1.5.1 Integration des Themas „Selbstständiges Lernen in Aus-/Fortbildung"

- Portfolioarbeit war nie Thema in der Ausbildung, eher kreatives Schreiben (Z. 301-302) - meidet das Thema noch aus verschiedenen Gründen, s. u. (Z. 309) - Fortbildungen u.a. zur Kompetenzorientierung	- „Nein, war kein Thema. Da hatten wir andere Themen. Also handlungsorientierten Unterricht und kreatives Schreiben, [...]." (Z. 358-359) - Fortbildung zur Differenzierung, Kompetenzorientierung, Selbstevaluation und Lernstrategien wie „Murmeln", *Fishbowl*, Kugellagermethode (Z. 183-185)	- ebenfalls kein Thema in der Ausbildung - Wunsch nach praxisorientierteren Fortbildungen zu pädagogischen Themen wie Disziplinstörungen (Z. 431-434) - Fortbildung zur Differenzierung	- Nein, Hauptthema war die Authentizität der Lehrperson (Z. 444-446) - Fortbildungsbesuche weit weg; wenig interessante Themen; - Verwendung der Kugellagermethode im Französischunterricht

1.5.2 Sozialformen im eigenen Französischunterricht

- Methodisch ganz viel: Gruppenarbeit, Partnerarbeit, eigenständige Gruppengespräche/Fragerunden , - Vorschläge aus Lehrbuch (Z. 35f.)	- Partnerarbeit, sich Fragen stellen, Gruppenarbeit, vieles ist durch Lehrbuch vorgegeben (Z. 140-145), aber auch Methoden wie das Murmeln oder die Kugellagermethode	- eher lehrerzentriert und komplette Orientierung am Lehrwerk, z.B. beim Thema Mobbing (Z. 244-248)	- Übernahme der vorgegebenen Sozialformen aus dem Lehrbuch (Z. 24-25), aber häufig „richtig gute[n] Frontalunterricht"

1.5.3 Korrektheit des Französischen vs. Portfolioarbeit

- geringe Fehlertoleranz erschwert kreative Phasen wie Portfolioarbeit (Z. 197f.) - Schüler/innen zu wenig Würdigung	- „Korrektiv" (Z. 127), v.a. in der Unterstufe - hoher Zeitverlust im Unterricht (Ausfüllen etc.) - Portfolioarbeit war	- „Ja, ich würde so furchtbar gern von der, von dieser Fehlersucherei im Französischen weg." (Z. 447)	- Ich bin kein Fehlerteufel, aber meine Schüler/innen müssten schon selbstständig Portfolioarbeit machen, da es für mich eher

für ihre Werke im Portfolio (Z. 191 f.) → Thema bisher gemieden → **Ausgleich:** kleiner Ordner, in dem alles gesammelt wird (Z. 160-161) - wenig Portfolioarbeit, da auch keine Fortbildung	der „Moderenner" und ist jetzt „out" (Z. 189 f.) - Aspekt der Selbstevaluation demotiviert Schüler/innen, da zu künstlich (Z. 241-243)	- Portfolio macht keinen Sinn, da keine Nachhaltigkeit/ Ergebnissicherung vorhanden ist	sekundär ist. (Z.12)/(Z.316ff.) - wenig Portfolioarbeit
Grundproblematik: Wie intensiv/welche Fehler korrigiere ich in den „Werken" der Schüler/innen aus dem selbstständigen Lernen? Wie erfolgt die Ergebnissicherung?			
1.5.4 Nutzung von Lernstrategien ohne Lehrwerk			
- Lernstrategien zum Vokabellernen: wie bin ich vorgegangen? Metaebene einnehmen und auf Deutsch über die eigene Lernstrategie reflektieren - Gemeinsames Finden einer individuellen Lernstrategie (Z. 205)	- schulinterner Methodenlerntag als Basis, wird für den Französischunterricht wiederholt (Wie führe ich ein Vokabelheft, wie lerne ich mit Karteikarten? (Z. 256ff.) - Schreiben französischer Wörter als Lernstrategie	- schulinterner Methodenlerntag als Basis, geht aber nicht regelmäßig auf individuelle Lernstrategien ein (Z. 301) - eher an den Lernstrategien aus dem Lehrbuch orientiert (Z. 296)	-Wortschatzerschließungsstrategien als Lernstrategien
1.5.5 Freie Themenauswahl beim selbstständigen Lernen			
- Lehrbuch gibt Inhalte vor, darunter kann gewählt werden (Z. 241-242) - Erst in Oberstufe nach Interessen (Z. 264-267)	- In der Unterstufe: durch Leitfragen (Z. 106-108) - In der Oberstufe immer (Z. 300)	Nie, nur mit *Découvertes* möglich durch Präsentationen von Lektionsinhalten Problem: „Aber die Nachhaltigkeit ist nicht da." (Z. 112)	- immer von Schüler/inne/n ausgehend (Z. 151-154)
1.6 Schülerpotential als Faktor selbstständigen Lernens			
1.6.1 Aspekt der leistungsstärkeren vs. leistungsschwächeren Schüler/Innen im selbstständigen Lernen			
- Starkes Interesse der Schüler/innen wirkt sich positiv aus, es kommen	- leistungsstärkere Schüler/innen „preschen weit vor in unbekannte	- eine kleine Gruppe macht selbstständig große Fortschritte, der Rest braucht	- Anleitung zum Finden des Lerntyps (Z. 71-73)

„unglaubliche Sachen raus" (Z. 267-270) → positives Schülerbild	Gebiete", Leistungsschwächere brauchen Anleitung, sind oft überfordert (Z. 64-68) → gemischtes Schülerbild	Anleitung dazu (Z. 405-406) →stark geleitetes, resigniertes Schülerbild	- Trainieren des „Zeitmanagements" durch wochenplanartige Aufgaben (Z. 56-61) →gemäßigt geleitetes Schülerbild

1.6.2 *Gender*-Aspekt: Selbstständiges Lernen bei Jungen und Mädchen

- Mädchen in der Unterstufe „sehr ehrgeizig", möchten gefordert werden!, sind auch verlässlicher als Jungen, die noch mehr Unterweisung brauchen (Z. 143-146)	- nicht unbedingt, eher eine Leistungsfrage → widersprüchlich, da auch Aussagen darüber gemacht werden, wie - Mädchen akribischer als Jungen, diese hätten wiederum eigene Qualitäten (Z. 320-322) - Jungen driften schnell ab (Z. 55-56)	- manche vorgegebenen Themen sprechen eher Jungen an, manche eher Mädchen (z.B. Jules Verne eher für die Jungen interessant) (Z. 147-152)	-

1.6.3 Umgang mit der eigenen Französischlerngruppe (6./7. Klasse)

- „Methodisch, also ich versuche ganz viel, sie auch eigenständig erarbeiten zu lassen. Auch in Partnerarbeit." (Z. 35-36) - teilweise noch starke Lenkung (Z. 277ff.) - „große Diskrepanzen in der Lerngruppe" (Z. 89-93) in selbstständiger Phasen - kleinschrittiger Prozess selbstständigen Lernens (Z. 141-143) Noch kein Lernraumwechsel bisher (Z. 146-148)	- Stärkere Lenkung in der Unterstufe (Z. 125-129) - in der Unterstufe eher noch begrenzt (Z. 55)	→ Konsequenz: Frontalunterricht - Gruppengröße und pubertäres Verhalten verhindern selbstständiges Lernen: „Und zwar, ich hätte gerne viel mehr selbstständiges Arbeiten, mehr Gruppenarbeiten und so weiter, seh' mich dazu aber nicht in der Lage mit 30 Leuten." (Z. 12-13) Lernraumwechsel: PC-Raum bringt zu starke Ablenkung (Z. 15-19)	→ Konsequenz: Frontalunterricht „Die brauchen 'ne Lehrperson, die brauchen 'ne Lehrperson, an der sie sich orientieren können und die sie ein bisschen stützt." (Z. 319 ff.)

2. Nach der Projektdurchführung: Einstellungen zum selbstständigen Lernen

Fr. Czajkowski	Fr. Krauss	Hr. Schackert	Fr. Teichmann-Huber
„weiterhin überzeugte Unterstützerin Selbstständigen Lernens"	„gemäßigte Unterstützerin Selbstständigen Lernens"	„schwankend experimentierfreudiger Methodenwechsler zwischen Projektarbeit und Frontalunterricht"	„resignierte Anhängerin des Frontalunterrichts mit Änderungsversuch durch Portfolioarbeit"
Unterstützer selbstständigen Lernens		Anhänger des Frontalunterrichts	

2.1 Lehrer-Schüler-Verhältnis: Gruppe & Ergebnisse

Heterogenität der Lerngruppe → Lösung: Binnendifferenzierung	Heterogenität der Lerngruppe → Lösung: Binnendifferenzierung	- weniger Frontalunterricht, fast nur Projektarbeit (radikale Änderung des Unterrichtsstils)	- Heterogenität und Problem der Gruppengröße: mehr Gruppenarbeit
☺ - gutes Verhältnis - individuelle Fortschritte erkennbar	- mehr Beraterin als sonst ☺ - gutes Verhältnis durch Frankreichaustausch - mehr Interesse bei den Schüler/inne/n, - Verbesserung im Mündlichen	☺ -Lehrer-Schüler-Verhältnis positiv - individuelle Ergebnisse der Schüler - Interesse der Schüler - insgesamt „ergiebig"	☺ - mehr Interesse der Schüler/innen, aber… - gutes Verhältnis zu Schüler/inne/n, aber…
☹ - große Lerngruppe - Problem der Bewertung heterogener Ergebnisse → Bedarf an Bewertungsmethoden - direkter Vergleich der Leistungen: andere Gruppe stärker, Gruppe mit ein Drittel leistungsschwächerer Schüler	☹ - gleichbleibende Leistungen im Schriftlichen - direkter Vergleich der Leistungen: Förderung besonders leistungsstarker/ schwacher Schüler/innen	☹ -zeit-/methodenintensiv	☹ - gleichbleibende Leistung der Schüler/innen - teilweise Mangel an Zuverlässigkeit mancher Schüler/innen und teilweise geringes Ernstnehmen selbstständigen Lernens - Problem bei Bewertung der Ergebnisse: Nicht-Abgabe des Portfolios/Rolle des Korrektivs als Lehrerin - Zweifel über die korrekte Durchführung selbstän. Lernphasen

2.2 Methoden und Strategieentwicklung bei Schülern			
(-) - weniger Vermittlung von Strategien durch Lehrer - Konsultationsmedium der Schüler/innen eher das Internet, weniger das Lehrwerk (+) - Methodenvielfalt wird mehr praktiziert	(-) - trotz Vermittlung von Strategien: korrekte Anwendung durch maximal die Hälfte der Schüler/innen - Schüler/innen: Ablehnen des Lehrwerks als Konsultationsmedium (+) - Selbst zu eigener Strategie finden - Phasen der Selbstevaluation des Lernprozesses	(-) - nicht nur Ergebnisorientierung des Lernens (aufgrund der Vorgaben gefordert), auch individueller Weg muss gesehen werden, wird aber zu wenig beachtet (+) - alltagsnahe, geleitete themenzentrierte Wortschatzarbeit - Lehrer gibt Hilfe bei der selbstständigen Benutzung elektronischer Wörterbücher - Betonung der Individualität der Strategien der Schüler/innen	(-) Schüler/innen: Ablehnen des Lehrwerks als Konsultationsmedium - ausführliche Besprechung von Erschließungsstrategien sowie Wortschatzerwerbsstrategien wie Anlegen von Karteikästen und das Bilden von Wortfeldern als Impulse für selbstständiges Lernen (+) - selbstständiges Anwenden dieser Strategien

2.3 Schwerpunkt der Mündlichkeit & Inhalts-/Lernziel-Fokussierung			
☺	☺	☺	☺
- freiere Inhaltswahl - Fokus auf Kommunikation - Ziel: Kommunikationsprüfung mit passenden Redemitteln	- deutliche Verbesserung der mündlichen Fertigkeiten - Ziel: Kommunikationsprüfung mit passenden Redemitteln → Mehr aufgabenorientiert, anwendungsbezogen - Lehrwerk bietet „Rüstzeug" für leistungsschwächere Schüler/innen	- freiere Inhaltswahl, jedoch Vorabauswahl durch Lehrperson, da die Schüler/innen dies fordern - Inhalte des Lehrwerks von Lehrer und Schüler/inne/n als nicht aktuell/ interessant empfunden → Wunsch nach Alternative - gegenseitige Fehlerkorrektur der Schüler/innen untereinander	- verstärkt Inhalte aus Interessensgebieten der Schüler/innen wie beispielsweise die Fußballweltmeisterschaft

☹	☹	- Fokus auf Mündlichkeit durch Austausch ☹	☹
- stagnierende Vermittlung der Lernstrategien	- verhindert gleichzeitig das lehrwerkunabhängige Arbeiten; sobald Lehrwerk wegfällt, fehlt die Selbstständigkeit leistungsschwächerer Schüler (Effekt der Überforderung, einzige Stütze Lehrwerk fällt weg) - weiterhin Orientierung der Lerninhalte am Lehrwerk als Konsens der Fachschaft	- Interesse am selbstständigen Lernen von Schülerseite her nicht dauerhaft, vertrauterer Umgang mit eingeschliffenen Routinen des Erlernens von Grammatik und Wortschatz immer aus einem durch die Lehrperson gelenkten Unterricht heraus - Anteil der Mündlichkeit während der Frankreichfahrt höher, Motivation durch authentisches Sprechen	- weiterhin Orientierung an Vorgabe der Inhalte durch das Lehrwerk sowie am Konsens der Fachschaft zur Klassenübergabe (zentrale Grammatikkapitel wie der *Subjonctif*)

2.4 Veränderte Wahrnehmung der Möglichkeiten selbstständigen Lernens mithilfe des Lehrwerks

- verstärkter Fokus auf Beispiel-DELF-Aufgaben aus *À plus! 1-3* ab 6. Jgst. - gram. Anhang als Übungsmöglichkeit	- DELF-Unterricht ab 6. Jgst. - Dem Lehrwerk werden nur subjektiv relevante Teile für den Unterricht entnommen, es wird daher als „Steinbruch" bezeichnet	- Ablehnen des Lehrwerks, außer des grammatischen Beihefts	- Einrichten einer DELF- Gruppe ab 6. Jgst. →Idee der Fachschaft Französisch: Möglichkeit eines Wahlunterrichts Französisch: Ziel ist Vorbereitung auf die DELF-Prüfung in der „DELF-Gruppe": soll freiwilliges/ selbstständiges Lernen fördern - nach Thema Essen gemeinsames Kochen; auch im Lehrwerk

2.5 Tatsächlicher Einsatz von Methoden selbstständigen Lernens im Unterricht (Portfolio, Stationenlernen)

☺	☺	☺	☺
- Aufgabenorientierung	- Aufgabenorientierung	- erfolgreiches Durchführen des Stationenlernens - Ersatz der Klassenarbeit durch individuelle Lesetagebücher ☹ - Portfolio weiterhin nicht verwendet	- Durchführen von Portfolioarbeit über einen Monat lang und Bearbeiten lassen der Evaluationsbögen des *Carnets* ☹ - fehlende, anhaltende Begeisterung der Schüler/inne/n am selbstständigen Lernen - Stationenlernen bei der Gruppengröße nicht möglich, Alternative: Laufdiktate
☹	☹		
- Portfolio weiterhin nicht verwendet - Stationenlernen nicht mehr erwähnt, da vorbereitete Inhalte selbstständigem Lernen zuwiderlaufen	- stellenweise Unsicherheit bei der Platzierung der Übungsphasen - Ablehnen von Stationenlernen, da großer Zeitaufwand - Portfolio ebenfalls zu zeitaufwändig → Problem der Bewertung/„Mädchen-Jungen-Schere" = „Akribie vs. Gekrakeltes"		

2.6 Konsequenzen für kollegiale Zusammenarbeit in der Fachschaft Französisch

- Fortbildungen zur Bewertung heterogener Ergebnisse beim selbstständigen Lernen gewünscht - ggf. gemeinsamer Wechsel des Lehrwerks	- Bestellen von *FranceMobil* - ggf. gemeinsamer Wechsel des Lehrwerks	- Fortbildungen zu theoretischer Unterfütterung des selbstständigen Lernens - sowie Interesse an neuen Methoden, die den Fokus auf die Lehrperson legen	- Alternative: Sprachlabore für individuelle Betreuung des Sprachlernprozesses jedes Schülers und jeder Schülerin

2.7 Grad Der Einstellungsänderung als Fazit aus dem Projekt

(weiteres Fazit: Grundeinstellung der Lehrenden zum selbstständigen Lernen ist jeweils beinahe unverändert geblieben)

→ <u>wenig</u> veränderte Einstellung durch Projekt	→ <u>gemäßigt</u> veränderte Einstellung durch Projekt	→ <u>stark</u> veränderte Einstellung durch Projekt	→ wenig bis <u>gemäßigt</u> veränderte Einstellung durch Projekt

5. Fazit aus den vier analysierten Lehrwerkrezeptionen bezüglich selbstständigen Lernens

Bei allen vier Französischlehrenden ist insgesamt eine leichte bis deutliche Veränderung ihres Unterrichtsstils eingetreten. Auffällig ist jedoch, dass dieses Ergebnis nicht die jeweilige Grundeinstellung zum selbstständigen Lernen widerspiegelt, die insgesamt bei allen Lehrenden nahezu unverändert geblieben ist.

Das Potenzial des Lehrwerks *À PLUS! 1-3* wird neben der Präsentation metakognitiver Strategien vor allem in den Vorbereitungsmöglichkeiten für die DELF-Prüfung gesehen, deren Aufgabenformate aktiv in der bereits vorhandenen DELF-Vorbereitungsgruppe trainiert werden können. Die Zufriedenheit über das Lehrwerk mit seinen medialen Möglichkeiten, die nicht konsequent genutzt wurden, hat nicht angehalten.

Das Forschungsprojekt hat tendenziell eine Abkehr vom Lehrwerk zu Tage gefördert, da dessen Inhalte im Licht des selbstständigen Lernens als nicht mehr zeitgemäß und für die Jugendlichen als wenig ansprechend wahrgenommen werden. Es wird daher in der Fachschaft Französisch der befragten Französischlehrenden über einen Wechsel des Lehrwerks diskutiert.

Ansätze zu selbstständigem Lernen zeigten sich in unterschiedlicher Ausprägung und mit heterogenen Ergebnissen, deren Bewertungen noch eine Problematik für die Lehrenden darstellt. Gerade die Anhänger des Frontalunterrichts haben Methoden selbstständigen Lernens wie die Portfolioarbeit oder das Stationenlernen in ihren Lerngruppen durchgeführt, von deren Ergebnissen sie teilweise positiv überrascht waren, sich teilweise aber auch mit gleichbleibenden Leistungen der Schüler/innen konfrontiert sahen. Die Fokussierung der Mündlichkeit habe sich im Allgemeinen durch die Erhöhung der Anteile selbstständigen Lernens im Unterricht verbessert. Auch das Mitbestimmungsrecht der Schüler/innen bei der Inhaltswahl der Lerninhalte habe sich verstärkt. Durch die mitgewählten Lerninhalte hätten die Schüler/innen größeres Interesse gezeigt und erzielten dadurch höhere Leistungen. Ähnliches gilt für die klarer gesetzten Lernzielbestimmungen bei den Phasen selbstständigen Lernens, die durch die damit verbundene Aufgabenorientierung für höhere Motivation der Schüler/innen sorgen. Für die

Durchführung von Einheiten selbstständigen Lernens müssten die Gruppengrößen verkleinert werden, um eine effizientere Binnendifferenzierung zu gewährleisten. Die Heterogenität der Lerngruppen zeige sich in der Schere von extrem leistungsschwachen Schüler/inne/n, die die Selbstständigkeit überfordert, im Vergleich zu extrem leistungsstarken Schüler/inne/n, die noch individuellen Förderbedarf benötigen. Auch die Leistungserhebungen wurden von den Lehrenden in Form von Kommunikationsprüfungen, Portfolios oder einem Lesetagebuch nach dem selbstständigen Lernen ausgerichtet. Die Angst vor der Fehlerhaftigkeit der Schülerergebnisse während des Lernens wurde durch selbstständige Anteile wie die gegenseitige Fehlerkorrektur der Schüler/inne/n untereinander ersetzt. Was Lernstrategien und metakognitive Strategien betrifft, so haben die Lehrenden bereits den Grundstock für eine Palette an Strategien gelegt, diese wurden jedoch von den Schüler/inne/n während Phasen selbstständigen Lernens noch zu wenig genutzt. Das Lehrwerk werde in diesem Zusammenhang zu selten als Konsultationsmedium wahrgenommen.

Insgesamt haben sich die beiden Lehrenden, die dem selbstständigen Lernen offen gegenüberstanden, weiter in diese Richtung entwickelt und die beiden Anhänger des Frontalunterrichts zusätzliche Erfahrungen mit größeren Sequenzen selbstständigen Lernens gemacht. Es sei als Fazit wichtig, dass die gewählte Methode zur Lehrperson passe, was bereits Hattie (2009; 2012) verdeutlicht hat, indem er aus seiner Metastudie das Ergebnis erhielt, dass das Gelingen von Unterricht primär von der Lehrperson abhängig sei. Es hat sich durch das Projekt gezeigt, dass die Grundüberzeugung der Lehrenden an sich wenig verändert werden konnte. Die einzelnen Lehrpersonen haben jedoch für sich versucht, ihre Vorstellungen von einem Unterricht, der ihren Vorstellungen des selbstständigen Lernens entspricht, umzusetzen.

Auf den Extrempolen der Achse der Anhänger des selbstständigen Lernens stehen die Ansichten von Frau Czajkowski, die jedoch wenig Veränderung in ihrem Unterricht erfährt, da sie bereits viel selbstständiges Lernen durchführe. Ebenso wenig Veränderung erfahren die Einstellungen von Frau Teichmann-Huber, die sich durch das Projekt ebenfalls wenig modifiziert haben. Sie halte, nach eigener Ansicht eher unfreiwillig, am Frontalunterricht fest. Während die Einstellungen von Frau Krauss stets positiv dem selbstständigen Lernen gegenüber waren und somit nur eine gemäßigte Veränderung erfahren haben, haben sich die Ansichten von Herrn Schackert stark in Richtung des selbstständigen Lernens verändert, obwohl er sich zu Projektbeginn zum selbstständigen Lernen eher skeptisch äußerte. So können sich Unsicherheiten oder Zweifel bezüglich der Durchführung selbstständiger Anteile im Französischunterricht teilweise negativ, aber auch als konstruktive Auseinandersetzung positiv auf die Gesamtüberzeugung hinsichtlich des Konzepts selbstständigen Lernens auswirken.

Der Grad, inwieweit eine Lehrperson ihren Unterricht nach den Gesichtspunkten des selbstständigen Lernens ausrichtet, hängt stark von der eigenen Überzeugung von diesem Konzept der Unterrichtsgestaltung ab.

Literatur
GROEBEN, Nobert. 1988. „Explikation des Konstrukts ‚Subjektive Theorie'", in: Groeben, Norbert et al. 1988: *Das Forschungsprogramm Subjektive Theorien. Eine Einführung in die Psychologie des reflexiven Subjekts*. Tübingen: Francke.
GROEBEN, Norbert et al. 1988. *Forschungsprogramm Subjektive Theorien. Eine Einführung in die Psychologie des reflexiven Subjekts*. Tübingen: Francke.
HATTIE, John. 2009. *Visible learning. A synthesis of over 800 meta-analyses relating to achievement*. London: Routledge.
HATTIE, John. 2012. *Visible learning for teachers. Maximizing impact on learning*. London: Routledge.
KALLMEYER, W. & SCHÜTZE, F. 1976. „Konversationsanalyse", in: *Studium Linguistik* 1/1976/1, 1-28.
MAYRING, Philipp. [5]2002. *Einführung in die Qualitative Sozialforschung. Eine Anleitung zu qualitativem Denken*. Weinheim: Beltz.

Lehrwerkrezeption und Einstellungen zum Französischunterricht aus Schülerperspektive

Christiane Fäcke

unter Mitarbeit von Dennis Freuer und Alexander Miletic

1. Forschungsfrage und Methodik

Wie sehen nun die beteiligten Schülerinnen und Schüler ihren Französischunterricht und vor allem ihr Lehrwerk? Diese zentrale Forschungsfrage ist, wie eingangs beschrieben, in folgende Fragestellungen mit Bezug auf die Lehrwerkrezeption durch Lernende unterteilt:

1. Wie gehen Schülerinnen und Schüler mit ihrem Lehrwerk um?
2. Was erwarten Sechstklässler im ersten Lernjahr von ihrem Lehrwerk? Was erwarten Siebtklässler und Achtklässler im 2. und 3. Lernjahr von ihrem Lehrwerk?
3. Wie verändert sich der Umgang mit Lehrwerken im Lauf der ersten beiden Lernjahre?
4. Inwieweit wird das Lehrwerk als Baustein für selbstständiges und selbstreflexives Lernen von Lernenden genutzt?

Die Untersuchung dieser Fragen wird mit einer standardisierten schriftlichen Befragung als Erhebungsmethode verfolgt (vgl. Bortz/Döring 2006, 252; Plonsky/Gurzynski-Weiss 2014, 41). Um eine möglichst hohe Zahl an Befragten zu erreichen, wird die Befragung im Unterricht selbst durchgeführt, so dass ein Rücklauf von 100 % erzielt werden kann. Diese empirische Grundlage ermöglicht sicher keine Rückschlüsse auf die Gesamtpopulation aller Schülerinnen und Schüler im Französischunterricht der Sekundarstufe I in Deutschland, doch lassen sich dennoch Schlussfolgerungen auf Verhaltensweisen und Einstellungen von Lernenden im Anfangsunterricht, d.h. in den ersten drei Lernjahren ziehen. Darüber hinaus ermöglicht die schriftliche Befragung die Anonymität der beteiligten Schülerinnen und Schüler.

Zur Erhebung der Daten wird ein teilstandardisierter Fragebogen eingesetzt, der mehrheitlich geschlossene Fragen und einige wenige offene Fragen enthält. Bei den geschlossenen Fragen sind jeweils vier Antwortalternativen im Sinne einer mehrstufigen Likert-Scala vorgesehen (z.B. „stimme zu", „stimme weitgehend zu", „stimme kaum zu", „stimme nicht zu" sowie die Kategorie „weiß nicht"). Insgesamt enthält der Fragebogen verschiedene Teile: Zu Beginn werden einige sozialstatistische Daten abgefragt. Direkt im Anschluss können die Befragten in einer ersten offenen Frage ihre Assoziationen zu ihrem Französischunterricht und ihrem Lehrwerk formulieren. Der darauf folgende Hauptteil umfasst etliche Fragen zu Erwartungen an das Lehrwerk, zur Einschätzung des eigenen Verhaltens sowie zu ihren Einstellungen zum Französischlernen. Zum Abschluss gibt es eine weitere offene Frage zur Einschätzung des eigenen Lernens (vgl. Zydatiß 2012, 115ff.).

Im Januar 2013 wurde zunächst eine Pilotstudie in einer 6. Klasse einer Schule in Augsburg durchgeführt, um die Qualität und Länge des Fragebogens sowie die Verständlichkeit der Fragen bzw. Items zu evaluieren. Infolge der Rückmeldungen der Befragten erfolgte die Modifikation einiger Items, die Grundstruktur des Fragebogens blieb jedoch unverändert. Die erste Fragebogenerhebung erfolgte am 17. Mai 2013, die zweite Erhebungsphase ein Jahr später mit einer leicht modifizierten Fassung.[3]

Diese Studie wurde in Kooperation mit vier Lehrkräften der Bundespräsident-Theodor-Heuss-Schule im nordhessischen Homberg/Efze und ihren Lerngruppen durchgeführt. Daher wurde im Mai 2013 eine schriftliche Befragung mit 104 Schülerinnen und Schülern aus vier verschiedenen Klassen der Jahrgangsstufen 6 und 7 durchgeführt, davon 54 in der Jahrgangsstufe 6 und 50 in der Jahrgangsstufe 7. Im Einzelnen handelt es sich um 44 Jungen und 60 Mädchen, von denen 26 Sprecher verschiedener Herkunftssprachen sind. 16 Jugendliche sprechen Russisch, andere Herkunftssprachen wie Türkisch, Persisch, Polnisch, Serbisch oder Spanisch sind nur jeweils einmal vertreten.

Im Juni 2014 wurden insgesamt 97 Schülerinnen und Schüler der gleichen vier Lerngruppen, nunmehr in den Jahrgangsstufen 7 und 8, zu unterschiedlichen Aspekten des Französischunterrichts befragt, darunter 25 mit Migrationshintergrund. Der Großteil der Schülerinnen und Schüler hat bereits an der Studie aus dem Jahr 2013 teilgenommen (Jahrgangsstufe 6 und 7 im Jahr 2013 sowie Jahrgangsstufe 7 und 8 im Jahr 2014).

---

[3] Der in 2013 verwendete Fragebogen findet sich im Anhang in Kap. 6, der zweite Fragebogen unterscheidet sich davon nur marginal, so dass er nicht abgedruckt ist.

Die folgende Tabelle zeigt die Anzahl der in 2014 befragten Schülerinnen und Schüler getrennt nach Geschlecht und Lehrkraft.

	7. Jahrgangsstufe		8. Jahrgangsstufe		Summe
	Frau Czajkowski	Frau Krauss	Herr Schackert	Frau Teichmann-Huber	
Männlich	13	10	11	5	39
Weiblich	16	12	11	19	58
Summe	29	22	22	24	97

Tabelle: Kreuztabelle der Schülerinnen und Schüler

Die Auswertung des Fragebogens zielt primär auf die Auswertung der Antworten nach Häufigkeiten und ggf. auf statistisch signifikante Ergebnisse (vgl. Dörnyei 2007, 197ff.). Dazu werden die Rohdaten, d.h. die ausgefüllten Fragebögen, in eine Datentabelle (Excel) kodiert eingetragen, um sie anschließend quantitativ auszuwerten. Jede Antwort wird als Gesamtergebnis aller Befragten, als Ergebnis nach Geschlecht, nach Zugehörigkeit zu den einzelnen Lerngruppen und nach Notenverteilung errechnet. Da es sich jedoch um eine vergleichsweise geringe Datenmenge handelt, ist die folgende Auswertung primär an den Gesamtergebnissen orientiert und weist nur vereinzelt geschlechtsspezifische Dimensionen im Antwortverhalten auf. Darüber hinaus wurden gerade die sozialstatistischen Daten und die Notengebung auf statistische Signifikanzen überprüft, um einen Gesamteindruck der Befragten sichtbar zu machen.

2. Auswertung
2.1 Erwartungen an das Lehrwerk

Der erste Teil des Fragebogens zielt auf Erwartungshaltungen der Schülerinnen und Schüler. Die geschlossenen Fragen decken unterschiedliche mögliche Teilbereiche des Französischunterrichts ab und zeigen eine eindeutige und weitgehend homogene Erwartungshaltung in allen vier Lerngruppen.

In den Lerngruppen werden insbesondere die Bereiche des Französischunterrichts besonders betont, in denen es um die Vermittlung sprachlicher Mittel, d.h. Grammatik und Wortschatz, geht. Das Ergebnis im Blick auf Erwartungen zur Vermittlung von Grammatik bringt dies eindeutig zum Ausdruck:

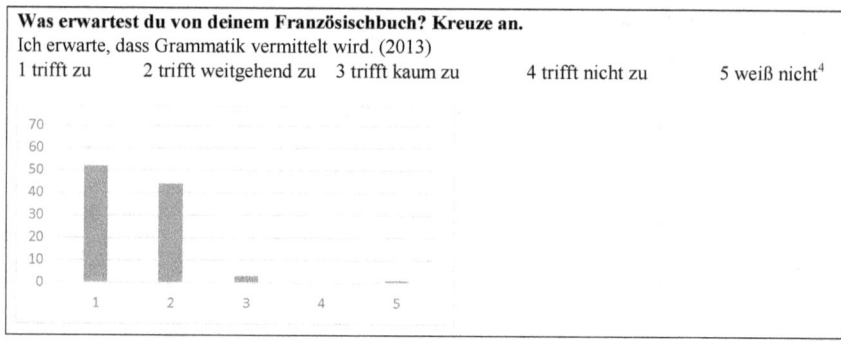

Neben dem hier aufgeführten Gesamtergebnis zeigen (hier nicht abgedruckte) Teilauswertungen, dass die Jugendlichen in Jahrgangsstufe 8 mehr auf Grammatik fokussiert sind als in Jahrgangsstufe 7 sowie dass Mädchen mehr auf Grammatik fokussiert sind als Jungen. Auch im Folgejahr fällt die Entscheidung der Befragten ähnlich aus. Eine statistisch signifikante Veränderung besteht nicht (p-value: 0,3248):

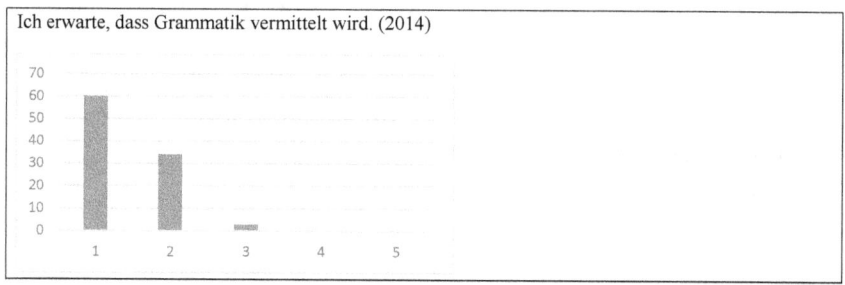

Grammatik wird in beiden Antworten von der Mehrheit der Befragten als wichtiger Teilbereich des Französischunterrichts eingestuft. Die konstante Einschätzung der Jugendlichen bzw. ihre Erwartungen verändern sich in den ersten Lernjahren nicht. Ähnliche Ergebnisse gibt es für Antworten zu den Themenbereichen Schreiben, Hörverstehen, Leseverstehen und Aussprache. Darüber hinaus wird in beiden Befragungen ein vergleichsweise noch größerer Wert auf das Vokabellernen gelegt.

---

[4] Die Grundstruktur der Antwortmöglichkeiten ändert sich in Bezug auf die im Folgenden angeführten Tabellen nicht und wird daher nur an dieser Stelle abgedruckt. Darüber hinaus wird jeweils angemerkt, in welchem Jahr die Befragung erfolgt ist.

Lehrwerkrezeption u. Einstellungen zum Französischunterricht: Schülerperspektive 111

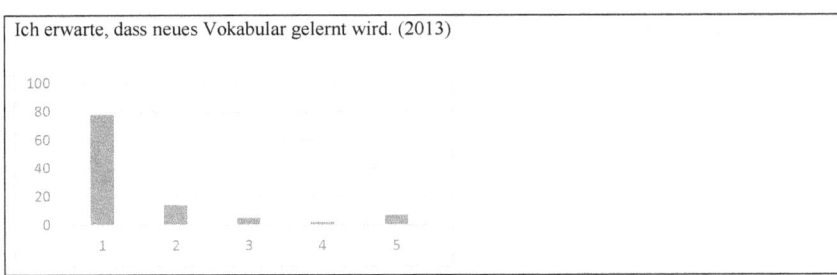

Insgesamt ist ein eindeutiger Schwerpunkt auf der Vermittlung sprachlich-kommunikativer Kompetenzen (Sprechen, Schreiben, Hörverstehen, Leseverstehen) und sprachlicher Mittel (Grammatik, Vokabeln, Aussprache) erkennbar. Der höchste Wert wird im Blick auf Erwartungen zum Vokabellernen erzielt, der zweithöchste Wert betrifft die Grammatik. In 2014 verschieben sich die Antworten zu den Items „Freies Sprechen üben", „Hörverstehen" und „Aussprache üben" jeweils um einen Wert nach unten. Die Verschiebung beim Item „Freies Sprechen üben" ist signifikant (p-value: 0,0097). Damit liegt der Schwerpunkt z.T. immer noch auf der Vermittlung sprachlich-kommunikativer Kompetenzen und sprachlicher Mittel, doch verschieben sich die Erwartungen der Befragten nach unten, d.h. die Erwartungen an das Lehrwerk nehmen leicht ab.

Im Folgejahr 2014 ist darüber hinaus ein geschlechtsspezifischer Unterschied zwischen den Antworten der Jungen und der Mädchen erkennbar:

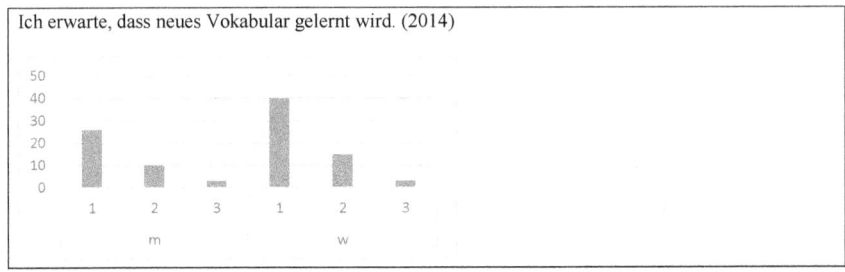

Grammatik und Wortschatzarbeit werden als zentrale Kategorien eingestuft und erhalten konstant hohe Werte.

Die Ergebnisse in Bezug auf andere Bereiche des Französischunterrichts zeigen in 2013 eine andere Erwartungshaltung der Schülerinnen und Schüler:

Ich erwarte, dass Informationen über das Land, seine Geschichte und Bewohner vermittelt werden. (2013)

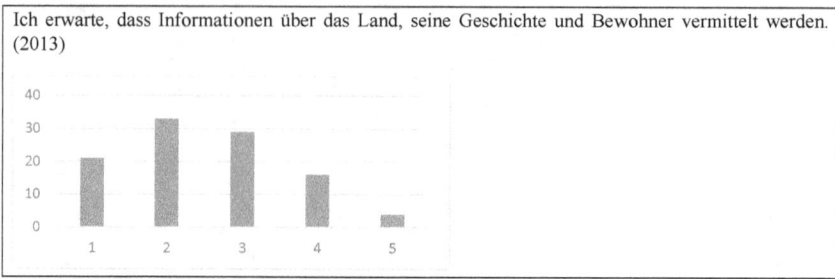

Während der höchste Ausschlag für die Landeskunde bei 2, d.h. „trifft weitgehend zu", liegt, spielten Aspekte interkulturellen Lernens für die Befragten noch weniger eine Rolle:

Ich erwarte, dass Gelegenheiten gegeben werden, über die eigene und die fremde Kultur nachzudenken. (2013)

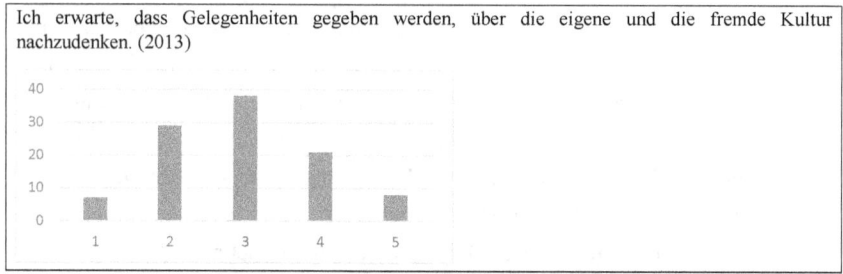

Es zeigen sich somit geringere Erwartungen an Landeskunde und Dimensionen interkulturellen Lernens. Im Folgejahr sinken die Erwartungen an die Vermittlung von Landeskunde noch weiter – jedoch ohne statistisch signifikante Verschiebung (p-value: 0,6227), die Antworten zu interkulturellen Dimensionen bleiben gleich. Vergleichbare Schwerpunkte, wie sie die Schülerinnen und Schüler auf Grammatik und Wortschatz legen, lassen sich somit für landeskundliche oder interkulturelle Dimensionen des Französischunterrichts empirisch nicht bestätigen. Überträgt man dieses Ergebnis auf die Strukturierung der einzelnen Kompetenzbereiche in den Bildungsstandards für den Mittleren Schulabschluss (Kultusministerkonferenz 2003: 8), so wird deutlich, dass die hier Befragten auf die funktionalen kommunikativen Kompetenzen Wert legen, dass interkulturelle Kompetenzen hingegen weniger wichtig erscheinen. Gleiches gilt für methodische Kompetenzen: Auch an die Bereiche Lernstrategien, *language awareness*/Sprachbewusstheit formulieren die Schülerinnen und Schüler geringere Erwartungen.

Lehrwerkrezeption u. Einstellungen zum Französischunterricht: Schülerperspektive 113

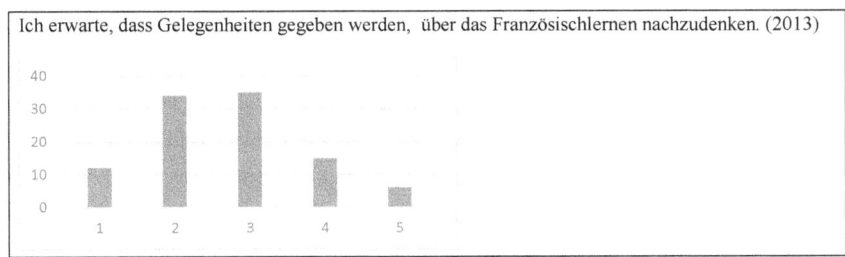

Die Erwartungen in diesem Bereich sinken im Folgejahr weiter. Dies bezieht sich konkret auf Erwartungen an die Einführung von Lerntipps (statistisch signifikante Verschiebung; p-value: 0,0059) und Lernstrategien, an mögliche Gelegenheiten zum Nachdenken über das Französischlernen (statistisch signifikante Verschiebung, p-value: 0,0169) oder über den eigenen Lernprozess.

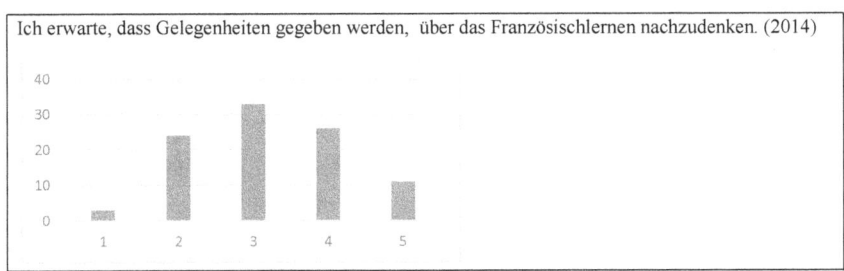

Auch dieser Unterschied zwischen 2013 und 2014 ist statistisch signifikant (p-value: 0,0169).

In einer offen angelegten Frage wurden weitere Einstellungen erhoben. Die hier formulierten Antworten zeigen Erwartungen, die auf das zielen, was die Befragten als nicht eingelöst erachten: eine weniger steile Progression („dass es langsam und gründlich mit Geschichten beigebracht wird"), mehr Verständlichkeit („dass man alles auf Anhieb verstehen kann"; „Aufgabenstellung sollte auf Deutsch sein") und Nutzerfreundlichkeit („es könnte besser und ausführlichere Erklärungen geben"; „dass man Wörter, die man nicht versteht nachschlagen kann"), sowie mehr Unterhaltsamkeit („Buch ist ein bisschen langweilig, wenn man hinschaut sieht man nur Dialoge und Vokabular"; „finde es nicht spannend genug").

2.2 Nutzung des Lehrwerks

Ein weiterer Frageblock zielt auf Selbsteinschätzungen der Schülerinnen und Schüler zu ihrem Nutzungsverhalten der Lehrwerke. Die Ergebnisse zeigen, dass das Französischlehrwerk Basis des Französischunterrichts in der Schule ist und im Grunde in fast jeder Stunde Verwendung findet. Diese Aussagen bestätigen seit langem bestehende fremdsprachendidaktische Diskurse, denen zu Folge das Lehrwerk als „heimlicher Lehrplan" eines lehrwerkbasierten Fremdsprachenunterrichts vor allem in der Spracherwerbsphase der ersten Lernjahre, d.h. in der Sekundarstufe I, dominiert. Im Vergleich dazu wird das Lehrwerk unterwegs (z.B. im Bus, an der Haltestelle) praktisch nicht genutzt, kaum in der Pause genutzt, allerdings zu Hause regelmäßig verwendet.

66 % der Befragten benutzen das Buch in jeder Stunde, die anderen oft. Mädchen benutzten das Französischbuch öfter als Jungen (d.h. Mädchen antworten häufiger: „in jeder Stunde", die Jungen dagegen: „nicht jede Stunde"). Das gleiche Muster lässt sich auch in den Pausen beobachten, obwohl in diesem Fall das Buch wesentlich seltener benutzt wird (Mädchen benutzen das Buch im Allgemeinen oft, Jungen - bis auf einzelne Ausnahmen - nur selten).

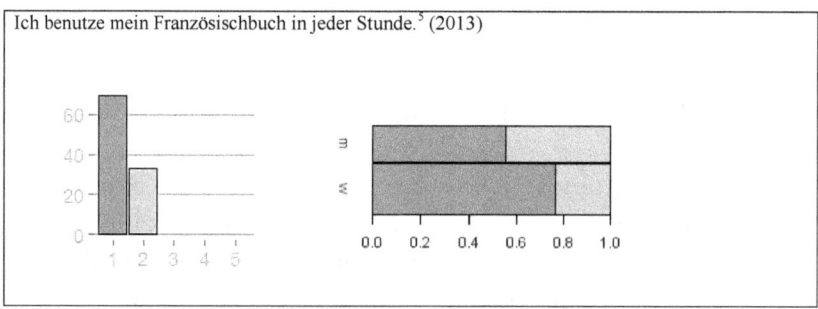

Ich benutze mein Französischbuch in jeder Stunde.[5] (2013)

Die statistischen Ergebnisse der Jahre 2013 und 2014 sind sehr stabil und bestätigen einander. Die folgende Tabelle gibt eine Übersicht über die häufigsten Antworten der Schülerinnen und Schüler in 2014.

---

[5] Markiert wurden alle Jugendlichen, die ihr Buch in jeder Stunde verwenden. Wären die Antworten unabhängig vom Geschlecht, so müssten sich die eingefärbten relativen Häufigkeiten auf einer Höhe befinden, was nicht der Fall ist, somit antworten Mädchen signifikant anders als Jungen.

Wofür verwendest du dein Französischbuch.... (2014)		
Zweck	Zu Hause	Unterwegs
Für Hausaufgaben	60,8 %	2,1 %
Für Vokabeln	43,3 %	7,2 %
Zur Grammatikübung	6,2 %	0,0 %
Zur Klausurvorbereitung	9,3 %	2,1 %
Zum Lernen	17,5 %	3,1 %

Die Aussagen machen deutlich, dass Schülerinnen und Schüler in den Jahrgangsstufen 6, 7 und 8 in der Regel ihre Hausaufgaben tatsächlich machen, und zwar zu Hause und nicht unterwegs, z.B. in einem Schulbus o.ä.; dazu nutzen sie häufig ihr Lehrwerk, das sie auch zum Vokabellernen verwenden. Zur Klausurvorbereitung wird das Lehrwerk allerdings von weniger als 10 % der Schülerschaft herangezogen.

Nachfolgend noch eine Auflistung nach Jahrgangsstufen:

Wofür benutzt du dein Französischbuch... (2014) ...zu Hause?		
Zweck	7. Jahrgangsstufe	8. Jahrgangsstufe
Für Hausaufgaben	66,6 %	53,3 %
Für Vokabeln	31,3 %	57,8 %
Zur Grammatikübung	4,2 %	6,7 %
Zur Klausurvorbereitung	8,3 %	8,9 %
Zum Lernen	18,8 %	15,6 %

Es zeigen sich konstant hohe Werte für die Verwendung des Lehrwerks bei den Hausaufgaben, beim Vokabellernen oder beim Lernen insgesamt. Interessanterweise lassen sich ein Abfall der Prozentzahlen in Bezug auf das Erledigen der Hausaufgaben sowie ein Anstieg der Prozentzahlen zum Vokabellernen feststellen.

Wofür benutzt du dein Französischbuch... ...unterwegs?		
Zweck	7. Jahrgangsstufe	8. Jahrgangsstufe
Für Hausaufgaben	2,0 %	2,2 %
Für Vokabeln	3,9 %	10,9 %
Zur Grammatikübung	0,0 %	0,0 %
Zur Klausurvorbereitung	2,0 %	2,2 %
Zum Lernen	5,9 %	0,0 %

Unterwegs, d.h. auf dem Schulweg o.ä., spielt das Lehrwerk praktisch keine Rolle. Sofern das Lehrwerk unterwegs genutzt wird, werden damit vor allem noch einmal Vokabeln gelernt oder wiederholt, vermutlich zur Vorbereitung auf einen Vokabeltest oder Ähnliches.

Diese Ergebnisse bestätigen die oben gezeigten Erwartungshaltungen der Lerngruppen in ihrem Verhalten: Die Lehrwerke werden vor allem für die Erledigung der gestellten Hausaufgaben genutzt, die weite Bereiche umfassen könnten. Gezielt nutzen die Schülerinnen und Schüler ihr Französischbuch vor allem zum Lernen und Wiederholen der Vokabeln, z.T. für Grammatikarbeit und zur Klausurvorbereitung. Die hier aufgeführten Ergebnisse beinhalten die am meisten angekreuzten Items, jedoch nicht das, was darüber hinaus noch gefragt wurde.

Im Fragebogen für 2013 ergab sich exemplarisch folgendes Bild: Auf die offene Frage, wofür man das Französischbuch denn zu Hause nutze, wurden folgende Antworten gegeben:

- Grammatik (10 mal)
- Vokabeln (32 mal), Vokabeln abschreiben, Vokabeln nachschlagen, Vokabelliste
- Hausaufgaben (34 mal)
- Lernen (11 mal)
- Geschichten lesen, lesen, Texte lesen (4 mal), lesen üben, Dialoge lesen, Geschichten, weiterlesen
- vor Klausur (10 mal), Vokabeltest (2 mal), für Arbeit lernen (2 mal)
- wiederholen (2 mal), noch nicht verstandenen Inhalte wiederholen/ nachlesen
- nachschlagen (2 mal), "das was wir lernen müssen"
- Üben, Vorbereitung auf Klassenarbeit, neues Thema, Nachhilfe

Zudem wurden die Befragten noch aufgefordert darzustellen, mit welchen Personen sie lernen. Das Ergebnis der Tabelle auf der folgenden Seite zu entnehmen.

Lernst du mit anderen? Wenn ja, mit wem?	
Person	Anteil
Freunde	15,5 %
Mitschüler	12,3 %
Familie	27,8 %

In dieser Altersstufe spielt die Familie noch eine recht große Rolle, wobei jedoch die Werte mit zunehmendem Alter sinken:

Person	7. Jahrgangsstufe	8. Jahrgangsstufe
Freunde	15,7 %	15,2 %
Mitschüler	14,6 %	11,1 %
Familie[6]	35,4 %	20,0 %

Zuletzt wurde gefragt, wie die Schülerinnen und Schüler ihr Lernverhalten selbst einschätzen.

Lernverhalten	Anteil
Selbstständig	28,9 %
Vor Klausuren	15,5 %
Mit Hilfe von Abfragen	8,3 %
Mit dem Buch	27,8 %
Ich lerne alleine.	53,6

Weniger als ein Drittel der Befragten schätzt sich als selbstständig lernend ein, wobei letztlich bei einer quantitativ angelegten Befragung unklar bleiben muss, was die Schülerinnen und Schüler tatsächlich unter selbstständigem Lernen verstehen. Das Item „Vor Klausuren" weist auf eine extrinsische Motivation, unter „Abfragen" könnte u.a. das Abfragen von Vokabeln durch die Eltern gefasst sein. Das Item „Ich lerne allein." beinhaltet ebenfalls ein Moment des selbstständigen Lernens, lässt jedoch Aspekte einer intrinsischen oder extrinsischen Motivation offen. Darüber hinaus ist eine signifikante Verschiebung bei diesem Item von 2013 zu 2014 (p-value: 0,025) festzustellen, die deutlich macht, dass die Befragten in der 8. Jahrgangsstufe häufiger allein lernen als in der 7. Jahrgangsstufe.

---

[6] Unter Familie wurden alle Antworten wie „Bruder", „Schwester", „Mutter" etc. zusammengefasst.

Lernverhalten	7. Jahrgangsstufe	8. Jahrgangsstufe
Selbstständig	23,5 %	34,8 %
Vor Klausuren	11,8 %	21,6 %
Mit Hilfe von Abfragen	7,8 %	8,7 %
Mit dem Buch	23,5 %	32,6 %
Ich lerne alleine.	47,1 %	60,9 %

Insgesamt steigen alle Werte von der 7. zur 8. Jahrgangsstufe. In ihrer Selbsteinschätzung lernen die Schülerinnen und Schüler – sei es nun allein, selbstständig, vor Klausuren etc. – mehr bzw. häufiger als im Jahr zuvor.

Symptomatisch und bereits bestehende Ergebnisse noch einmal bestätigend erweisen sich Fragen, die konkrete Umgangsweisen mit dem Französischbuch anvisieren. Während Grammatik und vor allem Vokabellernen in der Wahrnehmung der Lerngruppen einen zentralen Stellenwert einnehmen, sind andere Bereiche des Französischunterrichts bzw. des Umgangs mit einem Lehrwerk kaum beachtet. Symptomatisch ist folgende Antwort:

Wie zutreffend findest du jede Aussage? Kreuze an. (2013)
Außerhalb des Unterrichts nehme ich mein Französischbuch zur Hand, ...
... um darin einfach mal so zu schmökern.

Nur wenige Schülerinnen und Schüler kreuzen an, dass diese Aussage auf sie zutrifft. Das Ergebnis des Folgejahres fällt noch eindeutiger aus und macht im Blick auf die Ablehnung des Schmökerns eine statistisch signifikante Verschiebung deutlich (p-value: 0,002). Ähnlich werden folgende Items beantwortet:

... um mir die Bilder anzuschauen.

... um mich mit etwas zu beschäftigen, das wir noch nicht im Unterricht gelernt haben.

... um die im Buch angegebenen Internetseiten zum Surfen im Internet zu nutzen.

... um etwas herauszufinden, was ich im Französischen noch nicht kenne (z.B. ein neues Wort, eine neue Grammatikregel).
... um mich über Frankreich oder ein anderes französischsprachiges Land zu informieren.
... um die Aufgabenstellungen im Buch zur Arbeit an meinem eigenen Portfolio zu nutzen.
... um die Seiten zu lesen, die wir im Unterricht nicht besprechen.

Diese Antworten sind in 2013 und 2014 konstant und im Wesentlichen unverändert. Aktivitäten, die auf ein genuines Interesse am Französischen oder auf eine intrinsische Motivation schließen lassen, ohne die nächste Überprüfung im Französischunterricht im Blick zu haben, spielen für die hier befragten Lerngruppen keine Rolle.[7]

Gegenteilige Antworten gibt es bei folgender Frage:

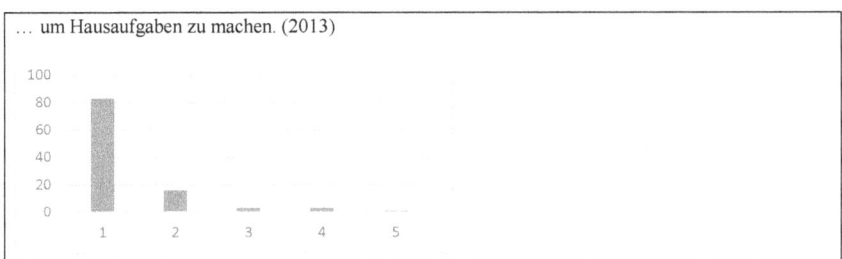

Ähnliche Ergebnisse ergeben sich auch bei folgenden Fragen:
... um das zu tun, was mein Lehrer/meine Lehrerin mir aufgetragen hat.
... um mich auf eine Klassenarbeit oder einen Test vorzubereiten.
... um ein Wort nachzuschlagen.
... um Vokabeln zu lernen.

Im Folgejahr verschieben sich die Antworten zu diesen Items von Antwort 1 (trifft zu) zu Antwort 2 (trifft weitgehend zu), so dass daraus mit steigendem

---

[7] Das Item zur Arbeit am eigenen Portfolio wurde von 43 % der Befragten nicht verstanden. Daraus lässt sich eindeutig schließen, dass die Arbeit mit einem Sprachenportfolio in den vier befragten Lerngruppen noch nicht praktiziert wurde, was die Lehrkräfte im Interview ebenfalls bestätigen. Somit ist das Antwortverhalten der Befragten an dieser Stelle vor diesem Hintergrund erklärlich und nicht auf der gleichen Ebene einzustufen wie die Antworten zu den anderen Items.

Alter der Befragten eine leichte Abnahme im Nutzungsverhalten des Lehrwerks zu den genannten Zielsetzungen zu verzeichnen ist.

Die Antworten auf diese Items bestätigen bereits oben angeführte Antworten der Befragten und ihre eindeutigen Schwerpunkte im Französischunterricht.

Eine wieder andere Antwortkurve ergibt sich bei folgender Aussage:

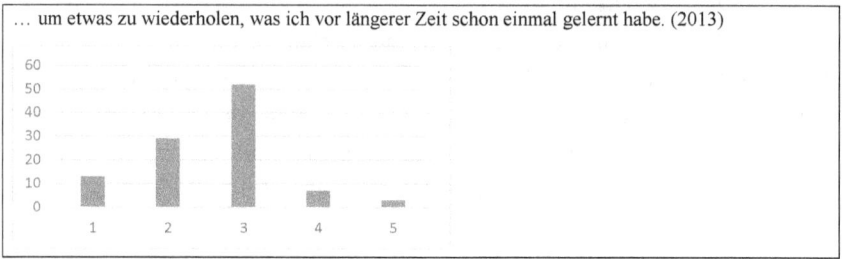

Ähnliche Ergebnisse gibt es bei folgenden Aussagen:

... um zu überprüfen, ob ich den neuen Stoff aus der letzten Stunde verstanden habe.

... um Aufgaben oder Übungen, die im Unterricht durchgeführt worden sind, zu wiederholen.

... um einen Lektionstext zu wiederholen.

... um Strategien zum Lernen einzuüben.

... um Aussprache zu üben und laut zu lesen.

Die ersten der genannten Items – (... um zu überprüfen, ob ich den neuen Stoff aus der letzten Stunde verstanden habe; ... um Aufgaben oder Übungen, die im Unterricht durchgeführt worden sind, zu wiederholen) – führen auch in 2014 zu einem ähnlichen Ergebnis. In Bezug auf die Übung der Aussprache und die Wiederholung eines Lektionstextes verschieben sich die Antworten nach unten.

Insgesamt ergeben sich bei diesen Items im Folgejahr z.T. leichte Verschiebungen der Antworten nach unten oder eine Bestätigung der Aussagen des Vorjahres, d.h. die genannten Aktivitäten wie Wiederholen, Einüben von Strategien oder Üben von Aussprache spielen für die Befragten kaum eine Rolle.

Somit lässt sich hier Folgendes feststellen: Schülerinnen und Schüler nutzen ihr Französischbuch vor allem, um Hausaufgaben zu machen, zur Vorbereitung auf eine Klassenarbeit, um Vokabeln zu lernen und um das zu tun, was ihnen der Lehrer aufgetragen hat oder um ein Wort nachzuschlagen. Weniger häufig wiederholen sie etwas, was sie im Unterricht nicht verstanden haben oder schlagen eine Grammatikregel nach oder üben Lernstrategien ein oder üben ihre Aussprache damit, aber kaum nutzen sie es für länger zurückliegende Wiederholungen, für Wiederholungen einzelner Übungen oder von Lektionstexten, die bereits im Unterricht bearbeitet wurden.

Sie nutzen es nicht für darüber hinausgehende Aktivitäten, wie schmökern oder Bilder anzuschauen oder um sich mit etwas zu beschäftigen, das sie im Unterricht noch nicht gelernt haben. Ebenso suchen sie keine landeskundlichen Informationen in ihrem Französischbuch oder interessieren sich für selbstentdeckendes Lernen. Sie nutzen das Buch nicht als Ausgangspunkt für Surfen im Internet.

Diese Ergebnisse machen sehr deutlich, dass die Kernbereiche des Französischunterrichts aus der Perspektive der Lernenden im Vokabellernen und in der Erarbeitung der Grammatik liegen. Französischlernen erfüllt in dieser Wahrnehmung vor allem den Zweck, schulischen Anforderungen gerecht zu werden und im System zu bestehen, d.h. gute Noten zu erreichen und versetzt zu werden. Bereiche, die eine intrinsische Motivation reflektierten und vertieftes Interesse an der Sprache, an frankophonen Kulturen und Nationen andeuteten, kommen in den ersten Lernjahren des Französischunterrichts kaum zum Tragen. Die Antworten der Schülerinnen und Schüler lassen darüber hinaus keine Rückschlüsse auf Erfahrungen und Erlebnisse eines Schüleraustauschs zu, an dem einige der beteiligten Befragten gerade teilgenommen hatten. Auch dieser Impuls führt in ihren Aussagen zu keinem messbar erhöhten Interesse an Frankreich und seiner Bevölkerung.

Das Französischbuch wird von den Lerngruppen insgesamt eher positiv eingeschätzt: Die Befragten nutzen es in 2013 recht gern und recht intensiv, und finden es recht gut. Der Interessantheitsgrad ist etwas ausgewogener zwischen interessant und wenig interessant eingestuft. Das Buch gilt als hilfreich, wenn auch als optisch wenig ansprechend und als wenig modern bzw. altmodisch. Der Schwierigkeitsgrad wird als angemessen eingestuft. In 2014 verschieben sich zwei dieser Antworten nach unten: So nutzen die Befragten ihr Französischbuch nun weniger gern und finden es eher wenig interessant. Die anderen Items verschieben sich nicht.

2.3 Einstellungen zum Französischlernen

Der letzte Frageblock visiert die Idealvorstellungen der Schülerinnen und Schüler, Ihre Wünsche und Hoffnungen an. Ihre Vorstellungen im Blick auf selbstständiges Lernen fallen eher zustimmend bis gemischt aus. Etliche Antworten fallen in 2013 und 2014 vergleichbar aus, einige Antworten sind leicht verschoben. Mehrheitlich sprechen Sie sich in beiden Jahren dafür aus, das Französischlernen selbst zu planen, etwas weniger deutlich, das Französischlernen selbst zu organisieren.

Auf einer konkreten Ebene allerdings – so die Antworten in 2013 –, wenn es darum geht, Unterrichtsmaterialien auszusuchen, soll das tendenziell eher vom Lehrer übernommen werden. Dieses Ergebnis ist eher ausgewogen bzw. unentschieden. Eindeutig positiv sprechen sich die Schülerinnen und Schüler dafür aus, dass Inhalte des Unterrichts gemeinsam mit der Klasse ausgewählt werden sollten. Ebenso eindeutig wollen sie ihr Lerntempo und ihre Lernwege selbst bestimmen. Wenig eindeutig hingegen ist, dass das Französischbuch es möglich machen sollte, dass Lernende bestimmte Schwerpunkte beim Lernen selbst wählen. Hier kreuzen 50 Schülerinnen und Schüler die Option „weiß nicht" an. Insgesamt sind die Antworten eher wenig eindeutig und z.T. widersprüchlich. So sind etwa 50 % der Befragten der Meinung, dass besser der Lehrer darüber entscheidet, was die Klasse lernen soll.

In 2014 ist in einigen Items eine Verschiebung gegenüber 2013 erkennbar. Viele Entscheidungen werden jedoch in die Hand des Lehrers gelegt, da er am besten wisse und daher für die Lernenden Entscheidungen treffen solle. Tendenziell erscheinen einige Antworten als Votum der Befragten gegen selbstständiges Lernen, so z.B. die Verschiebung gegenüber 2013 im Blick auf gemeinsame Auswahl der Unterrichtsinhalte von Lehrkraft und Lerngruppe, was in 2014 weniger positiv bewertet wird. Dennoch wollen die Lernenden ihr Lerntempo eindeutig selbst bestimmen, jedoch weniger eindeutig ihre Lernwege. Nach wie vor uneindeutig ist, dass das Französischbuch es möglich machen sollte, dass Schülerinnen und Schüler bestimmte Schwerpunkte beim Lernen selbst wählen. Hier kreuzen in 2014 viel weniger Lernende die Option „weiß nicht" an. Insgesamt sind die Antworten eher uneindeutig und z.T. wider-

sprüchlich. So sind in 2014 mehr Schülerinnen und Schüler als im Vorjahr der Meinung, dass besser die Lehrkraft darüber entscheidet, was sie lernen sollen.
Hier nun die Ergebnisse im Einzelnen:

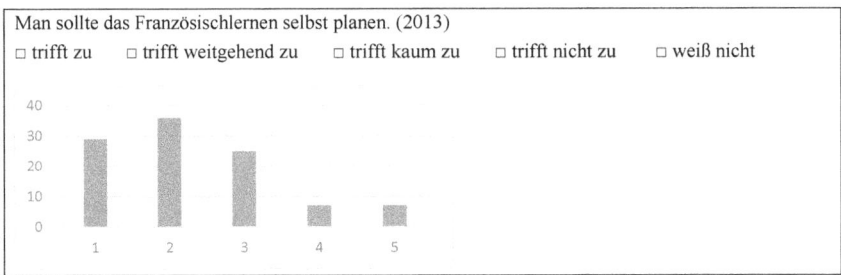

Man sollte das Französischlernen selbst planen. (2013)
□ trifft zu   □ trifft weitgehend zu   □ trifft kaum zu   □ trifft nicht zu   □ weiß nicht

Ähnliche Ergebnisse ergeben sich in 2013 für folgende Items:
Man sollte das Französischlernen selbst organisieren.
Es ist wichtig, dass die Schüler/innen selbst ihre Fortschritte überwachen können.
Es ist wichtig, gemeinsam mit Eltern und Geschwistern außerhalb der Schule Französisch zu lernen.

Lediglich dieses letzte Item weist in 2014 eine Verschiebung nach unten von Antwort 2 („trifft weitgehend zu") zu Antwort 3 („trifft kaum zu") auf. Die anderen Antworten sind im Wesentlichen unverändert.

Eine andere Antwortkurve ergibt sich für folgende Items:

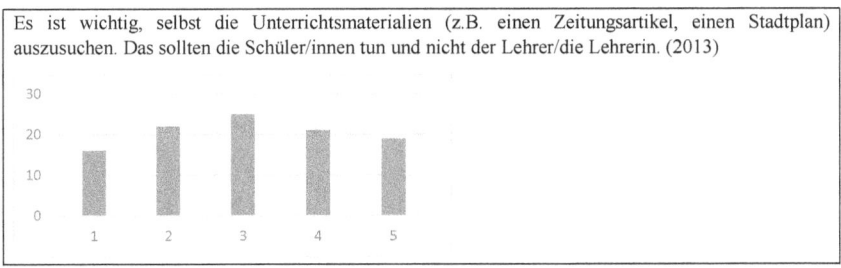

Es ist wichtig, selbst die Unterrichtsmaterialien (z.B. einen Zeitungsartikel, einen Stadtplan) auszusuchen. Das sollten die Schüler/innen tun und nicht der Lehrer/die Lehrerin. (2013)

Wenn sich hier auch eine spezifische Antwortkurve ergibt, so sind die Antworten dennoch vergleichsweise ausgewogen. Daraus lässt sich auf ein relativ hohes Maß an Ausgewogenheit schließen. Eine eindeutige Mehrheit pro oder contra ist nicht auszumachen. Im Folgejahr ergibt sich eine vergleichbare Antwortkurve, jedoch mit deutlicherem Fokus auf Antwort 3 (trifft kaum zu).

Einen klaren Widerspruch ergibt der direkte Vergleich der beiden folgenden Items:

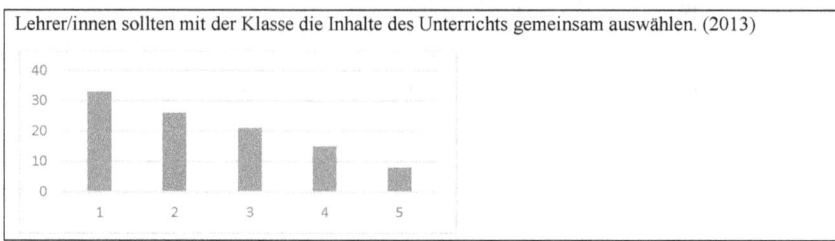
Lehrer/innen sollten mit der Klasse die Inhalte des Unterrichts gemeinsam auswählen. (2013)

Dieses Votum für einen partnerschaftlichen Umgang zwischen Lehrenden und Lernenden wird in der folgenden Antwort konterkariert:

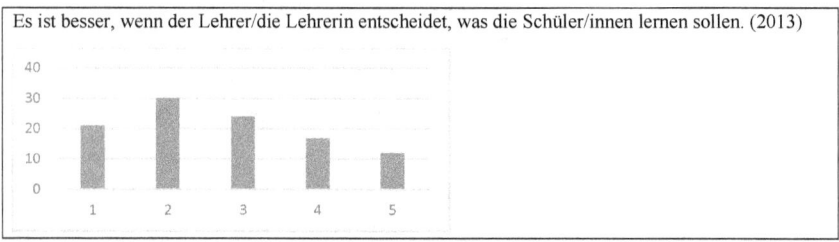
Es ist besser, wenn der Lehrer/die Lehrerin entscheidet, was die Schüler/innen lernen sollen. (2013)

Wenn auch beide Antwortkurven nicht ganz identisch sind, so finden beide Items mehrheitlich Zustimmung, obwohl sie sich inhaltlich widersprechen. Darin sehe ich ein hohes Maß an Unentschiedenheit im Blick auf die Frage nach der Selbstständigkeit der Lernenden. Auch im Folgejahr ergeben sich für beide Items vergleichbare Antwortkurven.

Diese Unentschiedenheit bestätigt sich durch das nächste Item, das immerhin 50 Befragte mit „weiß nicht" beantworten.

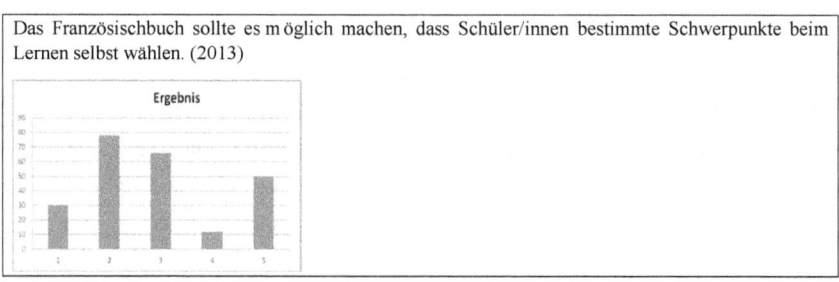
Das Französischbuch sollte es möglich machen, dass Schüler/innen bestimmte Schwerpunkte beim Lernen selbst wählen. (2013)

Eine ähnliche Unentschlossenheit ergibt sich in 2013 und 2014 für Folgendes:
Lernstrategien helfen, besser, schneller und effektiver zu lernen.
Der Lehrer/die Lehrerin sollte sie immer vermitteln.
Die Schüler/innen sollten über ihre einzelnen Schritte beim Französischlernen nachdenken.
Die Fragen zur Relevanz von Lernstrategien und Lernbewusstsein werden in 2013 tendenziell positiv bis gemischt beantwortet. Schülerinnen und Schüler sind der gleichen Meinung, dass sie über ihre einzelnen Schritte beim Französischlernen nachdenken sollten und dass der Lehrer wohl eher nicht am besten weiß, wie man Französisch lernt und daher nicht für die Schülerinnen und Schüler entscheiden sollte. Eindeutig ist allerdings das Votum für die eigenständige Steuerung der Motivation durch die Lernenden. Mehrheitlich finden die Schülerinnen und Schüler es wichtig, ihre Fortschritte selbst zu überwachen. Sie finden es insgesamt wichtig, über das Ziel einer Aufgabe oder einer Übung nachzudenken oder auch gemeinsam mit Eltern und Geschwistern außerhalb der Schule Französisch zu lernen. Die hier genannten einander widersprechenden Antworten führen im Folgejahr tendenziell zu mehr Entschiedenheit. So verschiebt sich die Zustimmung der Befragten in 2013 zu folgender Aussage im Folgejahr deutlich nach unten:

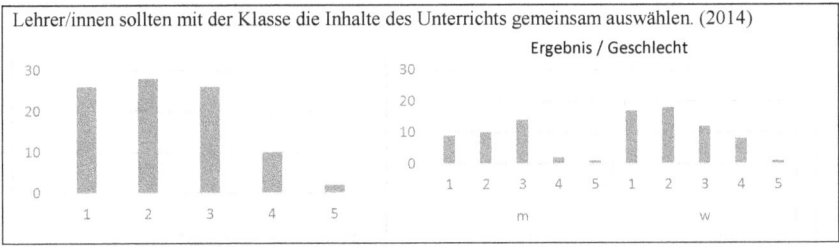

Antwort 3 („trifft kaum zu") wird deutlich häufiger angekreuzt als noch im Vorjahr. Zudem wird ein geschlechtsspezifisches Antwortverhalten sichtbar.

Das folgende Item hingegen weist vergleichbare Ergebnisse zum Vorjahr auf:

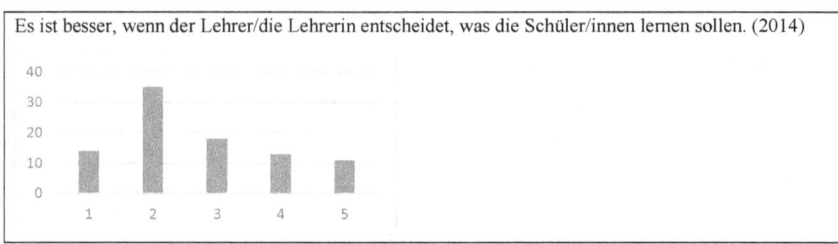

Insgesamt werden die Fragen zur Relevanz von Lernstrategien und Lernbewusstsein in 2014 gemischt und mit etlichen Widersprüchen beantwortet. Der Vergleich zwischen den Antworten macht deutlich, dass die Befragten in 2014 tendenziell eher gegen Dimensionen selbstständigen Lernens votieren. Die Verschiebungen zwischen den Antworten bedeuten somit eher eine Abkehr von Dimensionen selbstständigen Lernens. Einige Items zu einzelnen Facetten wie das eigenständige Planen des Französischlernens finden Zustimmung bei den Befragten, etliche andere Items hingegen werden vermehrt abgelehnt und die Verantwortung für Lernprozesse wird mehrheitlich der Lehrkraft übertragen. Auch die abschließende offene Frage bestätigt die in den geschlossenen Fragen erhobenen Ergebnisse. Die Antworten der Befragten sind im Folgenden kodiert und nach Stichworten strukturiert dargestellt:

Zum Schluss möchten wir wissen, wie du dein Französischlernen planst, organisiert und durchführst. (Du musst hier nicht alle Fragen genau beantworten, sondern nur das, was dir spontan dazu einfällt.) (2013)	
Auf welche Art und Weise lernst du Französisch? Inwieweit tust du das allein oder mit Hilfe deiner Eltern, Lehrer/innen, Geschwister und Freunde? Wie selbstständig arbeitest und lernst du? Inwieweit entscheidest du selbst, wie, wann und was du lernst?	
46 x „lernt (meist) allein"	10 x „Grammatik"
3 x „nicht allein"	24 x selbstständig
59 x Vok(abeln)	5 x nicht selbstständig
10 x „vor / für Klausur"	19 x „„Wh" ; 1 x Wiederholung
17 x „vor/für Arbeit"	2 x Spaß

Während in 2013 vor allem Aktivitäten zur Nutzung des Lehrwerks in den Antworten dominieren, beschreiben die Befragten im Folgejahr eher *wie* sie lernen:

Die Befragten lernen überwiegend allein und entscheiden, wann und wie sie lernen, d.h. meist gezielt vor einer Klassenarbeit. Vereinzelt lernen sie mit ihrer Mutter, z.T. auch mit Aufgaben aus dem Internet. Vereinzelt findet auch die Nachhilfe Erwähnung. Wenn Inhalte erwähnt werden, dann handelt es sich um

Vokabeln oder Grammatik. Das Votum für selbstständiges Lernen (allein, wann ich will, wie ich will) fällt anders als in den geschlossenen Fragen eindeutig aus. Die Selbstbeschreibungen widersprechen z.T. deutlich den Einzelergebnissen der Items oben, was die folgenden Beispiele exemplarisch sichtbar machen.

In Jahrgangsstufe 8 werden u.a. folgende Kommentare formuliert, die z.T. fehlerhafte Schreibweise der Befragten wird hier unverändert übernommen. Die folgenden Beispiele eröffnen einen Einblick in das Spektrum der Antworten und stellen somit keine repräsentative und noch weniger zu verallgemeinernde Auswahl dar:

„Ich lerne mit dem Buch, dem Grammatikheft und dem Internet. Ich lerne allein. Ich arbeite nach einem kleinen Schubser meiner Eltern dann aber zügig. Ich lerne 1-2 mal einfach so in der Woche und immer 7 Tage vor einer Arbeit." (Nr. 7)

„Ich lerne allein oder hab Nachhilfe. Ich arbeite immer selbstständig und lerne auch immer selbstständig. Ich entscheide wann wie und was ich lerne; ich organisiere es selber." (Nr. 12)

„Ich lerne meisten mit dem Buch oder dem Heft. Ich lerne meistens allein manchmal aber auch mit Mitschülern oder meiner Mutter. Ich lerne selbstständig. Ich lerne nur vor Arbeiten oder Tests." (Nr. 20)

„Ich lerne nicht lange aber krieg es trotzdem hin. Früher hat mir meine Mutter und meine Schwester geholfen, jetzt mache ich aber alles alleine. Meistens gehe ich nur kurz alles durch und das reicht mir dann." (Nr. 22)

Einzelne Befragte der Jahrgangsstufe 7 schreiben Folgendes:

„Ich lerne oft Französisch Vokabeln schriftlich. Aufgaben mach ich meistens im Kopf es sei den wir schreiben bald eine Arbeit. Wenn wir bald eine Arbeit schreiben gucke ich im Inhaltsverzeichnis oder Blätter im Buch bis ich eine gute Aufgabe finde. Ich lerne meistens alleine, sehr selten mit Freunden. Ich entscheide selbst wie ich lerne es sei denn die Lehrerin hat einen Lernplan oder irgendwelche Aufgaben." (Nr. 26)

„Also ich lerne indem ich mir angucke welche Aufgaben wir im Buch gemacht haben oder mache Sachen mache ich im Internet also Aufgaben. Ich lerne meistens alleine." (Nr. 29)

„Wenn ich lerne tue ich das alleine dann ist es für mich am effektivsten. Ich lerne indem ich mir alles so oft aufschreibe und durchlese bis es drin ist → das kann dann schonmal dauern. Das mit dem Alleine lernen mach ich schon seit der

1. Klasse so, ich wollte einfach selbständig sein. Wenn ich will dann frag ich meine Eltern manchmal ob sie mich Vokabeln abfragen aber mehr meistens nicht. Wenn ich mit Freunden lerne kommt bei mir da nicht's raus, dann bin ich genauso schlau wie am Anfang. Mit dem Lernen fange ich meisten ungefähr 4 Tage vor der Arbeit an, aber meistens nehme ich zum Lernen meine eigenen Materialien, d.h. was ich aufgeschrieben habe nicht das aus dem Buch. Eigentlich benutze ich das Französischbuch nur für Hausaufgaben und Vokabeln." (Nr. 31)

Diese Äußerungen lassen den Schluss zu, dass selbstständiges Lernen bei den Schülerinnen und Schülern mit Heimarbeit konnotiert ist und nicht auf Lernprozesse im Unterricht selbst bezogen wird.

2.4 Zusammenfassung

Die hier angeführten Ergebnisse eröffnen ein differenziertes Bild auf Einstellungen der Befragten zum Französischlernen insgesamt, zu ihrem Französischunterricht im Besonderen, zu Umgangsweisen mit dem Lehrwerk, zur Nutzung des Lehrwerks sowie zu Erwartungen an das Lehrwerk.

Die Ergebnisse der ersten schriftlichen Befragung in 2013 machen die Grundhaltung der Jugendlichen deutlich: 43 % der Schülerinnen und Schüler schmökern überhaupt nicht in ihrem Französischbuch. Mädchen schmökern lieber als Jungen, Sechstklässler lieber als Siebtklässler. Nur die wenigsten Jugendlichen nehmen sich außerhalb des Unterrichts Zeit, um Bilder im Buch anzusehen (in der 7. Jahrgangsstufe etwas weniger, als in der 6.). 47 % machen das überhaupt nicht, weitere 38 % nur selten. Auch wird das Buch weder zur Wiederholung, noch aus eigener Initiative (Interesse über den Unterricht hinaus) gern benutzt.

Die Lehrkräfte haben einen großen Anteil daran, wie lang sich die Schülerinnen und Schüler mit dem Französischbuch auseinander setzen. Das heißt, dass die Jugendlichen das Buch vorwiegend nutzen, um Hausaufgaben zu machen (95 % mit Antwort 1 und 2), Vokabeln zu lernen (97 % mit Antwort 1 und 2), Grammatikregeln oder Vokabeln nachzuschlagen (77 % mit Antwort 1 und 2, v.a. Mädchen aus der 7. Klasse), um sich damit auf Prüfungen vorzubereiten (96 % mit Antwort 1 und 2) oder wenn der Lehrer (95 % mit Antwort 1 und 2) explizite Aufträge im Zusammenhang mit dem Buch gibt (keine Antwort „trifft nicht zu" bei diesen Fragen). Gerade die Hälfte der

Schülerinnen und Schüler benutzt das Buch, um laut zu lesen bzw. ihre Aussprache zu verbessern. Noch weniger, um bestimmte Strategien zum Lernen einzuüben. Für die Prüfungsvorbereitung wird das Buch von allen Befragten benutzt, wobei die Mädchen auch hier konsequenter sind („trifft zu"). Ein einziger mittelmäßiger Schüler (Note: 3,5; ID: 76) aus der 6. Klasse benutzt es nicht für alle Prüfungen („trifft kaum zu") und verwendet es auch ansonsten nicht so gern. Die Klasse von Herrn Schackert beschäftigt sich am wenigsten in ihrer Freizeit (freiwillig) mit dem Französischbuch, so dass auch hier das Buch eher zur Wiederholung und für Arbeitsaufträge verwendet wird.

In den Antworten zum Wiederholen mit dem Französischbuch wird Folgendes erkennbar: Lektionstexte werden von 63 % der Schülerinnen und Schüler und im Unterricht behandelte Aufgaben/Übungen werden von 84 % der Lernenden selten bis gar nicht wiederholt. Zur Wiederholung (von bereits Gelerntem oder zur Überprüfung des Verständnisses aus der letzten Stunde) verwenden 57 % der Befragten das Buch selten.

Interessanterweise sind unter denjenigen, die das Buch zur Wiederholung von Gelerntem oft verwenden, mehr Jungen als Mädchen. Etwas häufiger verwenden beide Geschlechter (hier wieder Mädchen etwas häufiger als Jungen) das Buch zur Wiederholung, falls etwas nicht verstanden wurde. Auch wird das Buch von den meisten Lernenden (80 % selten bis gar nicht) ungern zum Nachlesen von Themen verwendet, die im Unterricht noch nicht behandelt wurden. Dasselbe gilt in Bezug auf die Themen „Informationen über Frankreich" (87 % selten bis gar nicht) und „Surfen auf den im Buch angegebenen Internetseiten".

Im Unterricht wird das Buch grundsätzlich verwendet, wobei Mädchen es öfter benutzen als die Jungen. Zuhause benutzen 85 % der Schülerinnen und Schüler das Französischbuch regelmäßig. In den Freistunden und in den Pausen wird es eher selten verwendet. 44 % verwenden es während der Pause überhaupt nicht. Unterwegs (Bus, Haltestelle) benutzen 14 % der Schülerinnen und Schüler das Französischbuch nur in Ausnahmefällen und 82 % nie. 19 % benutzten das Buch des Öfteren sowohl alleine als auch mit anderen. Mädchen benutzen ihr Französischbuch in der Regel lieber und intensiver als Jungen.

Das Französischbuch dient grundsätzlich als Pflichtlektüre, Nachschlagewerk für Grammatik sowie Vokabeln und zur Prüfungsvorbereitung. Die jeweilige

Lehrkraft hat einen großen Einfluss darauf, wie intensiv und lange sich die Schülerinnen und Schüler mit dem Buch beschäftigen, da Arbeitsaufträge im Buch und Anweisungen der Lehrkräfte im Allgemeinen von den Lernenden umgesetzt werden. Weniger wird das Buch dagegen für freiwilliges bzw. eigenständiges Lesen verwendet. Auch wird es nur ungern benutzt, um Lernstrategien einzuüben, um Gelerntes und nicht Verstandenes zu wiederholen und um einfach zu schmökern, darin zu blättern bzw. Bilder anzuschauen.

Viele der Ergebnisse werden im Folgejahr bestätigt, einige Antworten machen jedoch Verschiebungen deutlich. Diese Verschiebungen zeigen auf, dass die Motivation der Lernenden und ihre Bereitschaft zum Französischlernen insgesamt sinkt, dass ältere Schülerinnen und Schüler zunehmend selbstständig und ohne Unterstützung und Nachdruck der Eltern Französisch lernen, Hausaufgaben machen und sich auf Prüfungen vorbereiten. In den einzelnen Items, die insbesondere Einstellungen zum selbstständigen Lernen evaluieren, wird erkennbar, dass sich mehr und mehr die Ablehnung selbstständigen Lernens durchsetzt und die Strukturierung von Lernprozessen innerhalb des Unterrichtsgeschehens in die Verantwortung der Lehrkraft übertragen wird.

3. Auswertung der sozialstatistischen Angaben des Fragebogens 2013

Neben der inhaltlichen Auswertung der einzelnen Frageimpulse wurden die sozialstatistischen Angaben in Bezug auf statistisch belegbare Zusammenhänge analysiert, um die Auswertung der bislang genannten Ergebnisse zu ergänzen. Aus den sozialstatistischen Angaben zu Beginn des Fragebogens lassen sich verschiedene Schlussfolgerungen ziehen.

3.1 Notengebung

Grundsätzlich ist der Zusammenhang der Noten wie erwartet linear, jedoch mit einer relativ großen Variabilität. Leistungsstarke Lernende in Englisch weisen auch in Französisch gute Leistungen auf, doch gibt es auch Schülerinnen und Schüler mit der Note 4 in Englisch, die in Französisch die Note 2 erreichen. Die leistungsschwachen Englisch- und zugleich leistungsstarken Französisch-Lernenden befinden sich in der 6. Klasse, somit am Anfang des Französischunterrichts.

Lehrwerkrezeption u. Einstellungen zum Französischunterricht: Schülerperspektive 131

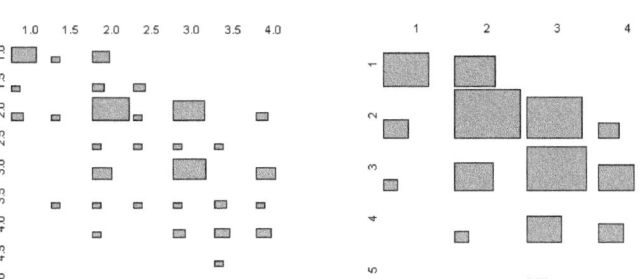

Abbildung: Fluktuationsdiagramme aus der Studie 2013. Auf der vertikalen Achse sind die Französischnoten, auf der horizontalen die Englischnoten aufgeführt. Die Flächengröße der Rechtecke ist dabei direkt proportional zu der Häufigkeit der Notenkombination. Im rechten Diagramm wird von einer optimistischen Notenverteilung ausgegangen (Schülerinnen und Schüler, die zwischen zwei Noten stehen bekommen in der Regel die bessere Note).

Im Allgemeinen sind die Noten in der 6. Klasse wie zu erwarten besser als in der 7. Klasse. Eine selektierte Glättung nach Geschlecht führt zu einem fast identischen Ergebnis, so dass hier kein Hinweis auf geschlechtsspezifische Effekte vorliegt.

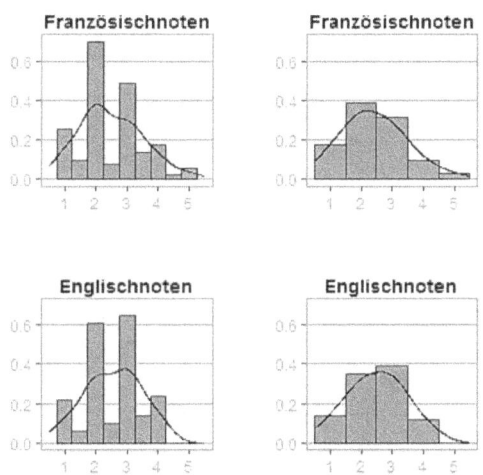

Abbildung: Französisch- und Englisch-Notenverteilung aus der Studie 2013. Links jeweils Histogramme mit Binbreite h = 0.5 und rechts mit h = 1 inkl. Dichteschätzung.

Bei der Untersuchung der Notenverteilung in der oberen Abbildung fällt auf, dass die Schülerinnen und Schüler im Französischunterricht mehr gute als schlechte Noten bekommen. Bei optimistischer Notenverteilung entsteht somit eine leicht rechtsschiefe Verteilung. Im Vergleich dazu tendieren die Englischnoten etwas mehr zu einer symmetrischen Verteilung. Zu beachten ist dabei, dass im Englischunterricht weder in der 6. noch in der 7. Klasse eine Schülerin bzw. Schüler als mangelhaft und demnach mit der Note 5 bewertet wurde. Der Modus (häufigster Wert) liegt im Französischunterricht bei 2, im Englischunterricht bei 3 (leicht über der 2).

Die Vermutung liegt nahe, dass die vergleichsweise positivere Notenverteilung in Französisch gegenüber Englisch u.a. damit zu tun haben könnte, dass im ersten Lernjahr bessere Noten vergeben werden als in den Folgejahren, um die Motivation der Lernenden und ihre Einstellungen zum neuen Fach zu fördern.

Die Analyse der Notengebung im Blick auf geschlechtsspezifische Dimensionen ergibt Folgendes:

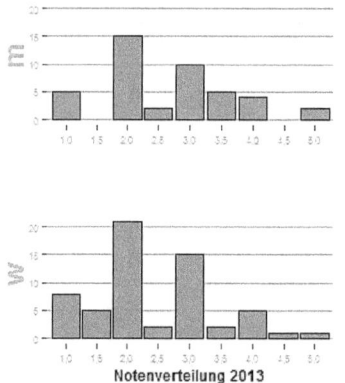

Eine Berechnung ergibt die nachstehenden Mittelwerte:

$\mu_m = 2{,}6$

$\mu_w = 2{,}4$

wobei μ_m dem Notendurchschnitt der männlichen und μ_w dem der weiblichen Schüler entspricht.

Der Modus liegt in beiden Fällen bei 2.

Abbildung: Barcharts der geschlechtsspezifischen Notenverteilung aus der Studie 2013.

Der Unterschied der Mittelwerte wurde einem t-Test unterzogen, um zu überprüfen, ob die Noten der Mädchen signifikant besser als die der Jungen sind. Der t-Test ergab, dass dies nicht der Fall ist. Unterschiede machen sich jedoch in den Randnoten bemerkbar. Im Notenspektrum 1 und 2 sind v.a. die

Mädchen vertreten, die Note 5 wird zu zwei Dritteln von den Jungen dominiert. Jedoch gibt es in diesem Fall nur drei Schüler mit der Note 5 und ganze 18 mit der Note 1.

Darüber hinaus wurde auch die Frage nach einem jahrgangsspezifischen Unterschied in der Notengebung untersucht.

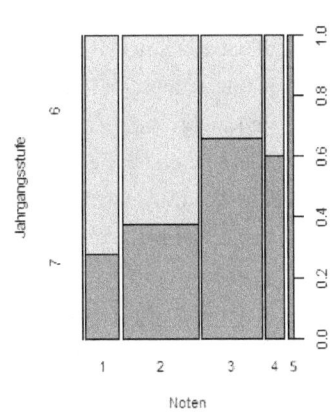

Dem Spineplot nach sind die Französischnoten abhängig von der Jahrgangsstufe. Im Falle der Unabhängigkeit wären die markierten Bereiche, die den relativen Anteilen jeder Gruppe entsprechen, auf gleicher Höhe.

Abbildung: Spineplot inkl. Highlighting nach der 7. Klasse aus der Studie 2013.

Der obigen Abbildung kann entnommen werden, dass in der 7. Klasse weniger gute und mehr schlechte Noten als in der 6. Klasse vergeben wurden. Die Note 5 war nur in der 7. Klasse aufzufinden, nicht hingegen in der 6. Klasse.

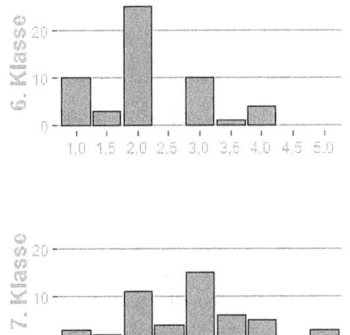

Eine nähere Untersuchung führt zu nachstehenden Mittelwerten und Modi:

$\mu_6 = 2{,}1$ mit Modus bei 2

$\mu_7 = 2{,}9$ mit Modus bei 3

wobei μ_6 dem Notendurchschnitt der 6. Klasse und μ_7 dem der 7. Klasse entspricht.

Abbildung: Barcharts der jahrgangsstufenspezifischen Notenverteilung aus der Studie 2013.

Ein t-Test ergab, dass die Schülerinnen und Schüler in der 7. Klasse signifikant schlechtere Noten als die Schülerinnen und Schüler in der 6. Klasse haben. Dieser Test bestätigt somit die Schlussfolgerung der letzten beiden Abbildungen. Der Modus verschiebt sich von der 6. zur 7. Klasse um eine Notenstufe. Somit ist die Französischnote abhängig von der Jahrgangsstufe, was mit zunehmendem Schwierigkeitsgrad und mit einem Abfall der Motivation zwischen den beiden Jahrgangsstufen begründet werden kann.

Darüber hinaus wurde auch eine lehrerspezifische Dimension in der Notengebung untersucht. In der Lerngruppe von Frau Krauss befinden sich insgesamt 24 Schülerinnen und Schüler, Frau Czajkowski betreut 29, Frau Teichmann-Huber 28 und Herr Schackert 23 Lernende. Die ersten beiden Lehrkräfte betreuen die 6. Klassen, die letzteren die 7. Klassen. Der Unterschied der Notenvergabe der vier Lehrkräfte scheint hinsichtlich der beiden nachstehenden Abbildungen auf den ersten Blick verschieden. Wird jedoch die Trennung nach der 6. und 7. Jahrgangsstufe berücksichtigt, besteht bei den Mittelwerten der Noten kein signifikanter Unterschied zwischen Frau Krauss und Frau Czajkowski sowie Frau Teichmann-Huber und Herr Schackert.

Beobachtbar ist jedoch eine geringe Variabilität der Noten in der Klasse von Frau Krauss. Trotz ähnlicher Notenstruktur, gibt es jedoch quantitative Unterschiede zu Frau Czajkowski (siehe die Tabellen auf S. 133). 54 % der Lernenden bei Frau Krauss erhielten die Note 2, wobei die 5 schlechtesten Schülerinnen und Schüler eine 3 bekommen haben. Frau Czajkowski vergab die Note 2 in lediglich 38 % der Fälle, und an vier Lernende sogar die Note 4. Herr Schackert vergibt, mit einer Ausnahme, eher Noten im mittleren Bereich. Die Noten von Frau Teichmann-Huber sind dagegen gleichmäßiger über die gesamte Notenspanne verteilt. Sie ist die einzige Lehrkraft, die die Note 5 vergeben hatte.[8]

---

[8] Mit dieser Analyse wird ein Vergleich der Notengebungen zwischen den Lehrkräften verfolgt. Diese quantitativ-empirische Perspektive ist jedoch um die individuelle Perspektive der einzelnen Lehrenden zu ergänzen, die in den Lehrerinterviews deutlich wird. Deren Binnenperspektive zur Notengebung wird an verschiedenen Stellen sichtbar.

So entwickelt Frau Czajkowski im Interview einen Zusammenhang zwischen Noten, Kompetenzen und individueller Schülerpersönlichkeit. Sie unterstreicht ihren Eindruck, dass einige der Lernenden gerade im Anfangsunterricht Französisch eine enge Strukturierung und Überprüfung im Unterricht brauchen (siehe S. 65 in diesem Band)

Lehrwerkrezeption u. Einstellungen zum Französischunterricht: Schülerperspektive 135

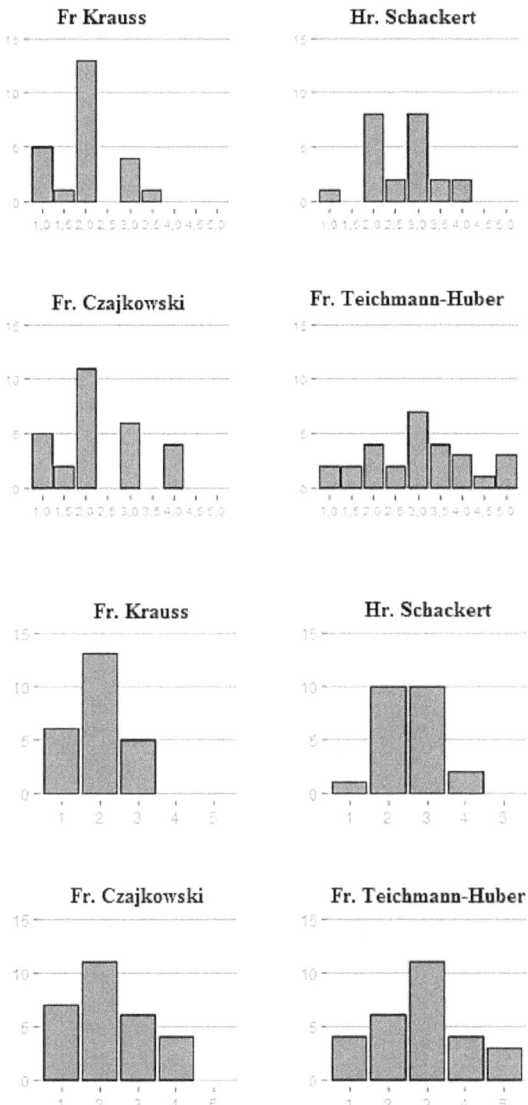

Abbildung: Barcharts der Französischnoten in Abhängigkeit der Lehrkraft in 0,5-Schritten oben und 1-Schritten unten (optimistische Notenverteilung) aus der Studie 2013.

Die beiden Barcharts machen die jeweilige Notengebung in den vier Lerngruppen deutlich. Die Noten können nicht nur als Aussage über die Schülerleistungen in den einzelnen Lerngruppen gelesen werden, sondern beinhalten auch Informationen darüber, welche Noten die vier befragten Lehrkräfte bevorzugt verteilen.

Mit einem t-Test wurde überprüft, ob ein signifikanter Unterschied zwischen den Lehrkräften (der 6. bzw. 7. Klassen) besteht. Dazu wurden folgende Mittelwerte ermittelt:

$\mu_{Krauss} = 2{,}0$ $\qquad$ $\mu_{Schackert} = 2{,}74$

$\mu_{Czajkowski} = 2{,}29$ $\qquad$ $\mu_{Teichmann\text{-}Huber} = 3{,}02$

Durch Vergleich dieser Notendurchschnitte konnte kein signifikanter Unterschied zwischen Frau Krauss und Frau Czajkowski sowie Frau Teichmann-Huber und Herrn Schackert festgestellt werden. Somit sind die Noten nicht abhängig von der jeweiligen Lehrkraft. Da die Noten abhängig von der Jahrgangsstufe sind, wurde an dieser Stelle auf einen Test zwischen den Lehrkräften der 6. und 7. Klassen verzichtet.

Eine weitere Untersuchung gilt der herkunftsspezifischen Dimension der Noten. Der Anteil der Schülerinnen und Schüler mit Migrationshintergrund beträgt insgesamt 25 %, d.h. im Einzelnen bei den Jungen 27,3 % und bei den Mädchen 23,3 %. In der 6. Klasse gibt es 29,6 % und in der 7. Klasse 20 % Schülerinnen und Schülern mit Migrationshintergrund.

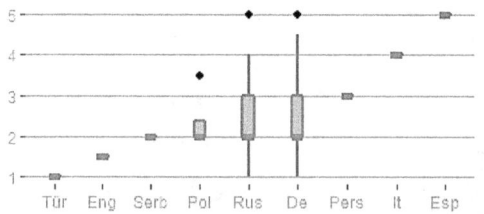

Die Punkte innerhalb der einzelnen Boxplots repräsentieren Ausreißer, die Balken den dazugehörenden Median.

Abbildung: Boxplots der Französischnoten in Abhängigkeit der Zweitsprache.

Aufgrund vereinzelter Jugendlicher mit Migrationshintergrund sind die Daten nur teilweise repräsentativ. Deshalb wurden für die Interpretation logische

Cluster betrachtet. So wurden zwei russischsprachige Jugendliche aus der Ukraine und Usbekistan zu den russischen Kindern hinzugenommen. Diese Gruppe ist, wie in den obigen Boxplots zu sehen, auf dem Niveau der deutschsprachigen Jugendlichen. Die 78 Kinder ohne Migrationshintergrund bzw. Zweitsprache weisen eine größere Variabilität in den Noten auf, was jedoch auf die Gruppengröße (75 % aller Jugendlichen) zurückzuführen ist und als normale Entwicklung bezeichnet werden darf. Kaum Variabilität weisen die drei polnischen Jugendlichen auf. Alle drei liegen im Bereich der Note 2 bei verschiedenen Lehrkräften (Frau Krauss und Frau Czajkowski). Unter Berücksichtigung des polnisch-tschechischen Jugendlichen, der diesem Cluster hinzugefügt worden war und einen Ausreißer dieser Gruppe bildet, verschlechtert sich die durchschnittliche Note der polnischsprachigen Jugendlichen nicht wesentlich.

Ein weiterer konkreter Zusammenhang kann hier aufgrund geringer Stichprobe der mehrsprachigen Jugendlichen nicht gezogen werden. Bei einer groben Einteilung in zwei Gruppen, nur deutschsprachig und mehrsprachig, sind die Mittelwerte der beiden Cluster ($\mu_{De} = \mu_{Migration} = 2.5$) sogar identisch. Somit gibt es auch in diesem Bereich keinen signifikanten Unterschied.

Insgesamt lassen sich jahrgangsspezifische signifikante Unterschiede zwischen den Klassen 6 und 7 hinsichtlich der Notengebung feststellen: Die Noten in Klasse 7 fallen demnach schlechter aus als in Klasse 6. Signifikante Unterschiede in Bezug auf geschlechts- oder herkunftsspezifische Aspekte oder in Bezug auf die einzelnen Lehrkräfte gibt es nicht.

3.2 Antwortverhalten

Insgesamt konnte bei der Überprüfung der Daten kein systematisches bzw. sinnloses Antworten der Jugendlichen festgestellt werden. Jedoch treten einige wenige Inkonsistenzen in den Antworten auf, insbesondere auf die Frage: „Was erwartest du von deinem Französischbuch?". Hier werden zum Teil widersprüchliche Antworten gegeben, so u.a.: „Es soll Grammatik vermitteln" und „Ich erwarte nichts". Infolgedessen wird die Antwort „Ich habe keine Erwartungen" in der Auswertung ignoriert.

Da die Kinder aus der 6. Jahrgangsstufe keine Freistunden haben, wird die Frage bezüglich der Benutzung des Buchs in den Freistunden ebenfalls nicht beachtet. Ansonsten konnte keine signifikanten Unterschiede (z.B. im Antwortverhalten zwischen leistungsstarken Schülerinnen und Schüler einerseits und leistungsschwachen andererseits) festgestellt werden.

Auffallend ist, dass die Schülerinnen und Schüler in der Lerngruppe von Frau Czajkowski sehr viele fehlende Werte (d.h. nicht beantwortete Fragen), die Schülerinnen und Schüler von Frau Krauss weniger unbeantwortete Fragen aufweisen. In der Lerngruppe von Herrn Schackert gibt es die wenigsten fehlenden Werte und die Schülerinnen und Schüler von Frau Teichmann-Huber weisen ebenfalls sehr wenige unbeantwortete Fragen auf. Die Lerngruppen haben insgesamt mit hoher Konzentration in ihrem Unterricht die Fragebögen beantwortet, so dass der Rücklauf bei 100 % liegt. Die Klassen 6 benötigten im Durchschnitt mehr Zeit für die Beantwortung der Fragen als die Klassen 7, die zudem mit mehr Präzision geantwortet haben, was vermutlich vor allem am Alter bzw. an der Jahrgangsstufe liegen mag. Insgesamt gibt es keine geschlechts-, jahrgangs- bzw. lehrerspezifischen Signifikanzen in den Antworten (Ausnahme: „Mit dem Buch soll freies Sprechen geübt werden." Insbesondere sind 28 % der Schüler von Herrn Schackert (7. Klasse) nicht dieser Auffassung („trifft kaum zu", „trifft nicht zu"). Somit werden die Erwartungen der Schülerinnen und Schüler im Hinblick auf das Französischbuch weder von der Lehrkraft noch von dem Geschlecht beeinflusst.

4. Auswertung der sozialstatistischen Angaben des Fragebogens 2014
4.1 Notengebung

Im Vorjahr konnte zwischen der Note im Fach Englisch und Französisch ein Zusammenhang erkannt werden, auch im Folgejahr ist der Zusammenhang signifikant. Das Fluktuationsdiagramm unten zeigt dieses Resultat. Die diagonal absteigende Struktur macht deutlich, dass es keine Probanden mit sehr guter Französisch- sowie sehr schlechter Englischnote und umgekehrt gibt. Ein χ^2-Test bestätigt die visuell dargestellte Abhängigkeit zum Signifikanzniveau von 5 %. Der p-Wert ist wesentlich kleiner als 0,05, weshalb von keiner Unabhängigkeit ausgegangen werden kann.

Lehrwerkrezeption u. Einstellungen zum Französischunterricht: Schülerperspektive 139

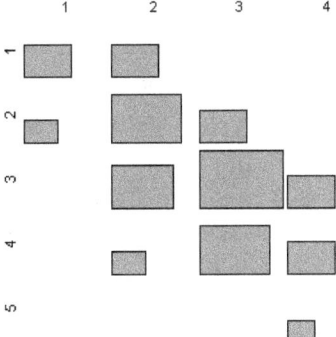

Abbildung: Fluktuationsdiagramm der Englisch- und Französischnote. In den Spalten sind die Englischnoten und in den Zeilen die Französischnoten aufgeführt. Die Flächengröße der Rechtecke ist dabei direkt proportional zu der Häufigkeit der Notenkombination beider Sprachen. In Englisch wurde keine 5 vergeben.

Die Verteilung der Französischnoten in Abhängigkeit des Geschlechts kann der Abbildung unten entnommen werden. Oben befinden sich dabei die Jungen, unten die Mädchen. Der Modus (häufigster Wert) liegt in beiden Fällen bei 3 und hat sich somit im Vergleich zu der Vorjahresstudie um eine Notenstufe verlagert. Auffällig ist, dass vergleichsweise viele Mädchen eine 2 oder sogar eine 1 in Französisch haben. Die Note 5 ist dagegen nur den Jungen vorbehalten.

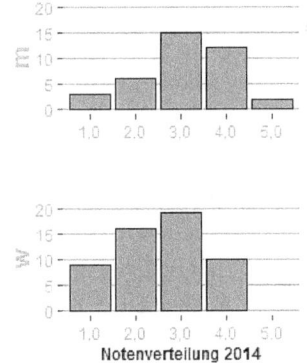

Eine Berechnung ergibt die nachstehenden Mittelwerte:

$\mu_m = 3{,}1$
$\mu_w = 2{,}6$

wobei μ_m dem Notendurchschnitt der männlichen und μ_w dem der weiblichen Schüler entspricht.

Abbildung: Barcharts der geschlechtsspezifischen Notenverteilung aus der Studie 2014.

Wird der Unterschied der Mittelwerte einem t-Test unterzogen, erhält man einen signifikanten p-Wert. Unter Einbezug der oben errechneten Mittelwerte kann somit geschlossen werden, dass Mädchen signifikant bessere Noten als Jungen vorweisen können. In der Vorjahresstudie konnte noch kein signifikanter Unterschied festgestellt werden.[9]

In der 8. Klasse ist der Mädchen-Anteil mit 64,4 % etwas höher als in der 7. Klasse mit 54,2 %. Interessanterweise kommen alle Jungen mit der Note 5 in Französisch aus der 7. Klasse. Der Anteil der Einserschüler geht von 9 auf 3 deutlich zurück, obwohl die Jahrgangs-Gruppengrößen relativ ausgeglichen sind.

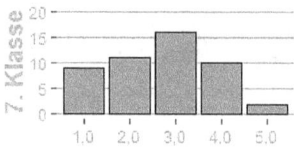

Eine Berechnung ergibt die nachstehenden Mittelwerte:
$\mu_7 = 2{,}67$
$\mu_8 = 2{,}91$
wobei μ_7 dem Notendurchschnitt der 7. und μ_8 dem der 8. Jahrgangsstufe entspricht.

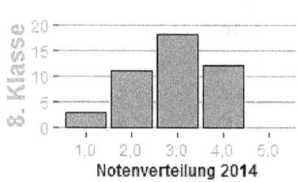

Notenverteilung 2014

Abbildung: Barcharts der Notenverteilung getrennt nach Jahrgangsstufe aus der Studie 2014.

Die Mittelwerte sind relativ ähnlich, so dass der dazugehörige t-Test keinen signifikanten Unterschied offenbart. Zusammen mit der Studie aus 2013 kann somit gefolgert werden, dass sich die Noten innerhalb der ersten beiden Jahre – vermutlich infolge des zunehmenden Schwierigkeitsgrads – signifikant verschlechtern und bereits ab dem zweiten Französischjahr etwas stabilisieren.

Ein Vergleich der 7. Jahrgangsstufe aus 2013 und 2014 ergibt Folgendes: Die Anzahl der Schüler im Hinblick auf die beiden Jahre ist ähnlich (50 im Jahr

---

[9] Mit diesem Ergebnis bestätigt diese Studie weit verbreitete subjektive Theorien von Lehrenden, Lernenden und Eltern dahingehend, dass Mädchen sprachbegabter, motivierter und erfolgreicher im Fremdsprachenlernen seien als Jungen. Gleichzeitig werden diese Einschätzungen modifiziert, insofern als die signifikant besseren Noten der Mädchen erst ab dem 2. bzw. 3. Lernjahr nachweisbar sind, im 1. bzw. 2. Lernjahr hingegen noch nicht.

2013 und 48 im Jahr 2014). Die genaue Aufteilung kann folgender Übersicht entnommen werden.

	2013		2014	
Lehrer	Frau Teichmann-Huber	Herr Schackert	Frau Czajkowski	Frau Krauss
Schüler	28	22	29	19
Summe	50		48	

Tabelle: Schüler- sowie Lehreraufteilung der 7. Jahrgangsstufe aus 2013 und 2014

Der Vergleich zwischen den beiden Jahren wird in der Abbildung unten dargestellt.

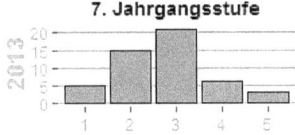

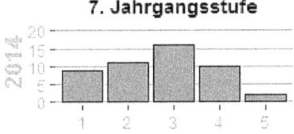

Eine Berechnung ergibt die nachstehenden Mittelwerte:

$\mu_{2013} = 2,74$

$\mu_{2014} = 2,66$

wobei μ_{2013} dem Notendurchschnitt der 7. Jahrgangsstufe aus 2013 und μ_{2014} aus 2014 entspricht.

Abbildung: Barcharts der 7. Jahrgangsstufe aus den Umfragen 2013 oben und 2014 unten.

In beiden Fällen liegt der Modus bei 3, jedoch fallen die Noten zu den Rändern hin im Jahr 2013 stärker ab, d.h. die Notenverteilung im Jahr 2014 ist etwas gleichmäßiger. Demzufolge vergeben Frau Teichmann-Huber und Herr Schackert nur selten sehr gute bzw. sehr schlechte Noten (siehe Abbildung unten). Die Darstellung wird aufgrund der drei fehlenden Antworten im Jahr 2014 etwas verzerrt. Ein t-Test lässt keinen signifikanten Unterschied zwischen den beiden Jahren erkennen. Die Vermutung aus der Darstellung oben wird in der folgenden Abbildung verdeutlicht.

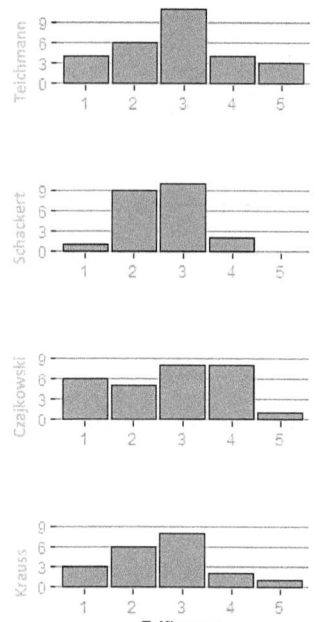

Eine Berechnung ergibt die nachstehenden Mittelwerte:

$\mu_{\text{Teichmann-Huber}} = 3{,}02$

$\mu_{\text{Schackert}} = 2{,}74$

$\mu_{\text{Czajkowski}} = 2{,}8$

$\mu_{\text{Krauss}} = 2{,}5$

wobei $\mu_{\text{Teichmann-Huber}}$ dem Notendurchschnitt von Frau Teichmann-Huber, $\mu_{\text{Schackert}}$ dem von Herrn Schackert, $\mu_{\text{Czajkowski}}$ dem von Frau Czajkowski und μ_{Krauss} dem von Frau Krauss während der Betreuung der 7. Jahrgangsstufe entspricht.

Abbildung: Barcharts der 7. Jahrgangsstufe aus den Umfragen 2013 und 2014. Die oberen beiden Lehrkräfte waren 2013, die unteren 2014 in der 7. Klasse tätig.

Interessanterweise hat Herr Schackert bis zum Zeitpunkt der Umfrage keine Schülerinnen und Schüler mit der Note 5. Frau Krauss ist die einzige Lehrkraft, die am häufigsten die Note 2 vergibt. Frau Czajkowski weist einen Modus bei 3 und 4 auf, vergibt jedoch vergleichsweise oft die Note 1.

Obwohl ein Mosaicplot auf eine Abhängigkeit der Französischnoten zwischen den Lehrkräften deutet, kann der χ^2- Test keinen signifikanten Unterschied feststellen.

Die Klassenstärke im Hinblick auf die jeweilige Lehrkraft kann der Übersicht oben (siehe Tabelle auf S. 139) entnommen werden. Den Verteilungen der Noten aus der folgenden Abbildung nach vergeben beide Lehrkräfte (Frau Czajkowski und Frau Krauss) in der 7. Jahrgangsstufe die Note 5. Die Noten von Frau Czajkowski sind jedoch gleichmäßiger verteilt. Die Variabilität der Noten (in Abhängigkeit der Jahrgangsstufe) ist für die Lehrkräfte grundsätzlich identisch. Frau Czajkowski und Frau Teichmann-Huber vergeben jedoch auffällig oft die Note 4.

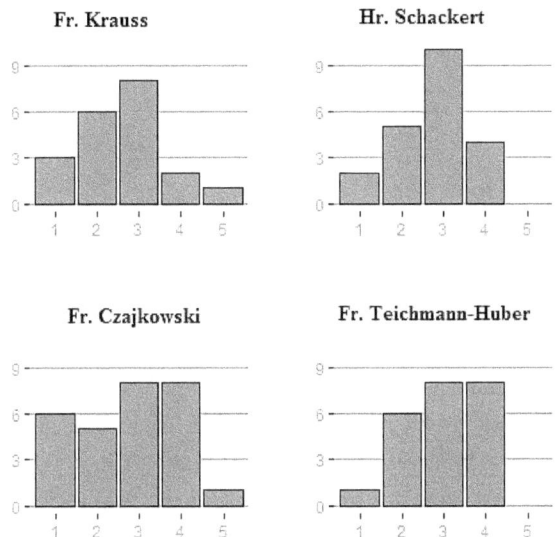

Abbildung: Barcharts der lehrkraftspezifischen Notenverteilung aus der Studie 2014. In der linken Spalte befindet sich die 7. und in der rechten die 8. Jahrgangsstufe.

Die dazugehörigen Mittelwerte werden nachfolgend aufgeführt:

$\mu_{Krauss} = 2{,}6$ $\qquad\qquad \mu_{Schackert} = 2{,}74$

$\mu_{Czajkowski} = 2{,}75$ $\qquad \mu_{Teichmann\text{-}Huber} = 3{,}02$

Aufgrund vieler unterschiedlicher Herkunftsländer der Jugendlichen mit Migrationshintergrund werden die Daten in zwei Cluster unterteilt. Das eine Cluster umfasst Jugendliche mit, das andere Jugendliche ohne Migrationshintergrund. Die beiden Mittelwerte sind der untenstehenden Abbildung nach fast identisch und somit nicht signifikant verschieden. Es gibt somit keine Anzeichen dafür, dass Jugendliche mit Migrationshintergrund bessere oder schlechtere Noten als Jugendliche ohne Migrationshintergrund erzielen.

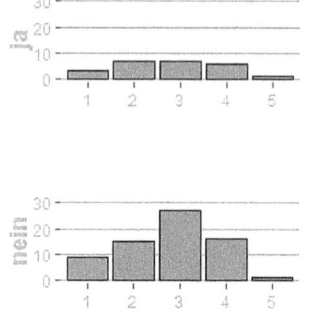

Eine Berechnung ergibt die nachstehenden Mittelwerte:

$\mu_{Migration} = 2{,}79$

$\mu_{De} = 2{,}77$

wobei μ_{Migrat} dem Notendurchschnitt von Jugendlichen mit und μ_{De} dem ohne Migrationshintergrund entspricht.

Abbildung: Barcharts der Französischnoten aus der Studie 2014. Oben sind Jugendliche mit und unten ohne Migrationshintergrund abgebildet.

Insgesamt ergibt die Analyse der Klassen 7 und 8 eine geschlechtsspezifische Signifikanz dahingehend, dass Mädchen bessere Noten erzielen als Jungen. Dies war noch im Vorjahr anders. Weitere signifikante Unterschiede in der Notengebung sind jedoch nicht vorhanden, weder in Bezug auf den Jahrgang noch auf die Lehrkräfte noch auf die Herkunft der Jugendlichen. Damit wird deutlich, dass die signifikante Verschlechterung der Noten zwischen Klasse 6 und 7 sich im Vergleich der Klassen 7 und 8 nicht weiter fortsetzt, sondern dass sich die Noten stabilisieren. Darüber hinaus wird ein Zusammenhang der Noten in den Fächern Englisch und Französisch in beiden Untersuchungen deutlich. Schülerinnen und Schüler mit guten Noten in Englisch haben in der Regel keine schlechten Noten in Französisch und umgekehrt.

4.2 Antwortverhalten

Im Vergleich zur Studie des Vorjahres gab es in 2014 eine gesamte Klasse, die den Fragebogen nicht unter der Aufsicht einer Lehrkraft ausgefüllt hatte. Dies betrifft die Schulklasse von Frau Krauss. Daraus ergeben sich Konsequenzen für die Untersuchung, so dass im Folgenden Unterschiede zwischen den Antwortmustern aufgezeigt werden. In Bezug auf die fehlenden Werte, d.h. den „Missing Values", die durch Abgabe keiner Antwort zu einer Frage entstehen, war in dieser Studie besonders auffällig, dass Antworten umso häufiger nicht abgegeben wurden, je weiter man sich dem Ende des Fragebogens nähert.

Ab dem Item „Außerhalb des Unterrichts nehme ich mein Französischbuch zur Hand, um Aufgaben oder Übungen, die im Unterricht durchgeführt worden sind, zu wiederholen." auf Seite 3 des Fragebogens, liegt für jedes weitere Item mindestens ein fehlender Wert vor.

Der einführende Missing-Value-Plot (siehe Abb. unten) zeigt durch die Größe der weißen Fläche die Häufigkeit eines fehlenden Wertes. Zur besseren Übersichtlichkeit wurde für alle Fragen auf einer Seite ein eigener Plot angefertigt.

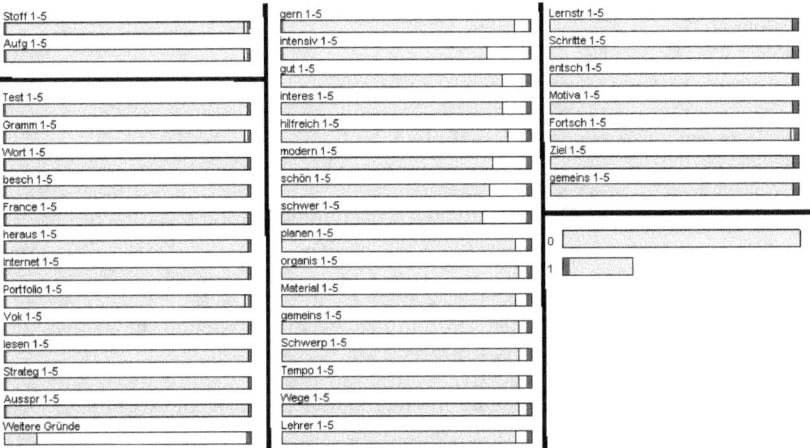

Abbildung: Missing-Value Plots mit schwarzem Highlighting aller Schülerinnen und Schüler, welche die letzte Seite nicht beantwortet haben. Links oben befindet sich die Auswertung der 3. Seite, links unten der 4. Seite, in der Mitte der 5. Seite und rechts oben der letzten Seite. Der Barchart rechts unten beschreibt alle Lernenden, die den Fragebogen ohne Aufsicht der jeweiligen Lehrkraft ausgefüllt haben. 0 entspricht „unter Aufsicht ausgefüllt", 1 entspricht „alleine ausgefüllt". Die Plots entstammen der Studie aus 2014.

Werden nun, wie in der Abbildung oben zu sehen, alle Schülerinnen und Schüler markiert, die keine Antworten zu der Frage „Lernstrategien helfen, besser, schneller und effektiver zu lernen. [...]" (dies ist die erste Frage auf der letzten Seite) abgegeben haben, kann erkannt werden, dass von diesen Probanden auch die meisten anderen Fragen nicht beantwortet wurden. Insbesondere entstammen diese Schüler der Gruppe, die den Fragebogen selbständig zu Hause ausgefüllt hat.

Speziell wurde wohl von den schwarz markierten Befragten die gesamte letzte Seite ausgelassen.

Ein zusammenfassender Vergleich des Anteils fehlender Werte führte zu folgendem Resultat.

	Allein ausgefüllt	In Schulklasse ausgefüllt
Mindestens ein Wert fehlt	45,50 %	28,00 %

Es zeigt sich sehr deutlich, dass die häusliche Beantwortung nicht gründlich durchgeführt wurde. Größenteils wurden von den Befragten ganze Seiten ausgelassen.

5. Zusammenfassung der Ergebnisse

Wesentliche Ergebnisse werden im Folgenden abschließend in T hesenform zusammengefasst. Die Befragten machen bestimmte Einstellungen zum Französischunterricht und zu ihrem Französischbuch deutlich, die klassen- und jahrgangsübergreifend konstant sind. Herkunftsspezifische Dimensionen spielen in dieser Studie keine Rolle, an einigen wenigen Stellen hingegen sind geschlechtsspezifische Unterschiede erkennbar. Die Jugendlichen

- sehen in Grammatik sowie im Vokabellernen den Kern des Französischunterrichts und konzentrieren darauf ihre Hauptaufmerksamkeit,
- erachten landeskundliche und interkulturelle Dimensionen als weniger wichtig, ebenso auch Lernstrategien und Methodenkompetenzen,
- lassen nur sehr wenige Momente intrinsischer Motivation erkennen und äußern kein Interesse an weiterführenden Auseinandersetzungen mit der französischen Sprache, den französischen Kulturen und ihren Sprechern,
- machen ihre extrinsische Motivation deutlich, der zufolge Französisch vorwiegend als Schulfach angesehen wird mit innerschulischer Relevanz für gute Noten und Versetzung, jedoch nicht als Medium für weiterführende Aktivitäten außerhalb der Schule bzw. nach dem Schulabschluss.

Die Analyse der Notengebung in den vier Lerngruppen macht Folgendes sichtbar:
- Es besteht ein statistisch signifikanter Zusammenhang zwischen den Englisch- und den Französischnoten.
- Die Noten fallen in Jahrgangsstufe 7 statistisch signifikant schlechter aus als in Klasse 6, stabilisieren sich jedoch weitgehend in Jahrgangsstufe 8.
- In der 1. Untersuchung bezogen auf die Jahrgangsstufen 6 und 7 ist kein geschlechtsspezifischer Unterschied nachweisbar, in der 2. Untersuchung hingegen schon, dahingehend dass Mädchen zwar nicht im 1. Lernjahr, jedoch in den Folgejahren bessere Noten erzielen als Jungen.
- Statistisch signifikante Unterschiede zwischen Schülerinnen und Schülern mit bzw. ohne Migrationshintergrund bestehen in Bezug auf die Notengebung überhaupt nicht.

Literatur
BORTZ, Jürgen & DÖRING, Nicola. 2006. *Forschungsmethoden und Evaluation für Human- und Sozialwissenschaftler*. Berlin u.a.: Springer.
DÖRNYEI, Zoltán. 2007. *Research Methods in Applied Linguistics. Quantitative, Qualitative and Mixed Methodologies*. Oxford: Oxford University Press.
KULTUSMINISTERKONFERENZ. 2004. *Bildungsstandards für die erste Fremdsprache (Englisch/Französisch) für den mittleren Schulabschluss*. Beschluss vom 4.12.2003. http://www.kmk.org/fileadmin/veroeffentlichungen_beschluesse/2003/2003_12_04-BS-erste-Fremdsprache.pdf
PLONSKY, Luke & GURZYNSKI-Weiss, Laura. 2014. „Research Methods", in: Fäcke, Christiane. ed. *Manual of Language Acquisition*. Berlin/Boston: Walter de Gruyter. (Reihe: Manuals of Romance Linguistics, vol.2).
ZYDATIß, Wolfgang. 2012. „Fragebogenkonstruktion im Kontext des schulischen Fremdsprachenlernens: Grundlagenbeitrag", In: Doff, Sabine. ed. *Fremdsprachenunterricht empirisch erforschen. Grundlagen – Methoden – Anwendung*. Tübingen: Narr.

Selbstständiges Lernen im lehrwerkbasierten Französischunterricht. Gesamtauswertung der Studie
Christiane Fäcke

1. Durchführung und Reflexion des Projekts

Im Nachhinein erwies sich die Kooperation mit der Bundespräsident-Theodor-Heuss-Schule und den beteiligten Lehrkräften als ausgesprochen konstruktiv, wenn auch durch schulische Zwänge eingeschränkt. Während die vier beteiligten Lehrkräfte zwar großes Interesse an der Studie zeigten, war gleichzeitig deutlich erkennbar, dass andere schulische Belange des Alltags, so z.B. anstehende Klausuren, Vorgaben des Stundenplans, Studienfahrten etc., eine Einschränkung in ihrem Engagement für das Forschungsprojekt bedeuteten.

Die vier involvierten Lerngruppen beteiligten sich im Rahmen ihres Französischunterrichts problemlos an der schriftlichen Befragung. Alle Schülerinnen und Schüler (bis auf eine Ausnahme) füllten den Fragebogen bereitwillig und zum Teil mit Interesse an der Sache aus, so dass der Rücklauf somit 100 % aller im Unterricht ausgefüllten Fragebögen betrug. In der zweiten Erhebungsphase im Mai 2014 konnte eine der vier Lerngruppen den Fragebogen aus organisatorischen Gründen nicht wie geplant im Unterricht ausfüllen. Der Rücklauf der zu Hause und individuell ausgefüllten Fragebögen betrug wiederum 100 %, jedoch blieben unter diesen Bedingungen etliche der Fragen und Items unbeantwortet.

Auch auf der Ebene der Schulleitung gab es eine positive Resonanz auf die Studie, die in einem hohen Interesse an fachdidaktischen Fragestellungen im Kontext der Untersuchung, einer großen Bereitschaft zur Kooperation mit der Universität sowie in der konkreten Unterstützung bei der Antragsstellung im hessischen Kultusministerium erkennbar wurden.

Schließlich gilt es noch, das hessische Kultusministerium zu erwähnen, dessen Verantwortliche die genaue Berücksichtigung datenschutzrechtlicher Bestimmungen einforderten und gleichzeitig die Durchführung des Forschungsprojekts ohne größere Probleme genehmigten und mit Interesse unterstützten.

2. Ergebnisse der einzelnen Auswertungsverfahren

Blicken wir abschließend auf die Ergebnisse der drei Teilbereiche dieser Studie. Insgesamt hat sich die eingangs formulierte Vermutung weitgehend bestätigt, dass selbstständiges Lernen immer wieder praktiziert wird, jedoch als grundlegendes Unterrichtsprinzip noch relativ wenig in dem hier involvierten Französischunterricht der ersten Lernjahre verankert ist. Die Schülerinnen und Schüler der befragten Lerngruppen sind mit etlichen Aspekten selbstständigen Lernens vertraut, jedoch sind sie mit Verfahren und Methoden eines lehrergesteuerten Französischunterrichts noch weit vertrauter. Zu den Forschungsfragen im Einzelnen:

2.1 Das Lehrwerk

Der erste Schwerpunkt der Studie besteht in einer Lehrwerkanalyse, um die Qualität des zugrundeliegenden Lehrmaterials transparent zu machen. An der Schule wird das Lehrwerk *A plus!* (Bächle et al. 2004; 2005; Gregor et al. 2006) verwendet. Dieses Lehrwerk ist zum Zeitpunkt der Untersuchung fast zehn Jahre alt und wurde von Seiten des Verlags bereits durch eine aktualisierte Fassung (Blume et al. 2012) ersetzt, die jedoch noch nicht an dieser Schule eingesetzt ist. Daran zeigt sich ein grundlegendes Charakteristikum der schulischen Praxis, in der aktuelle Unterrichtsmaterialien und Lehrwerke mit deutlicher zeitlicher Verzögerung eingeführt werden.

A plus! (Bächle et al. 2004; 2005; Gregor et al. 2006) ist ein Lehrwerk, das bestehende fremdsprachendidaktische Diskurse zur Zeit seiner Entstehung aufgreift. Insgesamt basiert es auf einem kommunikativ-interkulturellen Ansatz und berücksichtigt innovative Elemente, die den Diskurs nach der Jahrtausendwende bestimmt haben. Es enthält daher konstitutiv Bezüge auf den Gemeinsamen europäischen Referenzrahmen (Europarat 2001), auf DELF-Prüfungen (Baptiste/Marty 2010) sowie auf Lernstrategien (Oxford 1990). Auf methodisch-didaktischer Ebene wird ein Konzept verfolgt, das auf (z.T. kurzen) Lektionstexten beruht, in denen jeweils neuer Wortschatz und neue grammatische Strukturen eingeführt werden, die anschließend in etlichen geschlossenen und offenen Übungen angewendet, vertieft und gefestigt werden können. Wenn sich auch einige wenige Übungsformate finden, die dem Konzept der Aufgabenorientierung nahe kommen, so ist das Konzept des *task based language learning* (Ellis 2003) in *A plus!* noch nicht konstitutiv umgesetzt. Dies findet sich erst im Nachfolgelehrwerk. Die Inhalte sind an gängige Alltagssituationen angelehnt, die von Lehrplänen für die ersten Lernjahre üblicherweise vorgegeben sind. Die thematischen Kontexte sind hier Familie, Freunde, Jugendkultur, Freizeit, Schule, Sport etc. Auch in den Bänden für die folgenden Lernjahre findet sich eine deutliche Orientierung an den in Lehrplänen vorgegebenen Inhalten und Themen.

Das im Lehrwerk verfolgte Spracherwerbskonzept ist letztlich auf Kompetenzorientierung im Sinne des GeR (Europarat 2001) ausgerichtet. Es geht darum, die Lernenden primär zu sprachlich-kommunikativen Kompetenzen anzuleiten, wobei das Prinzip der Niveaustufen sowie einer positiven Evaluation im Sinne der Kann-Beschreibungen deutlich erkennbar ist.

Das Lehrwerk beinhaltet etliche Bausteine, die für selbstständiges und selbstreflexives Lernen genutzt werden können (Martinez 2008). Dieses Angebot wird durch die Unterscheidung obligatorischer und fakultativer Abschnitte unterstützt sowie durch bestimmte konstitutive Elemente, die selbstständiges und projektorientiertes Lernen fördern, umgesetzt. Dazu gehören u.a. die Abschnitte „S'entrainer", „Apprendre à apprendre" und „Activités". Darüber hinaus spielen Lernstrategien (O'Malley/Chamot 1990; Oxford 1990) und Selbstevaluation eine große Rolle. Das Lehrwerk ermöglicht somit insgesamt selbstständigen Lernzuwachs durch bestimmte Angebote, die jedoch einer Anregung bzw. Unterstützung durch die Lehrkraft bedürfen bzw. auch völlig ignoriert werden könnten.

2.2 Die Lehrenden

Die an der Studie teilnehmenden Lehrenden erweisen sich als individuelle Persönlichkeiten mit je eigenen Einstellungen und subjektiven Theorien (Groeben et al. 1988) zum Französischunterricht, zum Lehrwerk und zu selbstständigem Lernen. Dabei teilen sie zunächst alle eine mehr oder weniger große Offenheit in Bezug auf selbstständiges Lernen. Zu Beginn der Studie lassen sie sich in eine/n überzeugte/n und eine/n gemäßigte/n Unterstützer/in selbstständigen Lernens sowie in eine/n resignierte/n und eine/n überzeugte/n

Anhänger/in des Frontalunterrichts einstufen. Diese Grundhaltung prägt das Lehrerhandeln der Beteiligten weitgehend, beinhaltet jedoch gleichzeitig ein gewisses Maß an Offenheit, die eigene Haltung zu überdenken und sich auf das Forschungsprojekt mit den darin enthaltenen Implikationen einzulassen. Die zweite Erhebungsphase und das in diesem Kontext geführte zweite Leitfadeninterview machen jedoch deutlich, dass die mit der Studie verbundenen Impulse unterschiedliche Auswirkungen auf die subjektiven Theorien der Beteiligten haben und sich dementsprechend je anders auswirken.

Alle vier Lehrkräfte setzen das Lehrwerk regelmäßig in ihrem Unterricht ein, sie orientieren sich an der darin angelegten Progression sowie im weitesten Sinne an den darin verhandelten Themen und Inhalten. Sie bieten darüber hinaus Übungen und Aufgaben an, die nicht direkt an das Lehrwerk angelehnt sind, doch gibt es außer vereinzelten Ausnahmen kaum längere Phasen des Französischunterrichts, die nicht an das Lehrwerk angelehnt sind. Damit erweist sich das Lehrwerk als „heimlicher Lehrplan", das in der Tat maßgeblich an der Steuerung des Unterrichts beteiligt ist. Allerdings erfolgt diese Steuerung in Abhängigkeit vom Lehrerhandeln und erklärt sich nicht allein aus dem Lehrwerk heraus.

Punktuell nutzen die Lehrenden Bausteine des Lehrwerks zur Förderung selbstständigen und selbstreflexiven Lernens, so z.B. bei der Berücksichtigung von Lernstrategien (Oxford 1990). Übereinstimmend lehnen sie jedoch die Arbeit mit dem Portfolio (Flächer 2011) völlig ab und verweisen auf den damit verbundenen erhöhten Arbeitsaufwand, auf das vermeintliche Desinteresse der Jugendlichen und ihren Mangel an Sinn für Ordnung. Infolge von Impulsen, die mit dem Forschungsprojekt in Zusammenhang stehen, lassen sie sich in unterschiedlichem Ausmaß auf Verfahren ein, in denen Aspekte selbstständigen Lernens verstärkt zum Tragen kommen. Dazu gehören u.a. Ansätze zur Aufgabenorientierung (Ellis 2003), Projekte wie Stationenlernen (Leupold 2007: 143f.) oder der Einsatz von Lesetagebüchern (Hintz 2008). Inwieweit diese Veränderungen punktueller Natur oder von Nachhaltigkeit geprägt sind, lässt sich am Ende dieser Studie nicht abschätzen.

Darüber hinaus wird jedoch zu diesem Zeitpunkt deutlich, inwieweit die Einstellungen der einzelnen Befragten durch die Impulse der Studie beeinflusst sind. Die folgende Tabelle zeigt die Einstellungen der teilnehmenden Lehrkräfte während des ersten Interviews im Überblick auf (siehe S. 92 in diesem Band):

Unterstützerinnen selbstständigen Lernens		Anhänger des Frontalunterrichts	
Fr. Czajkowski	Fr. Krauss	Fr. Teichmann-Huber	Hr. Schackert
„überzeugte Unterstützerin Selbstständigen Lernens"	„gemäßigte Unterstützerin Selbstständigen Lernens"	„resignierte Anhängerin des Frontalunterrichts"	„überzeugter Anhänger des Frontalunterrichts"

Diese Positionen verändern sich zum Teil im Lauf des Projekts. Die folgende Übersicht führt die abschließende und zusammenfassende Auswertung des zweiten Interviews noch einmal auf (siehe S. 97 und S. 100 in diesem Band):

Frau Czajkowski	Frau Krauss	Herr Schackert	Frau Teichmann-Huber
„weiterhin überzeugte Unterstützerin Selbstständigen Lernens"	„gemäßigte Unterstützerin Selbstständigen Lernens"	„schwankend experimentier-freudiger Methodenwechsler zwischen Projektarbeit und Frontalunterricht"	„resignierte Anhängerin des Frontalunterrichts mit Änderungs-versuch durch Portfolioarbeit"
→ wenig veränderte Einstellung durch Projekt	→ gemäßigt veränderte Einstellung durch Projekt	→ stark veränderte Einstellung durch Projekt	→ gemäßigt veränderte Einstellung durch Projekt

Die Einstellungen der Lehrkräfte zu ihrem Französischunterricht und zu ihren Lerngruppen stehen sicher auch in Interdependenz zu ihrem Alter, ihrer Berufsbiografie, ihren beruflichen Erfahrungen etc. (Terhart 2013). Diese Faktoren wurden jedoch nicht im Rahmen der vorliegenden Studie untersucht, so dass an dieser Stelle lediglich ein hypothetischer Verweis auf mögliche Zusammenhänge erfolgen kann. Insgesamt zeigen die subjektiven Theorien der Lehrkräfte verschiedene Aspekte auf:

- punktuelle und konstruktive Aufnahme der mit der Studie verbundenen Impulse in Bezug auf selbstständiges Lernen,
- nachhaltige, konstante und weitgehend beharrliche subjektive Theorien,
- Veränderung von Einstellungen als Reaktion auf Impulse der Studie.

Begründungen dafür könnten sicher auf viele Faktoren zurückgeführt werden, so u.a. auf individuelle und persönliche Dimensionen der beteiligten Lehrenden, jedoch könnten sie auch mit dem Umfang und der Struktur des Forschungsprojekts erklärt werden. Somit stellt sich die Frage, ob Impulse durch eine solche Studie auf das Lehrerhandeln ausreichend sind, um grundlegende und nachhaltige Veränderungen anstoßen zu können. Die Lehrenden verändern ihre subjektiven Theorien vermutlich nicht leicht und schnell, ihre methodisch-didaktischen Entscheidungen ebenso wenig.

Als Schlussfolgerung lässt sich aus dieser Beobachtung ziehen, dass – analog zu diesem Forschungsprojekt – eintägige bzw. mehrtätige Lehrerfortbildungen vermutlich ebenfalls einen „Tropfen auf den heißen Stein" bilden und dass nachhaltige Veränderungen durch kurzfristige Maßnahmen eher nicht zu erwarten sind.

2.3 Die Lernenden

Der dritte Schwerpunkt der Studie gilt der Lehrwerkrezeption durch die Schülerinnen und Schüler. Wie gehen sie nun mit ihrem Lehrwerk um? Im Wesentlichen nutzen die befragten Lernenden das Lehrwerk für das Erledigen ihrer Hausaufgaben bzw. für Arbeitsaufträge ihrer Lehrerinnen und Lehrer sowie für Vokabellernen und Grammatikarbeit. Tätigkeiten, die auf eine weiterführende und intrinsische Motivation sowie auf Interesse an der Sprache oder den Kulturen schließen lassen würden, so beispielsweise landeskundliche und interkulturelle Dimensionen, spielen eine deutlich geringere Rolle. Gleiches gilt auch für die hier im Mittelpunkt stehenden Lernstrategien, für Methodenkompetenzen und selbstständiges Lernen. Über das Lehrwerk hinausgehende Tätigkeiten, die in einzelnen Frageitems mit „Schmökern", „im Internet surfen" etc. verankert sind, spielen für die Schülerinnen und Schüler keine Rolle.

Die Erwartungen der Lernenden an ihr Lehrwerk bestätigen ihren Umgang mit dem Französischlehrwerk. Ihre Erwartungen konzentrieren sich vor allem auf die Vermittlung von Grammatik und Wortschatz, in geringerem Maße auf Aspekte selbstständigen Lernens und in keiner Weise auf weiterführende Aktivitäten. Diese Erwartungshaltung ändert sich im Lauf der ersten drei Lernjahre nicht bzw. nicht statistisch signifikant.

Analog dazu verändert sich auch der Umgang mit den Lehrwerken im Lauf dieser ersten Lernjahre ebenfalls nicht bzw. nur marginal. Die Antworten der Lerngruppen in Bezug auf ihre Umgangsweisen mit dem Französischlehrwerk verändern sich zwischen der ersten und der zweiten Erhebungsphase nur bei einigen wenigen Items statistisch signifikant.

Die Antworten, in denen Dimensionen selbstständigen und selbstreflexiven Lernens relevant sind, zeigen vor allem in der ersten Befragung 2013 eine hohe Unsicherheit und keine Eindeutigkeit bei den Befragten auf. Das Lehrwerk spielt in diesem Zusammenhang kaum eine Rolle zur Förderung oder wenigstens Anbahnung selbstständigen Lernens. Im Gegenteil: Die befragten Schülerinnen und Schüler konzentrieren sich eindeutig auf die Aspekte des Französischunterrichts, die sie als verpflichtend und zwingend wahrnehmen. In einzelnen Nachgesprächen mit den Lerngruppen wird diese Haltung noch einmal deutlich bestätigt, was eine Schülerin stellvertretend für viele sinngemäß folgendermaßen auf den Punkt bringt: „Wir lernen Französisch nur, weil wir es müssen. Es geht darum, hier durchzukommen, weiter nichts."

In der zweiten Befragung in 2014 verschiebt sich der Tenor der Antworten leicht. Nunmehr wird deutlich, dass selbstständiges Lernen von den Befragten als Aktivität aufgefasst wird, die die Lernprozesse im Bereich der Heimarbeit beschreibt und nicht für den Französischunterricht selbst gilt. Dabei spielt das Lehrwerk eher eine marginale Rolle und wird – sofern man lediglich selbstständige Aktivitäten anvisiert – von den meisten Befragten fast ausschließlich zum Vokabellernen genutzt.

Somit verwenden die Lernenden das Lehrwerk im Grunde kaum als Baustein für selbstständiges und selbstreflexives Lernen. Sie nutzen es kaum für weiterführende Aktivitäten, sei es um sich vertieft mit einem bestimmten Thema zu beschäftigen oder sich auf eine Klausur eigenständig vorzubereiten. Inwieweit finden sich nun Zusammenhänge mit den in den Bildungsstandards definierten Methodenkompetenzen der Lernenden, in denen selbstständiges Lernen eine Rolle spielt? Die Bildungsstandards für den mittleren Schulabschluss (KMK 2004) zielen darauf ab, dass Schülerinnen und Schüler

[...]
- Hilfsmittel zum Nachschlagen und Lernen, z.B. Wörterbücher, Grammatikbücher usw. selbstständig nutzen,
- Verfahren zur Vernetzung, Strukturierung, Memorierung und S peicherung von sprachlichen Inputs, z.B. von Wortschatz, anwenden.

[...]
- den Nutzen der Fremdsprache zur Pflege von pe rsönlichen und be ruflichen Kontakten einschätzen,
- selbstständig, mit einem Partner oder in Gruppen längere Zeit arbeiten,
- ausgewählte Projekte (z.B. bilinguale Projekte) bearbeiten,
- für sie förderliche Lernbedingungen erkennen und nut zen, ihre Lernarbeit organisieren und die Zeit einteilen,
- Fehler erkennen und diese Erkenntnisse für den eigenen Lernprozess nutzen,
- ihren eigenen Lernfortschritt beschreiben und ggf. in einem Portfolio dokumentieren,
- Methoden des Spracherwerbs reflektieren und diese auf das Lernen weiterer Sprachen übertragen. (KMK 2004: 18)

Die hier aufgeführten Kompetenzen, die Zielsetzungen selbstständigen Lernens zuzuordnen sind, werden von den in dieser Studie befragten Schülerinnen und Schülern nur zum Teil regelmäßig praktiziert. Daraus lassen sich nur schwer Rückschlüsse darauf ziehen, ob sie tatsächlich nicht in der Lage sind, diese Kompetenzen umzusetzen, oder ob es dabei lediglich um Fragen der Motivation geht. Einige der Kompetenzen hingegen sind vermutlich kaum in de n vier Lerngruppen verbreitet. Dazu gehört u.a. die Fähigkeit, den Nutzen der Fremdsprache zur Pflege beruflicher und privater Kontakte einzuschätzen. Die hier Befragten lassen an keiner Stelle erkennen, dass sie konstruktive Überlegungen im Blick auf diese Zusammenhänge haben, so beispielsweise in Zusammenhang mit einem kurz vor der Studie durchgeführten Schüleraustausch, der sich – zumindest in den statistisch nachweisbaren Ergebnissen –

nicht positiv auf das Antwortverhalten der Befragten im Fragebogen oder auch auf ihre Einstellungen zum Französischunterricht auswirkt.[10] Auch die Reflexion und Dokumentation des eigenen Lernprozesses durch ein Portfolio wird bislang nicht in d iesen Lerngruppen umgesetzt, ebenso wenig die Übertragung erworbener Lernstrategien auf andere Fremdsprachen.

Insgesamt zeigen die Ergebnisse, dass Schülerinnen und Schüler in der Sekundarstufe I dieser Altersgruppe noch regelmäßig ihre Hausaufgaben machen und das respektieren, was Lehrerinnen und Lehrer ihnen sagen. Die Lehrkraft ist in diesen Jahrgängen noch Autoritätsperson, deren Autorität unhinterfragt ist. In diesem Zusammenhang stellt sich die Frage, ob der Grad an Selbstständigkeit beim Lernen entwicklungspsychologisch zu erklären wäre oder ob dieses Verhalten aus schulischen Lehr-/Lerntraditionen resultiert.

Zusammenfassend wird sichtbar, dass die Befragten primär Vokabellernen und Grammatiklernen als zentrale Aufgaben des Französischunterrichts wahrnehmen, andere Bereiche gelten als nachrangig bzw. unwichtig. Relevant ist vorwiegend eine extrinsische Motivation, intrinsische Dimensionen wie Interesse am Land, an den Menschen oder an den Kulturen der Zielsprache spielen kaum eine Rolle, auch nicht nach einem Schüleraustausch.

2.4 Selbstständiges Lernen im Französischunterricht

Welche Rückschlüsse legen diese Ergebnisse für den Französischunterricht, seine Charakteristika und seine Qualität nahe?

Die vorliegende Studie stellt keine umfassend angelegte Untersuchung auf statistisch breiter Basis dar, so dass sich allenfalls in Maßen und vorsichtig Hypothesen mit verallgemeinernden Schlussfolgerungen formulieren lassen, wenn man die hier befragten Lehrkräfte und Lerngruppen als symptomatisch für den Französischunterricht in Deutschland ansieht.

In dieser Untersuchung kann somit nur im Sinne Hypothesen generierender Forschung und nicht Hypothesen verifizierender Forschung argumentiert

---

[10] Geht man hingegen davon aus, dass die Jugendlichen das Französische als in keiner Weise relevant für ihr zukünftiges Leben einschätzen und sie sich dahingehend ausrichten, muss hingegen von e iner realistischen Einschätzung ausgegangen werden. Wenn Französisch tatsächlich keinerlei Relevanz für die eigene Zukunft hat, erklärt sich plausibel das bei etlichen Befragten geringe bzw. nicht vorhandene Maß an intrinsischer Motivation.

werden (Meinefeld 2000). Folgende Einschätzungen bedürfen daher einer breiten empirischen Überprüfung und können eher als Frage denn als Aussage formuliert werden:

So stellt sich die Frage, ob der im Rahmen dieser Studie beobachtete Französischunterricht die Möglichkeiten zur Förderung kommunikativer und interkultureller Kompetenzen häufig nicht ausschöpft. Für die Lernenden scheint die alltagsnahe Kommunikation in der Zielsprache oder Perspektiven auf Frankreich und die frankophone Welt oft nicht deutlich im Mittelpunkt zu stehen, stattdessen scheinen das Lehren und Lernen der Sprache mehr in den systemimmanenten Zwängen der schulischen Unterrichtspraxis verstrickt. Der Französischunterricht dient primär der Notengebung bzw. der Versetzung in die nächste Jahrgangsstufe, jedoch fördert er weniger die Vermittlung eines genuinen Interesses an seinen kultur- und sprachspezifischen Inhalten. Diese Einschätzung gilt sicher nicht für alle der an der Studie beteiligten Schülerinnen und Schüler, doch lassen sich diese Vermutungen aus der Breite der Binnenwahrnehmung der Lerngruppen entwickeln.

Darüber hinaus lassen sich vorsichtig weitere Vermutungen auf die Qualität des durchgeführten Französischunterrichts aus den Schüleraussagen ziehen: Der Französischunterricht stellt nach wie vor sprachliche Mittel, d.h. Wortschatz und Grammatik, in den Vordergrund. Sprachlich-kommunikative Kompetenzen bzw. Fertigkeiten werden im Vergleich dazu von den Befragten als etwas weniger relevant eingeschätzt. Andere Kompetenzen aus den Bildungsstandards spielen eine noch geringere Rolle, d.h. interkulturelle Kompetenzen und Methodenkompetenzen sind nur nachrangig von Bedeutung.

Selbstständiges Lernen im Französischunterricht selbst ist von eher geringer Relevanz. Die Befragten verorten selbstständiges Lernen in ihre Vorbereitung auf den Unterricht und auf Klassenarbeiten zu Hause, jedoch nicht in den Unterricht selbst, der aus ihrer Sicht eindeutig und sinnvollerweise durch die Lehrkraft gesteuert ist und bleiben sollte.

3. Schlussfolgerungen und Ausblick

Welche Konsequenzen sollte man nun aus den hier dargestellten Ergebnissen ziehen? Zunächst gilt es, das Rezeptionsverhalten von Lernenden und ihren Umgang mit dem Lehrwerk kritisch in den Blick zu nehmen.

Für Lehrkräfte, Lehrwerkautoren und Lehrwerkverlage dürfte interessant sein, zur Kenntnis zu nehmen, wie Schülerinnen und Schüler mit Lehrwerken umgehen. Wenn der zentrale Fokus auf das Vokabellernen mit den Vokabellisten am Ende eines Lehrwerks gerichtet ist und viele andere Bereiche des Lehrwerks schlichtweg ignoriert werden, sollten Verlage und Autoren ihre ganze Aufmerksamkeit auf diesen Abschnitt lenken und ein Vokabelverzeichnis kreativ und unter Berücksichtigung fremdsprachendidaktischer und lernpsychologischer Überlegungen zur Wortschatzarbeit gestalten. Darüber hinaus gilt es zu überlegen, wie Schülerinnen und Schüler motiviert werden könnten, auch andere Bereiche eines Lehrwerks vertieft zur Kenntnis zu nehmen.

Französischlehrerinnen und -lehrer sollten dieses Verhalten als Spiegel ihres Unterrichts begreifen, der in der Wahrnehmung der Lernenden auf das Vokabellernen konzentriert ist, so dass landeskundliche und interkulturelle Dimensionen als unwichtig wahrgenommen werden. Zeigt sich daran, wie sehr der Französischunterricht auf das Erlernen sprachlicher Mittel konzentriert ist und wie wenig Überlegungen eines kompetenzorientierten Französischunterrichts zum Tragen kommen?

Darüber hinaus sollten fremdsprachendidaktische und bildungswissenschaftliche theoretische Diskurse die auch in dieser Studie sichtbar gewordene Ablehnung selbstständigen Lernens durch Lehrende wie Lernende ernst nehmen. Auch nach Jahren (und Jahrzehnten) etlicher wissenschaftlicher Plädoyers für selbstständiges Lernen als Unterrichtsprinzip haben sich diese Überlegungen in der schulischen Praxis nicht als grundlegendes Prinzip durchgesetzt und sind immer wieder ein Lippenbekenntnis geblieben. Wenn auch die Grundschulpädagogik und die schulische Praxis der Grundschule etliche Elemente eines solchen Unterrichts immer wieder umsetzen (Maras / Ametsbichler 2014: 24), sind diese Aspekte im Gymnasialunterricht weit weniger verbreitet.

Die in der Fremdsprachendidaktik breit geführte Debatte zu Lernerautonomie, *language awareness* oder Lernstrategien (z.B. Gnutzmann 1997; Martinez 2008; Oxford 1990) wird in der schulischen Praxis nur sehr zögerlich umgesetzt. Auch Aspekte der Methodenkompetenzen, wie sie in den Bildungsstandards deutlich beschrieben sind (KMK 2004: 17f.), spiegeln sich eher wenig in dem Bild, das die hier befragten Schülerinnen und Schüler von ihrem Französischunterricht haben. Auch die vier beteiligten Lehrkräfte äußern sich trotz eines entschiedenen Votums zum selbstständigen Lernen im Rahmen ihres Schulprogramms eher skeptisch zu einigen Überlegungen in diesem Zusammenhang und setzen Angebote, wie z.B. das Sprachenportfolio, nicht um. Selbstständiges Lernen als grundlegendes Prinzip des Unterrichts bleibt somit in weiten Teilen eher theoretisches Wunschdenken und fernes Ideal als praktizierte Realität.

Demgegenüber stehen zahlreiche Argumentationen aus lernpsychologischen Kontexten, die eindeutig für die Stärkung selbstständigen Lernens als lernförderlich und motivierend votieren. Selbstständiges Lernen geht somit häufig mit Formen offenen Unterrichts einher.

Offener Unterricht
- fordert eine aktive Schülerrolle und eine Lehrerrolle als Moderator, Berater, Organisator, Initiator und vor allem als Helfer;
- gibt dem Schüler Mitbestimmungsmöglichkeiten hinsichtlich der Intentionen, Inhalte, Arbeitsweisen und Materialien;
- will Schülerinteressen, -bedürfnisse und -initiativen zum bestimmenden Moment schulischen Lernens werden lassen;
- verändert die Schülerrolle, indem er die Entscheidungs- und Handlungsfähigkeit der Schüler fördert und gleichzeitig die dabei notwendig werdende Kommunikations- und Kooperationskompetenz stärker betont;
- fördert Lernen über Fächergrenzen;
- öffnet sich für Erfahrungen und ermöglicht Handeln an außerschulischen Lernorten.

(Grünewald / Lusar 2006: 63)

Die hier genannten Merkmale offenen Unterrichts stellen eine wesentliche Basis für selbstständiges Lernen dar und implizieren eine grundlegende Veränderung der Schülerrolle wie der Lehrerrolle. Liegt hierin vielleicht ein Schlüssel für die in dieser Studie wiederholt formulierten Widerstände gegen selbstständiges Lernen? Die Umsetzung dieses Ansatzes bedeutet ein Umdenken für den Französischunterricht, das von Lehrenden wie Lernenden geleistet werden müsste. Damit müssten auch veränderte Verhaltensweisen auf beiden Seiten einhergehen. Diese Umorientierung würde mehr Selbstverantwortung für die Lernenden bedeuten und gleichzeitig ein Selbstverständnis der Lehrenden als Lernbegleiter. Gleichzeitig würde ein auf selbstständiges Lernen fokussierter Französischunterricht den Abschied von vertrauten und engen Strukturen bedeuten, die allen Beteiligten Sicherheit bieten: den Lernenden die Sicherheit einer Orientierung an der Lehrkraft, die ihnen wesentliche Entscheidungen zur Strukturierung und Gestaltung ihrer Lernprozesse abnimmt; den Lehrenden die identitätsstiftende Sicherheit eines beruflichen Selbstverständnisses, das von Verantwortlichkeit für die Lernenden geprägt ist. Der Preis dieser Sicherheit eines lehrer-, lernziel- und lehrwerkorientierten Fremdsprachenunterrichts sind die Freiheit selbst gestalteter Lernprozesse, eine intrinsische Motivation sowie ein genuines Interesse an der Fremdsprache und den fremden Kulturen.

Vor dem Hintergrund dieser Argumentation lohnt es sich, das Ziel des selbstständigen Lernens im Französischunterricht weiter zu verfolgen und stückweise in die schulische Praxis zu implementieren. Allen Widerständen von Lehrenden wie Lernenden zum Trotz, - oder gerade deswegen?

Literatur

BÄCHLE, Hans & HELOURY, Michèle. 2004. *À plus! 1. Französisch für Gymnasien. Carnet d'activités*. Berlin: Cornelsen.

BÄCHLE, Hans et al. 2004. *À plus! 1. Lehrwerk für den Französischunterricht an Gymnasien*. Berlin: Cornelsen.

BÄCHLE, Hans et al. 2005. *À plus! 2. Lehrwerk für den Französischunterricht an Gymnasien*. Berlin: Cornelsen.

BAPTISTE, Auréliane & MARTY, Roselyne. edd. 2010. *Réussir le DELF B2*. Paris: Didier.

BLUME, Otto-Michael et al. 2012 *À plus! 1. Nouvelle édition. Französisch an Gymnasien*. Berlin: Cornelsen.

ELLIS, Rod. 2003. *Task based language learning and teaching*. Oxford et al.: Oxford University Press.

FLÄCHER, Tina. 2011. *Portfolioarbeit im gymnasialen Fremdsprachenunterricht. Themenorientierter Unterricht mit dem Europäischen Portfolio der Sprachen*. Frankfurt am Main u.a.: Lang. (Angelsächsische Sprache und Literatur, 455).

GNUTZMANN, Claus. 1997. „Language Awareness. Geschichte, Grundlagen, Anwendungen". in *Praxis des Neusprachlichen Unterrichts* 44/3: 227-236.

GREGOR, Gertraud et al. 2006. *À plus! 3. Lehrwerk für den Französischunterricht an Gymnasien*. Berlin: Cornelsen.

GROEBEN, Norbert et al. 1988. *Forschungsprogramm Subjektive Theorien. Eine Einführung in die Psychologie des reflexiven Subjekts*. Tübingen: Francke.

GRÜNEWALD, Andreas & LUSAR, Ricarda. 2006. „Offene Formen des Lernens und Unterrichtens – *Un vent de liberté ?"* in Nieweler, Andreas ed. *Fachdidaktik Französisch. Tradition, Innovation, Praxis.* Stuttgart: Klett, 63-75.

HÉLOURY, Michèle & JORIßEN, Catherine. 2005. *À plus! 2. Französisch für Gymnasien. Carnet d'activités.* Berlin: Cornelsen.

HINTZ, Ingrid. 2008. *Das Lesetagebuch. Intensiv lesen, produktiv schreiben, frei arbeiten. Bestandsaufnahme und Neubestimmung einer Methode zur Auseinandersetzung mit Kinder- und Jugendbüchern im Deutschunterricht.* Baltmannsweiler: Schneider-Verlag Hohengehren. (Deutschdidaktik aktuell, 12).

JORIßEN, Catherine. 2006. *À plus! 3. Französisch für Gymnasien. Carnet d'activités.* Berlin: Cornelsen.

KULTUSMINISTERKONFERENZ. 2004. *Bildungsstandards für die erste Fremdsprache (Englisch / Französisch) für den mittleren Schulabschluss. Beschluss vom 4.12.2003.* http://www.kmk.org/fileadmin/veroeffentlichungen_beschluesse/2003/2003_12_04-BS-erste-Fremdsprache.pdf

LEUPOLD, Eynar. 2007. *Französisch unterrichten. Grundlagen, Methoden, Anregungen.* Seelze-Velber: Kallmeyer.

MARAS, Rainer & AMETSBICHLER, Josef. 2014. *Unterrichtsgestaltung in der Grundschule – ein Handbuch. Pädagogische und didaktische Grundlagen, methodische und praktische Anregungen, Strukturmodelle.* Donauwörth: Auer.

MARTINEZ, Hélène. 2008. *Lernerautonomie und Sprachenlernverständnis. Eine qualitative Untersuchung bei zukünftigen Lehrerinnen und Lehrern romanischer Sprachen,* Tübingen, Narr.

MEINEFELD, Werner. 2000. „Hypothesen und Vorwissen in der qualitativen Sozialforschung." in Flick, Uwe & von Kardorff, Ernst & Steinke, Ines edd. *Qualitative Sozialforschung. Ein Handbuch.* Reinbek bei Hamburg: Rowohlt.

O'MALLEY, J. Michael & CHAMOT, Anna. 1990: *Language Learning Strategies.* Cambridge: Cambridge University Press.

OXFORD, Rebecca L. 1990. *Language learning strategies. What every teacher should know.* Boston, Heinle & Heinle.

TERHART, Ewald. 2013. *Erziehungswissenschaft und Lehrerbildung.* Münster u.a.: Waxmann.

Anhang

Anhang

Universität Augsburg – Prof. Dr. Christiane Fäcke – 86135 Augsburg

Prof. Dr. Christiane Fäcke
Lehrstuhl für Didaktik der romanischen
Sprachen und Literaturen
Universität Augsburg
Universitätsstraße 10
86159 Augsburg
Telefon +49 (0) 821 598 – 2734
Telefax +49 (0) 821 598 – 5739
christiane.faecke@phil.uni-augsburg.de
www.philhist.uni-augsburg.de
Sekretariat:
Telefon +49 (0) 821 598 – 2735
sekr.faecke@phil.uni-augsburg.de

Augsburg, 02.05.2013

Liebe Eltern und Erziehungsberechtigte
der Schülerinnen und Schüler der Jahrgangsstufe 6 / 7
des Bundespräsident-Theodor-Heuss-Gymnasiums in Homberg / Efze,

mit diesem Schreiben möchte ich Sie darüber informieren, dass im Schuljahr 2012/2013 und 2013/2014 in den Klassen 6 und 7 (im Folgejahr 7 und 8) der Bundespräsident-Theodor-Heuss-Schule in Homberg/Efze eine wissenschaftliche Untersuchung der Universität Augsburg zur Rezeption von Französisch-Lehrwerken stattfinden soll.

Der Französisch-Unterricht basiert in der Regel zentral auf der Arbeit mit Lehrwerken, deren Inhalte und Gestaltung seit Jahren Gegenstand wissenschaftlicher Forschungen sind. Bislang wurde jedoch noch kaum untersucht, wie Schülerinnen und Schüler mit ihren Lehrwerken umgehen und welche Einstellungen sie gegenüber den Französischbüchern haben. Dieser Frage geht die an der THS anvisierte Studie nach. Dementsprechend möchte ich die Jahrgangsstufen 6 / 7 sowie 7 / 8 dazu in einem Fragebogen befragen.

Zu den Standards wissenschaftlicher Untersuchungen gehört eine anonymisierte Durchführung. Nur unter dieser Voraussetzung sind Daten als Grundlage wissenschaftlich gesicherter Ergebnisse nutzbar. Deswegen werde ich bei dieser Studie Ihre Kinder anonym befragen und einige statistische Daten erheben. Diese Daten werden absolut vertraulich und den wissenschaftlichen Standards entsprechend behandelt. Das heißt auch, dass die Lehrkräfte die Daten zu keiner Zeit erfahren und die erhobenen Daten nicht in die Note Ihres Kindes einfließen. Die Schulkonferenz, das Direktorium der Schule sowie das Kultusministerium des Landes Hessen haben dieser Untersuchung bereits zugestimmt bzw. sind informiert. Darüber hinaus kann jeder Schüler und jede Schülerin jederzeit von der Teilnahme an der Studie zurücktreten, ohne dadurch Repressalien oder Nachteile zu erfahren.

Da die Schülerinnen und Schüler der genannten Jahrgangsstufen noch minderjährig sind, benötige ich Ihre Zustimmung, dass Ihr Kind an dieser Untersuchung teilnehmen darf. Sollten Sie Fragen zu dieser Untersuchung haben oder weitere Erläuterungen zu dem Forschungsprojekt wünschen, wenden Sie sich bitte per Mail (christiane.faecke@phil.uni-augsburg.de) oder telefonisch (0821/ 598-2734) an mich.

Bitte kreuzen Sie auf dem Abschnitt unten an, ob Ihr Kind an der Untersuchung teilnehmen darf oder nicht. Geben Sie diesen Ihrem Kind unterschrieben wieder mit, damit die Französischlehrkraft ihn einsammeln und an mich weiterleiten kann!

Die Teilnahme ihres Kindes an der Studie ist freiwillig. Sollten Sie sich gegen eine Teilnahme ihres Kindes entscheiden, entstehen Ihrem Kind dadurch keine Nachteile. Diese Einwilligung kann jederzeit mit Wirkung für die Zukunft widerrufen werden.

Schon jetzt bedanke ich mich für Ihre Aufmerksamkeit und Ihre Unterstützung recht herzlich!

Christiane Fäcke

☐ Mein Kind darf an der Studie der Universität Augsburg teilnehmen:

☐ Mein Kind darf an der Studie der Universität Augsburg nicht teilnehmen:

| Name des Kindes | Klasse |

Ort/Datum und Unterschrift der Erziehungsberechtigten

Fragebogen

17. Mai 2013

Liebe Schülerin, lieber Schüler,
mit diesem Fragebogen möchten wir herausfinden, wie du mit deinem Französischbuch umgehst, wie du damit lernst und wie du es findest. Wir bitten dich daher, spontan und wahrheitsgetreu zu antworten. Für den Fragebogen benötigst du etwa 20-25 Minuten. Deine Angaben werden an niemanden weitergegeben. Sie wirken sich nicht auf deine Note aus.
Bitte kreuze bei den folgenden Fragen jeweils eine oder mehrere Möglichkeiten an. Lies bitte jede Aussage aufmerksam durch.

1. Fragen zu den Schüler/innen
Zunächst möchten wir etwas über dich erfahren
Geschlecht ☐ männlich ☐ weiblich
Alter 11 12 13 14 oder:_____
Jahrgangsstufe ☐ 6 ☐ 7
Welche Sprache(n) hast du bisher in der Schule gelernt?
☐ Englisch, letzte Zeugnisnote:_____
☐ Französisch, letzte Zeugnisnote:_____
☐ Sonstige:_____
Welche Sprachen sprichst du sonst noch:
☐ Deutsch
☐ Türkisch
☐ Russisch
☐ Sonstige:_____

2. Deine Ideen
Was fällt dir zu dem folgenden Wort ein? Bitte nenne so viele Stichworte, wie du möchtest.
Mein Französischbuch (A plus!) ...

_____
_____
_____
_____
_____
_____

3. Fragen zum Französischbuch
Was erwartest du von deinem Französischbuch? Kreuze an.
Ich erwarte, dass...

	trifft zu	trifft weit- gehend zu	trifft kaum zu	trifft nicht zu	Weiß nicht
Grammatik vermittelt wird					
Freies Sprechen geübt wird					
Schreiben geübt wird					

Hörverstehen geübt wird (z.B. mit CD)				
Leseverstehen geübt wird				
Aussprache geschult wird				
neues Vokabular gelernt wird				
Informationen über das Land, seine Geschichte und Bewohner vermittelt werden				
Gelegenheiten gegeben werden, über die eigene und die fremde Kultur nachzudenken				
Lerntipps und Lernstrategien eingeführt werden				
Gelegenheiten gegeben werden, über das Französischlernen nachzudenken				
Gelegenheiten gegeben werden, über den eigenen Lernprozess nachzudenken				
Ich habe keine Erwartungen				
Sonstiges:				

Schätze dein eigenes Verhalten ein. Kreuze an.
In diesem Schuljahr benutze ich mein Französischbuch
... im Französischunterricht.
□ in jeder Stunde   □ oft   □ selten   □ nie   □ weiß nicht

... in einer Freistunde.
□ immer   □ oft   □ selten   □ nie   □ weiß nicht
Wenn, dann wofür? _____

... in der Pause.
□ immer   □ oft   □ selten   □ nie   □ weiß nicht
Wenn, dann wofür? _____
... zu Hause.
□ immer   □ oft   □ selten   □ nie   □ weiß nicht
Wenn, dann wofür? _____

... unterwegs (z.B. im Bus, an der Haltestelle).
□ immer   □ oft   □ selten   □ nie   □ weiß nicht
Wenn, dann wofür? _____

Außerhalb des Unterrichts arbeite ich mit meinem Französischbuch allein.
□ immer   □ oft   □ selten   □ nie   □ weiß nicht

Außerhalb des Unterrichts arbeite ich mit meinem Französischbuch mit anderen (Mitschüler/innen, Geschwistern, Eltern).
□ immer   □ oft   □ selten   □ nie   □ weiß nicht
Wenn, dann mit wem? _____

Wie zutreffend findest du jede Aussage? Kreuze an.
Außerhalb des Unterrichts nehme ich mein Französischbuch zur Hand, ...

... um darin einfach mal so zu schmökern.
☐ trifft zu   ☐ trifft weitgehend zu   ☐ trifft kaum zu   ☐ trifft nicht zu   ☐ weiß nicht

... um Hausaufgaben zu machen.
☐ trifft zu   ☐ trifft weitgehend zu   ☐ trifft kaum zu   ☐ trifft nicht zu   ☐ weiß nicht

... um das zu tun, was mein Lehrer/meine Lehrerin mir aufgetragen hat.
☐ trifft zu   ☐ trifft weitgehend zu   ☐ trifft kaum zu   ☐ trifft nicht zu   ☐ weiß nicht

... um mir die Bilder anzuschauen.
☐ trifft zu   ☐ trifft weitgehend zu   ☐ trifft kaum zu   ☐ trifft nicht zu   ☐ weiß nicht

... um etwas zu wiederholen, was ich vor längerer Zeit schon einmal gelernt habe.
☐ trifft zu   ☐ trifft weitgehend zu   ☐ trifft kaum zu   ☐ trifft nicht zu   ☐ weiß nicht

... um etwas zu wiederholen, was ich im Unterricht nicht verstanden habe.
☐ trifft zu   ☐ trifft weitgehend zu   ☐ trifft kaum zu   ☐ trifft nicht zu   ☐ weiß nicht

... um einen Lektionstext zu wiederholen.
☐ trifft zu   ☐ trifft weitgehend zu   ☐ trifft kaum zu   ☐ trifft nicht zu   ☐ weiß nicht

... um Aufgaben oder Übungen, die im Unterricht durchgeführt worden sind, zu wiederholen.
☐ trifft zu   ☐ trifft weitgehend zu   ☐ trifft kaum zu   ☐ trifft nicht zu   ☐ weiß nicht

... um zu überprüfen, ob ich den neuen Stoff aus der letzten Stunde verstanden habe.
☐ trifft zu   ☐ trifft weitgehend zu   ☐ trifft kaum zu   ☐ trifft nicht zu   ☐ weiß nicht

... um mich auf eine Klassenarbeit oder einen Test vorzubereiten.
☐ trifft zu   ☐ trifft weitgehend zu   ☐ trifft kaum zu   ☐ trifft nicht zu   ☐ weiß nicht

... um eine Grammatikregel nachzuschlagen.
☐ trifft zu   ☐ trifft weitgehend zu   ☐ trifft kaum zu   ☐ trifft nicht zu   ☐ weiß nicht

... um ein Wort nachzuschlagen.
☐ trifft zu   ☐ trifft weitgehend zu   ☐ trifft kaum zu   ☐ trifft nicht zu   ☐ weiß nicht

... um mich mit etwas zu beschäftigen, das wir noch nicht im Unterricht gelernt haben.
☐ trifft zu   ☐ trifft weitgehend zu   ☐ trifft kaum zu   ☐ trifft nicht zu   ☐ weiß nicht

... um mich über Frankreich oder ein anderes französischsprachiges Land zu informieren.
☐ trifft zu   ☐ trifft weitgehend zu   ☐ trifft kaum zu   ☐ trifft nicht zu   ☐ weiß nicht

... um etwas herauszufinden, was ich im Französischen noch nicht kenne (z.B. ein neues Wort, eine neue Grammatikregel).
☐ trifft zu   ☐ trifft weitgehend zu   ☐ trifft kaum zu   ☐ trifft nicht zu   ☐ weiß nicht

... um die im Buch angegebenen Internetseiten zum Surfen im Internet zu nutzen.
☐ trifft zu   ☐ trifft weitgehend zu   ☐ trifft kaum zu   ☐ trifft nicht zu   ☐ weiß nicht

… um die Aufgabenstellungen im Buch zur Arbeit an meinem eigenen Portfolio zu nutzen.
□ trifft zu   □ trifft weitgehend zu   □ trifft kaum zu   □ trifft nicht zu   □ weiß nicht

… um Vokabeln zu lernen.
□ trifft zu   □ trifft weitgehend zu   □ trifft kaum zu   □ trifft nicht zu   □ weiß nicht

… um die Seiten zu lesen, die wir im Unterricht nicht besprechen.
□ trifft zu   □ trifft weitgehend zu   □ trifft kaum zu   □ trifft nicht zu   □ weiß nicht

… um Strategien zum Lernen einzuüben.
□ trifft zu   □ trifft weitgehend zu   □ trifft kaum zu   □ trifft nicht zu   □ weiß nicht

… um Aussprache zu üben und laut zu lesen.
□ trifft zu   □ trifft weitgehend zu   □ trifft kaum zu   □ trifft nicht zu   □ weiß nicht

Vielleicht hast du noch eine andere Idee?
Ich nehme mein Französischbuch zur Hand, um _____

Was denkst du über dein Französischbuch? Kreuze an.
Ich benutze mein Französischbuch
□ sehr gern   □ recht gern   □ wenig gern   □ ungern   □ weiß nicht
□ sehr intensiv   □ recht intensiv   □ wenig intensiv   □ nicht intensiv □ weiß nicht

Ich finde mein Französischbuch insgesamt
□ sehr gut   □ recht gut   □ wenig gut   □ nicht gut   □ weiß nicht
□ sehr interessant □ interessant   □ wenig interessant □ langweilig   □ weiß nicht
□ sehr hilfreich □ hilfreich   □ wenig hilfreich □ nicht hilfreich □ weiß nicht
□ sehr modern   □ modern   □ wenig modern   □ altmodisch   □ weiß nicht
□ sehr schön   □ schön   □ wenig schön   □ hässlich   □ weiß nicht
□ sehr schwer   □ schwer   □ angemessen   □ leicht verständlich □ weiß nicht

Entscheide, wie zutreffend du jede Aussage findest. Kreuze an.
Man sollte das Französischlernen selbst planen.
□ trifft zu   □ trifft weitgehend zu   □ trifft kaum zu   □ trifft nicht zu   □ weiß nicht

Man sollte das Französischlernen selbst organisieren.
□ trifft zu   □ trifft weitgehend zu   □ trifft kaum zu   □ trifft nicht zu   □ weiß nicht

Es ist wichtig, selbst die Unterrichtsmaterialien (z.B. einen Zeitungsartikel, einen Stadtplan) auszusuchen. Das sollten die Schüler/innen tun und nicht der Lehrer/die Lehrerin.
□ trifft zu   □ trifft weitgehend zu   □ trifft kaum zu   □ trifft nicht zu   □ weiß nicht

Lehrer/innen sollten mit der Klasse die Inhalte des Unterrichts gemeinsam auswählen.
□ trifft zu   □ trifft weitgehend zu   □ trifft kaum zu   □ trifft nicht zu   □ weiß nicht

Das Französischbuch sollte es möglich machen, dass Schüler/innen bestimmte Schwerpunkte beim Lernen selbst wählen.
□ trifft zu   □ trifft weitgehend zu   □ trifft kaum zu   □ trifft nicht zu   □ weiß nicht

Die Schüler/innen sollten ihr Lerntempo selbst bestimmen können.
□ trifft zu   □ trifft weitgehend zu   □ trifft kaum zu   □ trifft nicht zu   □ weiß nicht

Die Schüler/innen sollten ihre Lernwege (z.B. allein, mit der Klasse) selbst bestimmen können.
□ trifft zu   □ trifft weitgehend zu   □ trifft kaum zu   □ trifft nicht zu   □ weiß nicht

Es ist besser, wenn der Lehrer/die Lehrerin entscheidet, was die Schüler/innen lernen sollen.
□ trifft zu   □ trifft weitgehend zu   □ trifft kaum zu   □ trifft nicht zu   □ weiß nicht

Lernstrategien helfen, besser, schneller und effektiver zu lernen. Der Lehrer/die Lehrerin sollte sie immer vermitteln.
□ trifft zu   □ trifft weitgehend zu   □ trifft kaum zu   □ trifft nicht zu   □ weiß nicht

Die Schüler/innen sollten über ihre einzelnen Schritte beim Französischlernen nachdenken.
□ trifft zu   □ trifft weitgehend zu   □ trifft kaum zu   □ trifft nicht zu   □ weiß nicht

Der Lehrer/die Lehrerin weiß am besten, wie man Französisch lernt. Daher sollte er für die Schüler/innen entscheiden, wie sie lernen.
□ trifft zu   □ trifft weitgehend zu   □ trifft kaum zu   □ trifft nicht zu   □ weiß nicht

Es ist wichtig, dass die Schüler/innen ihre eigene Motivation steuern können.
□ trifft zu   □ trifft weitgehend zu   □ trifft kaum zu   □ trifft nicht zu   □ weiß nicht

Es ist wichtig, dass die Schüler/innen selbst ihre Fortschritte überwachen können
□ trifft zu   □ trifft weitgehend zu   □ trifft kaum zu   □ trifft nicht zu   □ weiß nicht

Es ist wichtig, dass Schüler/innen über das Ziel einer Aufgabe oder einer Übung nachdenken.
□ trifft zu   □ trifft weitgehend zu   □ trifft kaum zu   □ trifft nicht zu   □ weiß nicht

Es ist wichtig, gemeinsam mit Eltern und Geschwistern außerhalb der Schule Französisch zu lernen.
□ trifft zu   □ trifft weitgehend zu   □ trifft kaum zu   □ trifft nicht zu   □ weiß nicht

Zum Schluss möchten wir wissen, wie du dein Französischlernen planst, organisierst und durchführst. (Du musst hier nicht alle Fragen genau beantworten, sondern nur das, was dir spontan dazu einfällt.)
Auf welche Art und Weise lernst du Französisch? Inwieweit tust du das allein oder mit Hilfe deiner Eltern, Lehrer/innen, Geschwister und Freunde? Wie selbstständig arbeitest und lernst du? Inwieweit entscheidest du selbst, wie, wann und was du lernst?

_____
_____
_____
_____
_____
_____

Erste tabellarische Analyse der Lehrkräfte (2013)

Typen von Französischlehrer/inne/n in Bezug auf Selbstständiges Lernen			
Frau Czajkowski	Frau Krauss	Herr Schackert	Fr. Teichmann-Huber
Typ A „überzeugte Unterstützerin Selbstständigen Lernens"	**Typ A1** „gemäßigte Unterstützerin Selbstständigen Lernens"	**Typ B1** „resignierter Anhänger des Frontalunterrichts"	**Typ B** „überzeugte Anhängerin des Frontalunterrichts"
Typ A: Unterstützer/in Selbstständigen Lernens		Typ B: Anhänger/in des Frontalunterrichts	
1. Kommunikationsförderung im Französischunterricht ist wichtig! (ebenso Motivation!)			
Gezielte Kommunikation auf Französisch (Z. 25-28)	Gleichzeitig Sprachgefühl und sprachlichen Ausdruck fördern (Z. 12-14)	Redemittel bereitstellen, z.B. für Rezepte; Wortschatz ist beschränkt	Orientierung am Kommunikations-bedarf der Schüler/innen: (Z. 293-294)
2. Unzufriedenheit mit dem Lehrwerk *À plus!* 1-3 und Umgang mit dem Lehrwerk allgemein			
keine Kritik am Lehrwerk (Z. 42-45)	hohe Stofffülle/ Lernprogression von *À plus!* vs. *Découvertes* (Z. 404-408)	das „notwendige Übel" mit zu hoher Lernprogression (Z. 34)	Unzufriedenheit mit Aktualität der Themen in *À plus!* (Z. 43-45)
3. Zufriedenheit mit dem derzeitigen Französischlehrwerk *À plus!* 1-3			
= „roter Faden": mit steigendem Alter selbstständiges Lernen → Bild von „Steinbruch"	= Stütze, wichtiger als Lehrplan (Z. 20-22) als Zeitersparnis, in Oberstufe wie „Baustelle"(Z. 24-25) → Bild von „Steinbruch", „Baustelle"	= wenig zufrieden, Stofffülle (Z. 44-46) z.B. *Reperès*-Teil nicht adäquat genutzt (Z. 376) → Idealbild: das Lehrwerk als „Steinbruch"	= unwichtig, Lehrplan ist entscheidend ←→ als Basis/Zeitersparnis (Z. 36-39); Oberstufe: Ersatz durch Lektüre (Z. 183-185) → Widersprüchliche Haltung zum Lehrwerk

→ Lehrwerk wird vor allem in der Unterstufe als feste Orientierungsgröße verwendet!

4. Potential von *À plus!* 1-3 als Lehrwerk: Welche Angebote aus dem Lehrwerk werden genutzt?			
Gesamteindruck: Systematischer Aufbau, methodische Aktualität! **Nutzen der Ressourcen:** - *Classeur* - Tandem-Bögen *(Carnet)* - Plakate ('c'est moi') - Basteln der Uhr für die frz. Uhrzeit **Nutzen der Medien:** - Hör-CD und Filme **Semantisierungshilfen:** - MSK im Vokabelteil	**Gesamteindruck:** „Es wird alles benutzt." (Z. 290), Wunsch nach Zusatzmaterialien (Z. 382) **Nutzen der Ressourcen:** - Ausprobieren von Portfolioarbeit *(Carnet)* - *Repères*-Aufgaben **Nutzen der Medien:** - Hör-CD **Semantisierungshilfen:** - MSK im Vokabelteil	**Gesamteindruck:** Lehrbuch wird bis Schuljahresende durchgearbeitet, viel Grammatik, hohe Lernprogression! **Nutzen der Ressourcen** - Szenisches Spiel - Crêpes backen/ Plakate **Nutzen der Medien:** - Recherchen in Internet **Semantisierungshilfen:** Besser in *Découvertes* (Z. 201-203)	**Gesamteindruck:** Systematischer, sinnvoller Aufbau, methodische, nicht thematische Aktualität (Z. 41-43) **Nutzen der Ressourcen:** -Szenisches Spiel - Crêpes backen **Nutzen der Medien:** - Hör-CD **Semantisierungshilfen:** - MSK im Vokabelteil
5. Kontextbedingungen selbstständigen Lernens für den Französischunterricht			
Positive Einstellung zu selbstständigem Lernen (Z. 35) - v.a. in Unterstufe Themen wie Fahrplan - Verbindlichkeit von Wochenplanarbeit und Stationenlernen (Z. 62)	**Positive Einstellung zu selbstständigem Lernen** (Z. 140ff.) -keine Wochenplanarbeit und Stationenlernen, nur im Deutschunterricht	**Ideal selbstständigen Lernens** (Z. 12) - Wochenplanarbeit als Ideal (Z. 198-201) - Grund: verkürzte Wochenstundenzahl → Zeitproblem	**Negative Einstellung zu selbstständigem Lernen** →, „richtig guter Frontalunterricht" (Z. 143) - Grund: verkürzte Wochenstundenzahl → Zeitproblem
5.1 Integration des Themas „Selbstständiges Lernen in Aus- und Fortbildung"			
- kein Thema in Ausbildung, eher kreatives Schreiben (Z. 301-302) - meidet das Thema, s. u. (Z. 309) - Fortbildungen u.a. zur Kompetenzorientierung	-nicht Thema, eher kreatives Schreiben (Z. 358-359) - diverse Fortbildungen, darunter Lernstrategien „Murmeln", „Fishbowl" und Kugellagermethode (Z. 183-185)	- kein Thema in Ausbildung - Wunsch nach praxis-orientierteren Fortbildungen zu Disziplinstörungen (Z. 431-434) - Fortbildung zur Differenzierung	- Nein, Hauptthema war Authentizität der Lehrperson (Z. 444-446) - Fortbildungsbesuche sind räumlich weit weg; wenige Themen; - Kugellagermethode im Französischunterricht

Anhang

5.2 Sozialformen im eigenen Französischunterricht

- Methodische Vielfalt in Sozialformen, auch Vorschläge aus Lehrbuch (Z. 35ff.)	Sozialformen durch Lehrbuch vorgegeben (Z.140-145); Ergänzen durch eigene Methoden	eher lehrerzentriert und komplette Orientierung am Lehrwerk	Sozialformen aus Lehrbuch (Z. 24-25), häufig „richtig gute[n] Frontalunterricht"

5.3 Mangelnde Kompetenz im Deutschen erschwert Lernstrategien für Französischunterricht

- mangelnde Kompetenz im Deutschen als Metasprache, z.B. grammatische Termini (Z. 39-40; 87-89)	-	- mangelnde Deutsch-Kompetenz verhindert selbstständige Arbeitsweise (Z. 95-96)	- mangelnde Kenntnisse auf Deutsch erschweren selbstständige Arbeitsweise (Z. 346)

5.4 Korrektheit des Französischen und Portfolioarbeit

- geringe Fehlertoleranz erschwert kreative Phasen (Z.197f.) - zu wenig Würdigung für Werke im Portfolio (Z. 191 f.) → Ausgleich: kleiner Ordner (Z. 160-161) - wenig Portfolioarbeit, keine Fortbildung darin	- „Korrektiv" (Z. 127), v.a. in der Unterstufe - hoher Zeitverlust im Unterricht (Ausfüllen) - Portfolioarbeit war „Moderenner", ist jetzt „out" (Z. 189 f.) - Selbstevaluation demotiviert Lerner/innen (Z. 241-3)	- „Ja, ich würde so furchtbar gern von der, von dieser Fehlersucherei im Französischen weg." (Z. 447) - Portfolio keinen Sinn, keine Nachhaltigkeit/ Ergebnissicherung	- „Ich bin kein Fehlerteufel" -Schüler/innen müssen selbst Portfolioarbeit machen, „für mich eher sekundär" (Z. 12)/(Z. 316ff.) - wenig Portfolioarbeit

Grundproblematik: Wie intensiv korrigiere ich welche Fehler in den „Werken" meiner Schüler/innen aus dem Selbstständigen Lernen und wie komme ich zu einer Ergebnissicherung?

5.5 Nutzung von Lernstrategien außerhalb des Lehrwerks

- Vokabellernstrategien: Vorgehensweise: auf Deutsch eigene Lernstrategie reflektieren - Gemeinsam zur individuellen Lernstrategie (Z. 205)	-schulinterner Methodenlerntag als Basis, - Wiederholung im Französischunterricht (Vokabelheft, Karteikarten) (Z. 256ff.) - Schreiben französischer Wörter	-schulinterner Methodenlerntag als Basis, - individuelle Lernstrategien brauchen Regelmäßigkeit (Z. 301) - an Lernstrategien aus Lehrbuch orientiert (Z. 296)	-Wortschatzerschließungsstrategien als Lernstrategien

5.6 Freie Themenauswahl beim selbstständigen Lernen			
- Vorgabe der Lehrwerkinhalte, daraus Wahl möglich (Z. 241-242) -In Oberstufe nach Interessen (Z. 264-267)	- In der Unterstufe: durch Leitfragen (Z. 106-108) -In der Oberstufe immer (Z. 300)	- nie, mit *Découvertes* möglich durch Referate zu Lektionsinhalten Problem: fehlende „Nachhaltigkeit" (Z. 112)	- immer von Schüler/inne/n ausgehend (Z. 151-154)

6. Schülerpotential als Faktor selbstständigen Lernens

6.1 Aspekt: Leistungsstärkere vs. leistungsschwächere Schüler/innen im selbstständigen Lernen

- Starkes Interesse der Schüler/innen positiv, --Effekt: „unglaubliche Sachen" (Z. 267-270) → positives Schülerbild	- Leistungsstärkere „preschen weit vor in unbekannte Gebiete", Schwächere mit Anleitung, oft überfordert (Z. 64-68) → gemischtes Schülerbild	- eine kleine Gruppe selbstständig Fortschritte, Rest braucht Anleitung (Z. 405-406) → stark geleitetes, resigniertes Schülerbild	- Anleitung für eigenen Lerntyp (Z. 71-73) - „Zeitmanagement" durch Aufgaben (Z. 56-61) → gemäßigt geleitetes Schülerbild

6.2 *Gender*-Aspekt beim selbstständigen Lernen: Wie lernen Jungen und wie lernen Mädchen selbstständig?

- Mädchen in Unterstufe „sehr ehrgeizig", möchten gefordert werden!, Jungen mehr Unterweisung (Z. 143-146)	- nicht unbedingt, eher eine Leistungsfrage → widersprüchlich: Mädchen akribischer, Jungs, driften schnell ab (Z. 55-56)	- manche vorgegebenen Themen sprechen eher Jungen an, manche eher Mädchen (z.B. Jules Verne für Jungen) (Z. 147-152)	-

6.3 Umgang mit der momentanen Französischlerngruppe (6. Klasse)

- teilweise noch starke Lenkung (Z. 277 ff.) - „große Diskrepanzen in der Lerngruppe" (Z. 89-93), kleinschrittiger Prozess (Z. 141-143) - Lernraumwechsel: bisher nicht (Z. 146-8)	- Stärkere Lenkung in der Unterstufe (Z. 125-129) - in der Unterstufe eher noch begrenzt (Z. 55)	→ Konsequenz: Frontalunterricht - Probleme: Gruppengröße, Pubertät (Z. 12-13) - Lernraumwechsel: Ablenkung (Z. 15-19)	→ Konsequenz: Frontalunterricht „Die brauchen 'ne Lehrperson […] die sie ein bisschen stützt." (Z. 319)

Zweite tabellarische Analyse der Lehrkräfte (2014)

Nach der Projektdurchführung: Einstellungen zum selbstständigen Lernen			
Frau Czajkowski	Frau Krauss	Herr Schackert	Fr. Teichmann-Huber
„weiterhin überzeugte Unterstützerin Selbstständigen Lernens"	„gemäßigte Unterstützerin Selbstständigen Lernens"	„schwankend experimentierfreudiger Methodenwechsler zwischen Projektarbeit und Frontalunterricht"	„resignierte Anhängerin des Frontalunterrichts mit Änderungsversuch durch Portfolioarbeit"
Unterstützerinnen selbstständigen Lernens		Anhänger des Frontalunterrichts	
1. Lehrer-Schüler-Verhältnis: Gruppe & Ergebnisse			
Heterogenität der Lerngruppe → Lösung: Binnendifferenzierung	Heterogenität der Lerngruppe → Lösung: Binnendifferenzierung - mehr Beraterin als sonst	- weniger Frontalunterricht, fast nur Projektarbeit (radikale Änderung des Unterrichtsstils)	- Heterogenität und Problem der Gruppengröße: mehr Gruppenarbeit
☺ - gutes Verhältnis - individuelle Fortschritte erkennbar	☺ - gutes Verhältnis durch Frankreichaustausch - mehr Interesse bei den Schüler/inne/n, - Verbesserung im Mündlichen	☺ - Lehrer-Schüler-Verhältnis positiv - individuelle Ergebnisse der Schüler - Interesse der Schüler - insgesamt „ergiebig"	☺ - mehr Interesse der Schüler/innen, aber… - gutes Verhältnis zu Schüler/inne/n, aber…
☹ - große Lerngruppe - Problem der Bewertung heterogener Ergebnisse → Bedarf an Bewertungsmethoden - direkter Vergleich der Leistungen: andere Gruppe stärker, Gruppe mit ein Drittel leistungsschwächerer Schüler	☹ - gleichbleibende Leistungen im Schriftlichen - direkter Vergleich der Leistungen: Förderung besonders leistungsstarker/schwacher Schüler/innen	☹ - zeit-/methodenintensiv	☹ - gleichbleibende Leistung der Schüler/innen - teilweise Mangel an Zuverlässigkeit mancher Schüler/innen und teilweise geringes Ernstnehmen selbstständigen Lernens - Problem bei Bewertung der Ergebnisse: Nicht-Abgabe des Portfolios/Rolle des Korrektivs als Lehrerin - Zweifel über die korrekte Durchführung selbstän. Lernphasen

2. Methoden und Strategieentwicklung bei Schülern			
(-) - weniger Vermittlung von Strategien durch L - Konsultationsmedium der Schüler/innen eher das Internet, weniger das Lehrwerk (+) - Methodenvielfalt wird mehr praktiziert	(-) - trotz Vermittlung von Strategien: korrekte Anwendung durch maximal die Hälfte der Schüler/innen - Schüler/innen: Ablehnen des Lehrwerks als Konsultationsmedium (+) - Selbst zu eigener Strategie finden - Phasen der Selbstevaluation des Lernprozesses	(-) - nicht nur Ergebnisorientierung des Lernens (aufgrund der Vorgaben gefordert), auch individueller Weg muss gesehen werden, wird aber zu wenig beachtet (+) - alltagsnahe, geleitete themenzentrierte Wortschatzarbeit - Lehrer gibt Hilfe bei der Benutzung elektronischer Wörterbücher - Betonung der Individualität der Strategien der Schüler/innen	(-) Schüler/innen: Ablehnen des Lehrwerks als Konsultationsmedium - ausführliche Besprechung von Erschließungsstrategien sowie Wortschatzerwerbsstrategien wie Anlegen von Karteikästen und das Bilden von Wortfeldern als Impulse für selbstständiges Lernen (+) - selbstständiges Anwenden dieser Strategien
3. Schwerpunkt der Mündlichkeit & Inhalts-/Lernziel-Fokussierung			
☺ - freiere Inhaltswahl - Fokus auf Kommunikation - Ziel: Kommunikationsprüfung mit passenden Redemitteln ☹ - stagnierende Vermittlung der Lernstrategien	☺ - deutliche Verbesserung der mündlichen Fertigkeiten - Ziel: Kommunikationsprüfung mit passenden Redemitteln → Mehr aufgabenorientiert, anwendungsbezogen ☹ - Lehrwerk bietet „Rüstzeug" für leistungsschwächere	☺ - freiere Inhaltswahl, jedoch Vorabauswahl durch Lehrperson, da die Schüler/innen dies fordern - Ablehnung der Inhalte des Lehrwerks von Lehrerseite, da nicht aktuell/ interessant; überträgt sich auch auf seine Schüler - Schülermitbewertung - Fokus auf Mündlichkeit durch Austausch ☹ - Interesse am selbstständigen	☺ - verstärkt Inhalte aus Interessensgebieten der Schüler/innen wie beispielsweise die Fußballweltmeisterschaft ☹ - weiterhin Orientierung an

	Schüler/innen→ verhindert gleichzeitig das lehrwerkunabhängige Arbeiten; sobald Lehrwerk wegfällt, fehlt die Selbstständigkeit leistungsschwächerer Schüler (Effekt der Überforderung, einzige Stütze Lehrwerk fällt weg) - weiterhin Orientierung der Lerninhalte am Lehrwerk als Konsens der Fachschaft	Lernen von Schülerseite her nicht dauerhaft, vertrauterer Umgang mit eingeschliffenen Routinen des Erlernens von Grammatik und Wortschatz immer aus einem durch die Lehrperson gelenkten Unterricht heraus - Anteil der Mündlichkeit während der Frankreichfahrt höher, Motivation durch authentisches Sprechen	Vorgabe der Inhalte durch das? Lehrwerk sowie am Konsens der Fachschaft zur Klassenübergabe (zentrale Grammatikkapitel wie der *Subjonctif*)

4. Veränderte Wahrnehmung der Möglichkeiten selbstständigen Lernens mithilfe des Lehrwerks

- verstärkter Fokus auf Beispiel-DELF-Aufgaben aus *À plus! 1-3* ab 6. Jgst. -grammat. Anhang als Übungsmögl.	- DELF-Unterricht ab 6. Jgst. - Lehrwerk mit Rolle eines Steinbruchs, aus dem bei Bedarf Stücke entnommen werden	- Ablehnen des Lehrwerks, außer des grammatischen Beihefts	- DELF- Gruppe ab 6. Jgst. (Idee der Fachschaft Französisch: einen Wahlunterricht Französisch mit dem Ziel der Vorbereitung auf die DELF-Prüfung zu ermöglichen, als eine „DELF-Gruppe") - nach dem Thema Essen gemeinsames Kochen; auch im Lehrwerk

5. Tatsächlicher Einsatz von Methoden selbstständigen Lernens im Unterricht (Portfolio, Stationenlernen)

☺	☺	☺	☺
- Aufgaben-orientierung	- Aufgaben-orientierung	- erfolgreiche Durchführen des Stationenlernens - Ersatz der Klassen-arbeit durch individuelle Lesetagebücher	- Durchführen von Portfolioarbeit über einen Monat lang und Bearbeiten lassen der Evaluationsbögen des *Carnets*

☹	☹	☹	☹
- Portfolio weiterhin nicht verwendet - Stationenlernen nicht mehr erwähnt, da vorbereitete Inhalte selbstständigem Lernen zuwiderlaufen	- stellenweise Unsicherheit bei der Platzierung der Übungsphasen - Ablehnen von Stationenlernen, da großer Zeitaufwand - Portfolio ebenfalls zu zeitaufwändig → Problem der Bewertung/„Mädchen-Jungen-Schere"= „Akribie vs. Gekrakeltes"	- Portfolio weiterhin nicht verwendet	- fehlende, anhaltende Begeisterung der Schüler/inne/n am selbstständigen Lernen - Stationenlernen bei der Gruppengröße nicht möglich, Alternative: Laufdiktate
6. Konsequenzen für kollegiale Zusammenarbeit in der Fachschaft Französisch			
- Fortbildungen zur Bewertung heterogener Ergebnisse beim selbstständigen Lernen gewünscht - ggf. gemeinsamer Wechsel des Lehrwerks	- Bestellen von *FranceMobil* - ggf. gemeinsamer Wechsel des Lehrwerks	- Fortbildungen zu theoretischer Unterfütterung des selbstständigen Lernens - Interesse an neuen Methoden, die den Fokus auf die Lehrperson legen	- Alternative: Sprachlabore für individuelle Betreuung des Sprachlernprozesses jedes Schülers und jeder Schülerin
7. Grad der Einstellungsänderung als Fazit aus dem Projekt (weiteres Fazit: Grundeinstellung der Lehrenden zum selbstständigen Lernen ist jeweils beinahe unverändert geblieben)			
→ <u>wenig</u> veränderte Einstellung durch Projekt	→ <u>gemäßigt</u> veränderte Einstellung durch Projekt	→ <u>stark</u> veränderte Einstellung durch Projekt	→ <u>gemäßigt</u> veränderte Einstellung durch Projekt

Romanische Sprachen und ihre Didaktik (RomSD)

Herausgegeben von Michael Frings, Andre Klump & Sylvia Thiele
ISSN 1862-2909

1 *Michael Frings und Andre Klump (edd.)*
  Romanische Sprachen in Europa. Eine Tradition mit Zukunft?
  ISBN 978-3-89821-618-0

2 *Michael Frings*
  Mehrsprachigkeit und Romanische Sprachwissenschaft an Gymnasien?
  Eine Studie zum modernen Französisch-, Italienisch- und Spanischunterricht
  ISBN 978-3-89821-652-4

3 *Jochen Willwer*
  Die europäische Charta der Regional- und Minderheitensprachen in der Sprachpolitik
  Frankreichs und der Schweiz
  ISBN 978-3-89821-667-8

4 *Michael Frings (ed.)*
  Sprachwissenschaftliche Projekte für den Französisch- und Spanischunterricht
  ISBN 978-3-89821-651-7

5 *Johannes Kramer*
  Lateinisch-romanische Wortgeschichten
  Herausgegeben von Michael Frings als Festgabe für Johannes Kramer zum 60. Geburtstag
  ISBN 978-3-89821-660-9

6 *Judith Dauster*
  Früher Fremdsprachenunterricht Französisch
  Möglichkeiten und Grenzen der Analyse von Lerneräußerungen und Lehr-Lern-Interaktion
  ISBN 978-3-89821-744-6

7 *Heide Schrader*
  Medien im Französisch- und Spanischunterricht
  ISBN 978-3-89821-772-9

8 *Andre Klump*
  „Trajectoires du changement linguistique"
  Zum Phänomen der Grammatikalisierung im Französischen
  ISBN 978-3-89821-771-2

9 *Alfred Toth*
  Historische Lautlehre der Mundarten von La Plié da Fodom (Pieve di Livinallongo,
  Buchenstein) und Col (Colle Santa Lucia), Provincia di Belluno unter Berücksichtigung der
  Mundarten von Laste, Rocca Piétore, Selva di Cadore und Alleghe
  ISBN 978-3-89821-767-5

10 Bettina Bosold-DasGupta und Andre Klump (edd.)
    Romanistik in Schule und Universität
    Akten des Diskussionsforums „Romanistik und Lehrerausbildung: Zur Ausrichtung und
    Gewichtung von Didaktik und Fachwissenschaften in den Lehramtsstudiengängen
    Französisch, Italienisch und Spanisch" an der Johannes Gutenberg-Universität Mainz
    (28. Oktober 2006)
    ISBN 978-3-89821-802-3

11 Dante Alighieri
    De vulgari eloquentia
    mit der italienischen Übersetzung von Gian Giorgio Trissino (1529)
    Deutsche Übersetzung von Michael Frings und Johannes Kramer
    ISBN 978-3-89821-710-1

12 Stefanie Goldschmitt
    Französische Modalverben in deontischem und epistemischem Gebrauch
    ISBN 978-3-89821-826-9

13 Maria Iliescu
    Pan- und Raetoromanica
    Von Lissabon bis Bukarest, von Disentis bis Udine
    ISBN 978-3-89821-765-1

14 Christiane Fäcke, Walburga Hülk und Franz-Josef Klein (edd.)
    Multiethnizität, Migration und Mehrsprachigkeit
    Festschrift zum 65. Geburtstag von Adelheid Schumann
    ISBN 978-3-89821-848-1

15 Dan Munteanu Colán
    La posición del catalán en la Romania según su léxico latino patrimonial
    ISBN 978-3-89821-854-2

16 Johannes Kramer
    Italienische Ortsnamen in Südtirol. La toponomastica italiana dell'Alto Adige
    Geschichte – Sprache – Namenpolitik. Storia – lingua – onomastica politica
    ISBN 978-3-89821-858-0

17 Michael Frings und Eva Vetter (edd.)
    Mehrsprachigkeit als Schlüsselkompetenz: Theorie und Praxis in Lehr- und
    Lernkontexten
    Akten zur gleichnamigen Sektion des XXX. Deutschen Romanistentages an der Universität
    Wien (23.-27. September 2007)
    ISBN 978-3-89821-856-6

18 Dieter Gerstmann
    Bibliographie Französisch
    Autoren
    ISBN 978-3-89821-872-6

19 *Serge Vanvolsem e Laura Lepschy*
    Nell'Officina del Dizionario
    Atti del Convegno Internazionale organizzato dall'Istituto Italiano di Cultura
    Lussemburgo, 10 giugno 2006
    ISBN 978-3-89821-921-1

20 *Sandra Maria Meier*
    „È bella, la vita!"
    Pragmatische Funktionen segmentierter Sätze im *italiano parlato*
    ISBN 978-3-89821-935-8

21 *Daniel Reimann*
    Italienischunterricht im 21. Jahrhundert
    Aspekte der Fachdidaktik Italienisch
    ISBN 978-3-89821-942-6

22 *Manfred Overmann*
    Histoire et abécédaire pédagogique du Québec avec des modules multimédia prêts à l'emploi
    Préface de Ingo Kolboom
    ISBN 978-3-89821-966-2 (Paperback)
    ISBN 978-3-89821-968-6 (Hardcover)

23 *Constanze Weth*
    Mehrsprachige Schriftpraktiken in Frankreich
    Eine ethnographische und linguistische Untersuchung zum Umgang mehrsprachiger Grundschüler mit Schrift
    ISBN 978-3-89821-969-3

24 *Sabine Klaeger und Britta Thörle (edd.)*
    Sprache(n), Identität, Gesellschaft
    Eine Festschrift für Christine Bierbach
    ISBN 978-3-89821-904-4

25 *Eva Leitzke-Ungerer (ed.)*
    Film im Fremdsprachenunterricht
    Literarische Stoffe, interkulturelle Ziele, mediale Wirkung
    ISBN 978-3-89821-925-9

26 *Raúl Sánchez Prieto*
    El presente y futuro en español y alemán
    ISBN 978-3-8382-0068-2

27 *Dagmar Abendroth-Timmer, Christiane Fäcke, Lutz Küster und Christian Minuth (edd.)*
    Normen und Normverletzungen
    Aktuelle Diskurse der Fachdidaktik Französisch
    ISBN 978-3-8382-0084-2

28 *Georgia Veldre-Gerner und Sylvia Thiele (edd.)*
    Sprachvergleich und Sprachdidaktik
    ISBN 978-3-8382-0031-6

29 *Michael Frings und Eva Leitzke-Ungerer (edd.)*
    Authentizität im Unterricht romanischer Sprachen
    ISBN 978-3-8382-0095-8

30 *Gerda Videsott*
    Mehrsprachigkeit aus neurolinguistischer Sicht
    Eine empirische Untersuchung zur Sprachverarbeitung viersprachiger Probanden
    ISBN 978-3-8382-0165-8 (Paperback)
    ISBN 978-3-8382-0166-5 (Hardcover)

31 *Jürgen Storost*
    Nicolas Hyacinthe Paradis (de Tavannes)
    (1733 - 1785)
    Professeur en Langue et Belles-Lettres Françoises, Journalist und Aufklärer
    Ein französisch-deutsches Lebensbild im 18. Jahrhundert
    ISBN 978-3-8382-0249-5

32 *Christina Reissner (ed.)*
    Romanische Mehrsprachigkeit und Interkomprehension in Europa
    ISBN 978-3-8382-0072-9

33 *Johannes Klare*
    Französische Sprachgeschichte
    ISBN 978-3-8382-0272-3

34 *Daniel Reimann (ed.)*
    Kulturwissenschaften und Fachdidaktik Französisch
    ISBN 978-3-8382-0282-2

35 *Claudia Frevel, Franz-Josef Klein und Carolin Patzelt (edd.)*
    Gli uomini si legano per la lingua
    Festschrift für Werner Forner zum 65. Geburtstag
    ISBN 978-3-8382-0097-2

36 *Andrea Seilheimer*
    Das grammatikographische Werk Jean Saulniers
    Französischsprachige Terminologie und Sprachbetrachtung in der *Introduction en la langue espagnolle* (1608) und der *Nouvelle Grammaire italienne et espagnole* (1624)
    ISBN 978-3-8382-0364-5

37 *Angela Wipperfürth*
    Modeterminologie des 19. Jahrhunderts in den romanischen Sprachen
    Eine Auswertung französischer, italienischer, spanischer und portugiesischer Zeitschriften
    ISBN 978-3-8382-0371-3

38 *Raúl Sánchez Prieto und M.ª Mar Soliño Pazó (edd.)*
    Contrastivica I
    Aktuelle Studien zur Kontrastiven Linguistik Deutsch-Spanisch-Portugiesisch I
    ISBN 978-3-8382-0328-7

39 *Nely Iglesias Iglesias (ed.)*
    Contrastivica II
    Aktuelle Studien zur Kontrastiven Linguistik Deutsch-Spanisch-Portugiesisch II
    ISBN 978-3-8382-0398-0

40 *Eva Leitzke-Ungerer, Gabriele Blell und Ursula Vences (edd.)*
    English-Español: Vernetzung im kompetenzorientierten Spanischunterricht
    ISBN 978-3-8382-0305-8

41 *Marie-Luise Volgger*
    Das multilinguale Selbst im Fremdsprachenunterricht
    Zur Mehrsprachigkeitsbewusstheit lebensweltlich mehrsprachiger Französischlerner(innen)
    ISBN 978-3-8382-0449-9

42 *Jens Metz*
    Morphologie und Semantik des Konjunktivs im Lateinischen und Spanischen
    Eine vergleichende Analyse auf der Grundlage eines Literaturberichts
    ISBN 978-3-8382-0484-0

43 *Manuela Franke und Frank Schöpp (edd.)*
    Auf dem Weg zu kompetenten Schülerinnen und Schülern
    Theorie und Praxis eines kompetenzorientierten Fremdsprachenunterrichts im Dialog
    ISBN 978-3-8382-0487-1

44 *Bianca Hillen, Silke Jansen und Andre Klump (edd.)*
    Variatio verborum: Strukturen, Innovationen und Entwicklungen
    im Wortschatz romanischer Sprachen
    Festschrift für Bruno Staib zum 65. Geburtstag
    ISBN 978-3-8382-0509-0

45 *Sandra Herling und Carolin Patzelt (edd.)*
    Weltsprache Spanisch
    Variation, Soziolinguistik und geographische Verbreitung des Spanischen
    Handbuch für das Studium der Hispanistik
    ISBN 978-3-89821-972-3

46 *Aline Willems*
    Französischlehrwerke im Deutschland des 19. Jahrhunderts
    Eine Analyse aus sprachwissenschaftlicher, fachdidaktischer
    und kulturhistorischer Perspektive
    ISBN 978-3-8382-0501-4 (Paperback)
    ISBN 978-3-8382-0561-8 (Hardcover)

47 Eva Leitzke-Ungerer und Christiane Neveling (edd.)
Intermedialität im Französischunterricht
Grundlagen und Anwendungsvielfalt
ISBN 978-3-8382-0445-1

48 Manfred Prinz (ed.)
Rap RoMania: Jugendkulturen und Fremdsprachenunterricht
Band 1: Spanisch/Französisch
ISBN 978-3-8382-0431-4

49 Karoline Henriette Heyder
Varietale Mehrsprachigkeit
Konzeptionelle Grundlagen, empirische Ergebnisse aus der Suisse romande und didaktische Implikationen
ISBN 978-3-8382-0618-9

50 Daniel Reimann
Transkulturelle kommunikative Kompetenz in den romanischen Sprachen
Theorie und Praxis eines neokommunikativen und kulturell bildenden Französisch-, Spanisch-, Italienisch- und Portugiesischunterrichts
ISBN 978-3-8382-0362-1 (Paperback)
ISBN 978-3-8382-0363-8 (Hardcover)

51 Beate Valadez Vazquez
Ausprägung beruflicher Identitätsprozesse von Fremdsprachenlehrenden am Beispiel der beruflichen Entwicklung von (angehenden) Spanischlehrerinnen und Spanischlehrern
Eine qualitative Untersuchung
ISBN 978-3-8382-0635-6

52 Georgia Veldre-Gerner und Sylvia Thiele (edd.)
Sprachen und Normen im Wandel
ISBN 978-3-8382-0461-1

53 Stefan Barme
Einführung in das Altspanische
ISBN 978-3-8382-0683-7

54 María José García Folgado und Carsten Sinner (edd.)
Lingüística y cuestiones gramaticales en la didáctica
de las lenguas iberorrománicas
ISBN 978-3-8382-0761-2

55 Claudia Schlaak
Fremdsprachendidaktik und Inklusionspädagogik
Herausforderungen im Kontext von Migration und Mehrsprachigkeit
ISBN 978-3-8382-0896-1

Christiane Fäcke (ed.)
Selbstständiges Lernen im lehrwerkbasierten Französischunterricht
ISBN 978-3-8382-0918-0

Sie haben die Wahl:
Bestellen Sie die Schriftenreihe
Romanische Sprachen und ihre Didaktik
einzeln oder im Abonnement

per E-Mail: vertrieb@ibidem-verlag.de | per Fax (0511/262 2201)
als Brief (***ibidem***-Verlag | Leuschnerstr. 40 | 30457 Hannover)

Bestellformular

☐ Ich abonniere die Schriftenreihe *Romanische Sprachen und ihre Didaktik* ab Band # ____

☐ Ich bestelle die folgenden Bände der Schriftenreihe *Romanische Sprachen und ihre Didaktik*
____; ____; ____; ____; ____; ____; ____; ____; ____; ____

Lieferanschrift:

Vorname, Name ....

Anschrift ....

E-Mail................................... | Tel.: ....

Datum .... | Unterschrift ....

Ihre Abonnement-Vorteile im Überblick:
- Sie erhalten jedes Buch der Schriftenreihe pünktlich zum Erscheinungstermin – immer aktuell, ohne weitere Bestellung durch Sie.
- Das Abonnement ist jederzeit kündbar.
- Die Lieferung ist innerhalb Deutschlands versandkostenfrei.
- Bei Nichtgefallen können Sie jedes Buch innerhalb von 14 Tagen an uns zurücksenden.

ibidem-Verlag

Melchiorstr. 15

D-70439 Stuttgart

info@ibidem-verlag.de

www.ibidem-verlag.de
www.ibidem.eu
www.edition-noema.de
www.autorenbetreuung.de

www.ingramcontent.com/pod-product-compliance
Lightning Source LLC
Chambersburg PA
CBHW051645230426
43669CB00013B/2451